AF747881

Penser la GPA

Logiques Juridiques

Fondée par Gérard Marcou

Dirigée par Jean-Claude Némery et Thomas Perroud

Le droit n'est pas seulement un savoir, il est d'abord un ensemble de rapports et pratiques que l'on rencontre dans presque toutes les formes de sociétés. C'est pourquoi il a toujours donné lieu à la fois à une littérature de juristes professionnels, produisant le savoir juridique, et à une littérature sur le droit, produite par des philosophes, des sociologues ou des économistes notamment.

Parce que le domaine du droit s'étend sans cesse et rend de plus en plus souvent nécessaire le recours au savoir juridique spécialisé, même dans des matières où il n'avait jadis qu'une importance secondaire, les ouvrages juridiques à caractère professionnel ou pédagogique dominent l'édition, et ils tendent à réduire la recherche en droit à sa seule dimension positive. À l'inverse de cette tendance, la collection « Logiques juridiques » des éditions L'Harmattan est ouverte à toutes les approches du droit. Tout en publiant aussi des ouvrages à vocation professionnelle ou pédagogique, elle se fixe avant tout pour but de contribuer à la publication et à la diffusion des recherches en droit, ainsi qu'au dialogue scientifique sur le droit. Comme son nom l'indique, elle se veut plurielle.

Dernières parutions

Daniel BORRILLO, *Droit d'asile et homosexualité. Comment prouver l'intime ?,* 2021.

Thérèse DE VILLETTE, *La justice réparatrice. Une justice nouvelle enracinée dans la tradition africaine*, 2021.

Romain FEYDEL, *Le refinancement d'entreprises en difficulté, L'optimisation juridique du concept de capital-retournement,* 2021

Nicolas DEMONTROND, *Le préfet stratège. La déconcentration en Basse-Normandie de 1981 à 2017*, 2021.

Marie-Laure BESSON, *L'obligation de délivrance dans les baux commerciaux,* 2021.

Sous la direction de
Daniel Borrillo et Thomas Perroud

Penser la GPA

L'Harmattan

© L'Harmattan, 2021
5-7, rue de l'École-Polytechnique ; 75005 Paris
http://www.editions-harmattan.fr
ISBN : 978-2-343-22578-4
EAN : 9782343225784

Directeurs de publication :

Daniel Borrillo est juriste, sociologue du droit, enseignant à l'université de Paris-Nanterre et chercheur au CERSA/CNRS à Paris II. Il est avocat au barreau de Buenos Aires. Docteur de l'Université de Strasbourg, il a fait son post-doctorat au Consejo Superior de Investigaciones Cientificas d'Espagne. Auteur d'une vingtaine d'ouvrages sur le rapport du droit au genre et à la bioéthique, il est professeur invité de plusieurs universités (Bologne, Carlos III de Madrid, Rio de Janeiro, King's College London et McGill Montréal...). Il est également expert auprès de l'Union Européenne et de la Cour Interaméricaine des Droits de l'Homme sur les questions de genre et de sexualités.

Thomas Perroud est professeur de droit public à l'Université Panthéon-Assas, membre du CERSA et chercheur associé au Centre Marc Bloch (Berlin). Ses travaux porte sur l'analyse politique de la production jurisprudentielle, en particulier du Conseil d'État et du Conseil constitutionnel.

BIOGRAPHIES DES AUTEURS :

Éric Fassin est professeur de sociologie au département d'Études de genre et au département de Science politique, Université Paris 8 Vincennes – Saint-Denis, et chercheur au Laboratoire d'études de genre et de sexualité (LEGS, UMR 8238 : CNRS – Paris 8 – Paris Nanterre). Il travaille scientifiquement et s'engage publiquement sur les questions minoritaires, sexuelles et raciales, et leurs articulations. Il a notamment publié Le sexe politique, éd. EHESS (2009), et il a réédité et postfacé Herculine Barbin, dite Alexina B., présenté par Michel Foucault, Gallimard, version augmentée, 2014 (1ère éd. 1978). Il a dirigé des numéros de revue, en particulier « Les langages de l'intersectionnalité », Raisons politiques, n°58, mai 2015 et « Transatlantic Crossings », (avec Anne E. Berger), differences, vol. 27, numéro 2, septembre 2016.

Bertrand Guillarme est professeur de philosophie politique et juridique à l'Université Paris VIII, et chercheur au LabtoP-CRESPPA (CNRS/ Paris VIII/ Paris Nanterre). Il a notamment publié Rawls et l'Égalité démocratique (P.U.F., 1999 ; rééd. : Garnier, 2016), Penser la Peine (P.U.F., 2004), et La Philosophie de H.L.A. Hart (Vrin, 2021).

Marlène Jouan est maîtresse de conférences en philosophie à l'Université Grenoble-Alpes, membre de l'IPhiG (Institut de Philosophie de Grenoble), chercheuse associée à l'ISJPS (Institut des sciences juridique et philosophique de la Sorbonne) et membre junior de l'IUF (Institut universitaire de France). D'abord consacrés à la question de l'autonomie individuelle qu'elle a ensuite déclinée dans les champs de l'éthique animale et du handicap, ses travaux de recherche portent depuis quelques années sur la gestation pour autrui, au croisement de l'éthique appliquée, de la philosophie sociale et des études de genre. Ils ont donné lieu à plusieurs articles et chapitres d'ouvrage, dont : « L'acceptabilité morale de la gestation pour autrui : les enseignements de la gestation pour soi au service de plus de justice », Travail, genre et sociétés, n°38, 2017, pp. 35-52 ; « La gestation pour autrui comme marché contesté : consécration vs subversion de la valuation capitaliste », in É. Bertrand, A. Mornington, M.-X. Catto (dir.), Les limites du marché. La marchandisation de la nature et du corps, Paris, Mare & Martin, 2020 ; et avec Clémence Clos « Le privé est politique... et économique ! Pour une économie politique du travail de gestion pour autrui », Nouvelles Questions Féministes, vol. 39, n°2, 2020, pp. 47- 61. Elle rédige actuellement un ouvrage provisoirement intitulé La gestation pour autrui : de la morale à la justice.

Gaspard Koenig est philosophe, enseignant à Sciences-Po, président du think thank GenerationLibre. Il est notamment l'auteur de « Les aventuriers de la liberté, voyage d'un philosophe aux pays de libertés », publié chez Plon.

Claire Marzo est maître de conférences en droit public à l'Université Paris Est. Elle travaille sur les questions du droit social et des droits sociaux d'un point de vue comparatiste et européen.

Caroline Mecary est avocate au barreau de Paris depuis 1991 ; elle est l'avocate pionnière de la défense des personnes LGBT et de l'homoparentalité. Elle est l'autrice de nombreux ouvrages sur le sujet.

Marc Pichard est professeur de droit privé à l'Université Paris Nanterre. Ses travaux, qui mobilisent la perspective de genre, portent principalement sur le droit des personnes et des familles. Il a notamment dirigé, avec Stéphanie Hennette-Vauchez et Diane Roman, La loi & le genre. Études critiques de droit français (CNRS éd., 2014, 799 p.) et publié diverses études relatives à la gestation pour autrui (parmi lesquelles « La commande d'enfant par son géniteur (est-elle une hypothèse de gestation pour le compte d'autrui ?) », Recueil Dalloz 2017, p. 1143 et s. ; « Gestation pour autrui : le principe d'indisponibilité de l'état des personnes "désactivé" ? », Les Petites affiches, 25-26 décembre 2017, n° 256-257, p. 6 et s. ; « Père(s) sans mère », Les Petites affiches, 14 janvier 2019, n° 10, p. 8 et s..

Raphaelle Thery, agrégée de philosophie, est maîtresse de conférences à l'Université Paris II. Membre du Centre de Recherche sur la Justice, ses travaux portent sur la philosophie du droit, en particulier la philosophie pénale, l'histoire des idées politiques, et le droit de la famille.

Sommaire

Pouvoir penser la GPA pour mieux la réguler

Daniel Borrillo

« *Sapere aude !* Aie le courage de te servir
de ton propre entendement ! »
Kant, *Qu'est-ce les lumières ?* 1784

Introduction

Selon l'Organisation mondiale de la santé (OMS)[1], la gestation pour autrui (GPA) est une forme d'assistance médicale à la procréation. Elle fait référence à la situation dans laquelle un individu ou un couple (hétérosexuel ou homosexuel) s'accorde avec une tierce personne (femme porteuse) afin de concevoir et porter un enfant. Si l'ovocyte est celui de la femme porteuse, on devrait plutôt parler de *procréation pour autrui*. La GPA proprement dite est celle dans laquelle l'ovocyte provient soit de la mère d'intention soit d'une donneuse de telle sorte que la femme qui porte l'enfant (la gestatrice) ne participe pas à la conception de celui-ci. On peut également parler de GPA lorsque la gestatrice porte l'embryon conçu *in vitro* par les parents d'intention qui sont aussi les géniteurs.

Les études sociologiques s'accordent à souligner que les femmes qui portent un enfant pour autrui ne se considèrent pas elles-mêmes comme

[1] Zegers-Hoschschild F., Adamson G. D., Mouzon de J., Ishihara O., Mansour R., Nygren K., Sullivan E., & Vanderpeoel S. (on behalf of Icmart and Who), 2009. « The International Committee for Monitoring Assisted Reproductive Technology (ICMART) and the World Health Organization (WHO) revised glossary of ART terminology », *Human Reproduction*, 24 (11), 2683-2687.

mères de l'enfant[2]. Toutefois, comme le note Jérôme Courduriès, « la femme porteuse, plus qu'une simple pourvoyeuse d'enfant, a intégré l'entourage amical des parents d'intention[3] ». Les travaux de D. Mehl ont mis en lumière les rapports qui se tissent entre les parents commanditaires et la gestatrice : « ils se choisissent mutuellement, le profil psychologique, le mode de vie, les goûts (...) Une entente se noue entre la mère qui vit la grossesse par procuration et celle qui la vie dans son corps...[4] ». Dans cette nouvelle configuration procréative, ce n'est plus la biologie mais le projet parental qui détermine la source de la filiation[5].

Si la GPA constitue, à ne pas en douter, une pratique controversée, la condamnation quasi unanime qu'elle subit en France ne cesse de surprendre et appelle à une analyse qui va au-delà du droit lorsque, de surcroît, cette condamnation est circonscrite à la classe politique et aux intellectuels mais se trouve en contradiction avec l'opinion publique. En effet, selon le sondage *Odoxa* publié le 18 octobre 2019 par *Le Figaro* et *France Info,* les sondés se disent favorables à l'autorisation de la GPA à 68 % pour les couples hétérosexuels et à 53 % pour les couples homosexuels.

Absente de la révision des lois de bioéthique, la GPA est omniprésente dans les discussions des *États généraux de la bioéthique* et le débat public[6]. Considérée comme une forme de marchandisation du corps humain contraire à la dignité de la femme pour ses opposants, elle est justifiée par ses partisans comme une réalité incontournable à laquelle il faut répondre au moins par la transcription de l'acte de naissance étranger des enfants nés par GPA. C'est cette position minimaliste qui a été adoptée par la Cour Européenne des Droits de l'Homme (CEDH) lorsqu'elle condamne à cinq reprises la France pour

---

[2] Teman E., *Birthing a Mother. The Surrogate Body and the Pregnant Self.* Berkeley, Los Angeles/London, University of California Press, 2010. Ragoné H., « Chasing The Blood Tie - Surrogate Mothers, Adoptive and Fathers », *American ethnologist*, 1996 23(2), 352-365. Pande A., *Wombs in Labor: Transnational Commercial Surrogacy in India.* New York, Columbia University Press, 2014.

[3] Courduriès, J., « Ce que fabrique la gestation pour autrui », Parentés contemporaines, *Journal des Anthropologues*, 144-145/2016.

[4] Mehl, D., « La famille contemporaine au prisme des procréations médicalement assistées », *Cliniques méditerranéennes*, vol. 83, n°. 1, 2011, pp. 95-108.

[5] Meilhac-Perri, M., *L'autonomie de la volonté dans les filiations électives*, thèse en droit, université de Bourgogne, 2014.

[6] Voir : C. Mécary, *PMA et GPA*, Que sais-je ? PUF, 2019.

refus de transcription sollicitée par le père[7]. L'obligation de transcription à l'état civil de la filiation paternelle d'intention (à condition qu'il y ait un lien biologique), d'une part, et l'ouverture de l'adoption de l'enfant au conjoint du père, d'autre part, rendent effective la convention de gestation pour autrui conclue à l'étranger, pourtant interdite en France. Mais, nous savons combien cette effectivité demeure incertaine. Surtout en ce qui concerne la reconnaissance de la maternité d'intention. En effet, comme le rappelait jusqu'à récemment la Cour de cassation : *« la réalité de l'accouchement désigne la mère »*. C'est pourquoi, même si la mère d'intention apporte l'ovocyte, la femme porteuse demeurait la mère juridique pour le droit français. Ceci expliquait l'interdiction de la transcription de la filiation à l'état civil français de la mère d'intention. Dans sa réponse à une question préjudicielle de la Cour de cassation, la CEDH a considéré en 2019 que la transcription des actes de naissance légalement établis à l'étranger ne constituait pas une obligation pour l'État : *« ...l'article 8 de la Convention n'impose pas d'obligation générale pour les États de reconnaître ab initio un lien de filiation entre l'enfant et la mère d'intention. Ce que requiert l'intérêt supérieur de l'enfant c'est que le lien, légalement établi à l'étranger, puisse être reconnu au plus tard lorsqu'il s'est concrétisé. Il n'appartient pas à la Cour mais aux autorités nationales d'évaluer, à la lumière des circonstances particulières de l'espèce, si et quand ce lien s'est concrétisé »*. Les juges de Strasbourg ont observé que *« le droit au respect de la vie privée de l'enfant, au sens de l'art. 8 de la Convention, requiert que le droit interne offre une possibilité de reconnaissance d'un lien de filiation entre cet enfant et sa mère d'intention, désignée dans l'acte de naissance légalement établi à l'étranger comme étant la "mère légale"* [8] ». S'agissant donc d'un couple hétérosexuel, l'établissement de la filiation par rapport au père biologique s'effectue automatiquement et, concernant la mère d'intention, la CEDH considère qu'il n'y a pas d'obligation de transcription, ce lien pouvant s'établir par l'adoption qui n'est toutefois ouverte qu'aux parents mariés. La Cour de cassation s'est prononcée en 2019 sur la question en soulignant que, si en général

[7] Arrêt CEDH du 26 juin 2014 *Menesson c/France*. Arrêt CEDH du 26 juin 2014 *Labassée c/France*. Arrêt CEDH du 19 janvier 2017 *Laborie c/France* et arrêt CEDH 21 juillet 2016 *Foulon et Bouvet c/France*.

[8] Avis CEDH 10/04/2019 (Les États n'ont pas l'obligation de procéder à la transcription de l'acte de naissance d'un enfant né d'une GPA à l'étranger pour établir son lien de filiation avec la mère d'intention, l'adoption pouvant être une modalité de reconnaissance de ce lien).

l'adoption demeure le moyen qui répond le mieux à la reconnaissance de la mère d'intention, dans le cas concret, il suffit la retranscription en France de l'acte de naissance étranger désignant Mme Mennesson comme la mère légale des enfants[9]. Cette même année, en étendant la jurisprudence Mennesson par une série de quatre arrêts[10], la Cour de cassation ordonne pour le cas d'espèce la transcription totale de l'acte de naissance étranger indépendamment du mode de conception de l'enfant. Pour les autres situations, la justice française continuera toutefois à demander l'adoption de l'enfant du conjoint pour établir la filiation maternelle. Cette exigence sera confortée par les juges de Strasbourg. En effet, dans une décision du 16 juillet 2020, la CEDH considère que ne porte pas atteinte au respect de la vie privée la non-transcription sur les registres de l'état civil français de l'acte de naissance d'un enfant né à l'étranger d'une GPA désignant la mère d'intention comme sa mère, même si elle est sa mère génétique, pour autant que la procédure d'adoption permet de reconnaître un lien de filiation. Cet arrêt valide le refus des autorités françaises de transcrire sur les registres de l'état civil français l'acte de naissance d'un enfant né d'une mère porteuse à l'étranger désignant la mère d'intention comme étant la mère légale alors qu'elle n'a pas accouché.

Si la question de la transcription de l'acte de naissance étranger semble en principe réglée, la reconnaissance de la GPA en France n'est pas envisagée par la classe politique.

À partir de l'analyse de différents courants doctrinaux, ce chapitre constitue une esquisse permettant de penser juridiquement la GPA.

Dans un premier temps, nous nous attachons à comprendre l'origine de l'hostilité qui suscite la pratique de la GPA et les arguments mis en avant par celles et ceux qui voudraient justifier l'interdiction de cette pratique. Par la suite, nous procédons à une présentation des différentes régulations possibles de la GPA à la fois vis-à-vis des enfants et de l'ensemble des personnes participant à cette nouvelle façon de faire famille.

---

[9] Cass. 4 octobre 2019, pourvoi n° 10-19053.

[10] Cass. Civ. 1re, 18 déc. 2019 n° 18-11.815, n° 18-121.327, n° 18-14.751 et 18-50.007.

I. Pouvoir penser la GPA

Outre les problèmes juridiques que la technique soulève, il s'agit d'analyser la GPA au-delà des fantasmes qu'elle suscite et à partir des principaux enjeux sociologiques et culturels qu'elle soulève[11]. Notre entreprise consiste à débattre sereinement d'une question considérée encore comme indéfendable, c'est-à-dire impensable et impensée si bien qu'aucune force politique ne propose de légaliser la GPA en France.

L'usage des termes tels qu'« esclavage[12] », « venin », « marchandisation du corps », « trafic des femmes[13] », « vente d'enfants », « utérus mercenaire », « carnet de commandes », « pratique eugéniste », « déni contractuel de grossesse », « volonté aliénée », « bébés à la carte », « enfants génétiquement modifiés », « pratique vétérinaire », « tourisme procréatif[14] », « industrie de l'enfantement sur commande », premier pas vers le transhumanisme[15] ou encore « mère artificielle », comme on peut le lire dans les revues juridiques et dans la presse généraliste. Tout cela met en évidence une stratégie discursive consistant à soustraire de la délibération la régulation de la GPA, laquelle ne mériterait que condamnation et anathème. Une spécialiste du droit civil ira jusqu'à affirmer : *« Il fut une époque où, quand vous affirmiez que la traite des êtres humains devait être abolie de façon universelle, on vous répondait que cette traite était un fait et que l'on ne peut jamais arrêter les faits, l'esclavage répondant au jeu de l'offre et de la demande. Nous sommes analogiquement à la même période concernant la maternité de substitution : on nous prend pour des*

---

[11] Comme l'a fait notamment le Conseil québécois du statut de la femme dans un avis de 2016 : *Mères porteuses réflexions sur des enjeux actuels.*

[12] Il est habituel dans le débat public de faire l'analogie entre la GPA et l'esclavage, c'est qui est particulièrement choquant puisque le travail forcé et la traite constituent des crimes contre l'humanité. Comparer la GPA à l'esclavage est une banalisation insupportable d'une pratique abolie en 1848 et pénalisée très sévèrement aussi bien au niveau national qu'international.

[13] Selon Tugdual Derville (Délégué général de l'association Alliance Vita).

[14] Duguet, A., Prudil, L., et Hrevtsova, R., « Gestation pour autrui pratiquée à l'étranger : conséquences pour les couples français et évolution du cadre légal dans certains pays », *Médecine & Droit*, March-April 2014 2014 (125):46-51.

[15] M-A. Hermitte, « De la question de la race à celle de l'espèce – Analyse juridique du transhumanisme », in G. Canselier et S. Desmoulin-Canselier, *Les catégories ethno-raciales à l'ère des biotechnologies, Droit, sciences et médecine face à la diversité humaine,* Société de législation comparée, 2012.

utopistes. Pourtant, l'esclavage a été aboli, au terme d'une dispute entre ceux qui considéraient que l'on pouvait traiter les êtres humains comme des choses et ceux qui pensaient le contraire. La même confrontation a cours dans le cas de la GPA[16] ». Cet argument est dépourvu d'originalité, le *Family Research Council*, principal lobby anti-mariage gay à Washington, proche de la droite religieuse, l'avait déjà utilisé dans une note interne, en suggérant au parti Républicain de s'opposer à la GPA. Celle-ci, selon ce document, n'est rien d'autre que le retour moderne de l'esclavage, touchant des femmes pauvres, noires ou portoricaines : « *Le Parti républicain a été fondé contre la propagation de l'esclavage* », rappelait ladite note[17]. Sur le plan international, les principaux groupes féministes se sont alignés sur cet argument. Ainsi *« Stop Surrogacy Now »* considère que la « gestation pour autrui repose sur l'exploitation des femmes les plus démunies[18] » et *« No Maternity Traffic »* ou le FINRRAGE (*feminist International Network for Resistance to Reproductive and Genetic Engineering*) condamne la maternité de substitution sous toutes ses formes. L'alliance des féministes avec les groupes conservateurs n'est pas nouvelle. Depuis la fin des années 1970, le collectif *Women Against Pornography* demande l'interdiction de la pornographie au nom de la dignité et de l'égalité des femmes et quelques années plus tard, les principales figures féministes du collectif n'hésiteront pas à s'associer avec Ronald Reagan dans une croisade contre la pornographie en considérant cette pratique comme étant à l'origine des crimes sexuels et des comportements asociaux[19]. En France, à l'exception notable du Planning Familial, la majorité des associations féministes s'est mobilisée pour l'abolition de la prostitution et la pénalisation des clients, cristallisée dans la loi de 2016.

Les arguments du féminisme anti-libéral arrivent avec force en France également contre la GPA. L'entreprise est d'autant plus redoutable que ce féminisme radical a permis de sortir les questions sexuelles du registre de la morale en fournissant des arguments considérés comme plus raisonnables surtout dans un État laïc.

---

[16] Marie-Anne Frison-Roche, Mères porteuses : « Une GPA "éthique" ne peut pas exister en droit français », *Marianne*, 07/03/2019.

[17] Cité par Pierre Jova, « GPA le stade suprême du libéralisme », *Causeur.fr*, 30/06/2014.

[18] https://www.stopsurrogacynow.com/the-statement/statement-french/

[19] Rapport Meese du nom du procureur général des USA sous la présidence Reagan.

Ainsi, dans une tribune publiée dans *Le Monde* en janvier 2018, une quarantaine de personnalités, dont S. Agacinski et R. Frydman, se prononcent contre la gestation pour autrui en soulignant que cette pratique *« s'apparente à une forme de corruption (...) puisqu'elle attribue une valeur marchande et à l'enfant et à la vie organique de la mère de substitution (...) L'objet d'un tel commerce n'est pas seulement la grossesse et l'accouchement, c'est aussi l'enfant lui-même, dont la personne et la filiation maternelle sont cédées à ses commanditaires ».* Pour le psychanalyste, gardien de l'identité psychique de l'humanité, « *fraus omnia corrumpit* : la fraude corrompt tout, même la construction identitaire de l'enfant[20] ». Selon la sociologue, gardienne de l'ordre symbolique, *« On ne peut pas demander au droit de légitimer l'usage de l'autre sexe comme simple ventre ou étalon. Ce serait une régression très grave vers le biologisme[21] ».* Pour la juriste, gardienne de la dignité humaine et la féministe essentialiste, gardienne de l'utérus d'autrui, la GPA n'est que réification du corps des femmes et commerce d'enfants[22].

La condamnation de la GPA atteint son paroxysme lorsque celle-ci est comparée aux pratiques nazies. Ainsi, le sénateur Henri Leroy (Les Républicains) déclarait récemment : *« il faut se souvenir que l'eugénisme a débouché, au siècle dernier, sur des expériences dramatiques, comme celles du professeur Mengele qui voulait manipuler les gènes pour arriver à une race parfaite. Quand on joue avec les gènes, on ouvre la porte à tous les détraqués[23] »* ou encore Laurent Wauquiez lors d'un discours en novembre 2018 devant des militants de *Sens Commun* décrit l'ouverture de la PMA aux couples de femmes comme suit : *« oui, c'est un engrenage et cet engrenage mènera nécessairement à la marchandisation des gamètes. Tout ceci a un nom, c'est l'eugénisme ; tout ceci a été fait par un régime, c'est le nazisme ».* La référence au *III Reich* n'est pas nouvelle[24], Pierre Legendre, lors du

---

[20] P. Lévy-Soussan, *Le Point*, 19/06/2015.

[21] « Non au mariage bis des concubins ! » interview d'Irène Théry dans l'*Express* 02/10/1997.

[22] Muriel Fabre-Magnan, *La Croix*, 18/05/2015. Bernadette et la Commission féministe, « Pourquoi sommes-nous contre la gestation pour autrui GPA ? » *Les alternatifs, solidarités, écologie, féminisme, autogestion* : alternatifs.org

[23] *Nice-Matin*, 13 nov. 2018.

[24] Alain Supiot, en se référant à la « fonction anthropologique du droit », considère que les revendications homoparentales seraient, par leur caractère identitaire, à rapprocher

débat sur le Pacs, l'avait déjà utilisée : *« Instituer l'homosexualité avec un statut familial, c'est mettre le principe démocratique au service d'un fantasme. C'est fatal dans la mesure où le droit, fondé sur le principe généalogique, laisse la place à une logique hédoniste héritière du nazisme*[25] *»*.

Inscrite dans la longue controverse sur le droit de l'individu à disposer de son corps, la GPA fait l'objet d'un inquiétant consensus négatif aussi bien politiquement[26] qu'académiquement. Elle est perçue comme le degré ultime de l'ultra libéralisme. Cependant, contrairement à une croyance répandue selon laquelle nous vivons dans une époque d'hyper-individualisme où la GPA ne serait que sa conséquence inéluctable, force est de constater, dans l'état actuel du droit positif, que l'individu ne dispose pas librement ni de son corps ni de sa vie. En effet, l'euthanasie est pénalement sanctionnée, le don d'organe après la mort est présumé et nous ne pouvons pas disposer librement de notre cadavre ni faire ce que nous souhaitons de nos cendres : l'ordre public le veut ainsi... L'insémination *post-mortem* demeure interdite tout comme le don dirigé de gamètes[27] et, au-dessus de tout, la GPA fait figure d'épouvantail.

Égarés dans le labyrinthe des rapports du *Comité National consultatif d'éthique*, du *Conseil d'État*, de *l'Agence de la Biomédecine*, de *l'Office Parlementaire d'évaluation des Choix Scientifiques et Technologiques*, de la *Commission Nationale Consultative des Droits de l'Homme,* du *Défenseur des droits* de *l'Académie de Médecine* et autres interventions expertales, nous risquons de perdre de vue l'idéologie sous-jacente du dispositif bioéthique français, en particulier lorsqu'il s'agit de penser (ou de ne pas penser) la GPA. Unique au monde, « l'identité bioéthique de la France[28]» véhicule à la fois une vision particulièrement pessimiste de l'individu, de la science et du marché et un fétichisme de l'ordre naturel,

---

du « port de l'étoile rose » : Entretien dans la revue *Esprit* de février 2001 avec O. Mongin, J. Roman et M. Théry.

[25] Entretien avec A. Spire, *Le Monde*, 23 octobre 2001.

[26] Dans un rapport de l'Assemblée Nationale du 25 janvier 2006, présidé par Patrick Bloch et comme rapporteure Valérie Pécresse, l'interdiction de la GPA n'est pas seulement confirmée mais aussi l'impossibilité d'adopter l'enfant par la mère d'intention telle qu'il est proposé aujourd'hui par la Cour de cassation.

[27] D. Borrillo, *Disposer de son corps, un droit encore à conquérir*. Textuel, Paris, 2019.

[28] L'expression est utilisée dans l'exposé de motif du projet de loi relatif à la bioéthique n° 2187 présenté par le Premier ministre et la ministre de la Santé le 24 juillet 2019.

vision partagée par la gauche post-moderne et la droite conservatrice, allant de l'écologie politique à la conférence épiscopale. La poursuite de l'intérêt individuel est jugée responsable du délitement du lien social. Le progrès scientifique est dénoncé comme soif effrénée de connaissance menant à l'aliénation de l'homme (voire son anéantissement) et l'économie de marché n'est appréhendée que sous les inégalités qu'elle engendre. Le diagnostic préimplantatoire est accusé de précipiter l'humanité vers l'abîme de l'eugénisme totalitaire et ceci à cause d'une confusion volontairement entretenue, entre d'une part, l'eugénisme étatique raciste et génocidaire et, d'autre part, l'eugénisme libéral[29] qui n'a pas pour but la supériorité d'une race mais l'amélioration des conditions de vie biologique des individus.

Non sans paternalisme compassionnel, la GPA avait été pourtant imaginée autrefois comme un palliatif à la stérilité. En effet, en 2010, le Comité d'Éthique envisageait sa légalisation comme une réponse de la société à une « injustice » de la nature : l'infertilité d'origine utérine[30]. Nadine Morano, ministre de la famille en 2013, avait déclaré dans un entretien au *Monde* : *« si la stérilité d'un couple est avérée, une femme peut porter un enfant qui n'est pas le sien génétiquement ».* Une proposition de loi tendant à encadrer la GPA avait été enregistrée au Sénat par la droite en 2010 pour permettre d'inscrire la gestation pour autrui dans le cadre de l'assistance médicale à la procréation. Elle deviendrait un instrument supplémentaire au service de la lutte contre l'infertilité, sans que soit reconnu pour autant un droit à l'enfant : *« seuls pourraient bénéficier d'une gestation pour autrui les couples composés de personnes de sexe différent, mariées ou en mesure de justifier d'une vie commune d'au moins deux années, en âge de procréer et domiciliées en France. La femme devrait se trouver dans l'impossibilité de mener une grossesse à terme ou ne pouvoir la mener sans un risque d'une particulière gravité pour sa santé ou pour celle de l'enfant à naître. L'un des deux membres du couple au moins devrait être le parent génétique de l'enfant »*, établissait ladite proposition[31]. La procédure était très encadrée et sous le contrôle d'un juge. Ce dernier, selon toujours cette proposition de loi, *« fixerait également la somme devant*

---

[29] J. Habermas, *L'avenir de la nature humaine. Vers un eugénisme libéral ?* Gallimard, 2002.

[30] Avis n° 110 du CNCE, 2010.

[31] Proposition de loi n° 234 tendant à autoriser et encadrer la gestation pour autrui 27 janvier 2010.

être versée par le couple bénéficiaire à la gestatrice afin de couvrir les frais liés à la grossesse » non pris en charge par la sécurité sociale.

Aujourd'hui, le consensus anti-GPA - y compris pour des raisons médicales et au sein du couple hétérosexuel - se reflète par l'exclusion de la question dans la révision de la loi bioéthique, bien qu'elle ait été plébiscitée tout au long du débat des États généraux de la bioéthique. Le Président de la République, le Premier ministre, l'ensemble des ministres et tous les parlementaires (à l'exception de la sénatrice Esther Benbassa et du député Aurélien Taché), se sont prononcés formellement contre la GPA. Et pour cause, cette pratique suscite une véritable horreur dans la classe politique[32] alors qu'il suffirait de la concevoir comme faisant partie du répertoire des libertés fondamentales, en l'occurrence la liberté procréative. Si une femme a le droit de pratiquer une IVG, pourquoi lui serait-il interdit de mener à terme une grossesse pour le compte d'autrui ? Souvenons-nous de l'argument de l'individualisme, brandi jusqu'à la caricature lors du débat sur l'IVG (il y a quarante-cinq ans)[33] à travers l'exemple de la mère qui ne veut pas accoucher de son enfant pour ne pas interrompre ses vacances....

Et plus récemment, la sénatrice Catherine Tasca n'hésitait pas à faire appel à son instinct pour dénoncer la GPA : *« En tant que femme et mère, je ne peux pas m'imaginer demander à une femme qui a porté un enfant de me donner celui-ci. Toutes celles qui ont eu le bonheur de porter un enfant pendant neuf mois le savent, le lien qui s'établit avec l'enfant est inéluctable. Quoi qu'elle se dise, aucune femme mère porteuse ne pourra oublier que, pendant neuf mois, elle a été cette mère qui a permis à l'enfant de se développer*[34] *»*.

Dans une lettre ouverte au président Hollande en 2014, certaines personnalités de gauche comme L. Jospin, C. Tasca, J. Delors, N. Notat

---

[32] Cette classe politique qui semble bien éloignée de l'opinion publique. En effet, un sondage mené par l'Ifop pour *La Croix* et le Forum européen de bioéthique en 2018 confirme le consentement d'une grande partie de la société à des sujets comme l'élargissement de la procréation médicalement assistée (PMA) aux couples de femmes (60 %) et aux femmes seules (57 %), à une évolution de la loi sur la fin de vie (89 %), ou, plus surprenant encore, à la levée de l'interdiction de la GPA (64 %). Des chiffres qui dessinent l'image d'une société libérale sur des questions « importantes », comme 89 % des Français le reconnaissent par ailleurs.

[33] J. Mossuz-Lavau, *Les Lois de l'amour : Les Politiques de la sexualité en France, de 1950 à nos jours*, Payot, Paris, 2002.

[34] Débats parlementaires sur le projet de loi bioéthique, séance du 07 avril 2011.

et M.-G. Buffet, sont allées jusqu'à s'opposer à l'arrêt de la CEDH : *« Ainsi, la France pourra justifier de ne pas transcrire les filiations car cela serait admettre l'efficacité des contrats de mère porteuse à l'étranger et bientôt en France, puisqu'elle aura modifié le statut de l'enfant. Parce que c'est la défense des femmes et des enfants qui est en jeu, nous vous demandons également de renforcer le dispositif législatif de lutte contre la prospection de clients français par les agences de mères porteuses et de porter un projet de convention internationale visant à prohiber la pratique des mères porteuses et à lutter par le pénal contre cette pratique, à l'image de la convention du Conseil de l'Europe contre la traite des êtres humains*[35] *»*.

Selon l'opinion de nos représentants, y régneraient désormais sans partage l'« *individualisme* », la « *technicisation et la marchandisation de la vie humaine* », la « *tyrannie du désir* » et sa « *volonté de toute puissance* ». La rhétorique n'est pas nouvelle. L'individu est présenté comme un être capricieux et égoïste, mû par l'intérêt : « je veux donc j'ai le droit ». Individu auquel il faut impérativement opposer des limites y compris contre lui-même car comme le prétend la sociologue Nathalie Heinich : « *Ce qui me semble se profiler derrière la volonté d'autoriser la réalisation du désir individuel d'être parent à tout prix, c'est une forme d'hubris, un fantasme de toute-puissance*[36] *»*.

Depuis la fin du XIXe siècle sous l'influence des analyses de Durkheim, les élites sont obsédées par un supposé individualisme qui envahit la société et la mène nécessairement vers l'anomie. Cette forme de fatalisme va jusqu'à influencer la philosophie et le droit. Ainsi, au XXe siècle, la théorie du personnalisme d'Emmanuel Mounier, fondateur de la Revue *Esprit* va proposer une nouvelle manière de concevoir les droits de l'homme contre l'individu. Cette théorie est particulièrement néfaste dans la caricature qu'elle forge de l'individualisme (assimilé à l'égoïsme) : *« l'individu, c'est la dissolution de la personne dans la matière. [...] Dispersion, avarice, voilà les deux marques de l'individualité (...) Aussi, la personne ne peut croître qu'en se purifiant de l'individu qui est en elle*[37] *»*. De même, il suffit d'invoquer la

[35] Lettre ouverte au Président de la République « GPA : Monsieur le président de la République...», *Libération*, 13 juillet 2014.

[36] N. Heinich, *Ce que n'est pas l'identité*, Gallimard, 2018

[37] Cité par Jean-Marie Domenach, « Les principes du choix politique », *Esprit*, 18, 174 (décembre 1950), p. 820

marchandisation[38] pour écarter tout débat sur une possible indemnisation des donneurs et des femmes porteuses. Alors que tout le monde est rémunéré pour louer sa force de travail (chercheurs, médecins, infirmiers, nourrices, personnels administratifs, avocats...), la femme porteuse et les donneurs de gamètes ne peuvent pas y prétendre sous peine de compromettre leur dignité. La *Manif pour tous*, la droite et la gauche conservatrice sont d'accord pour considérer que la GPA participe d'un nouveau marché de l'humain propre à l'ultralibéralisme et au techno-capitalisme. Or, imposer la gratuité est non seulement injuste mais suicidaire pour la pratique même de la GPA : qui voudra porter pendant neuf mois un enfant sans aucune contrepartie ? En ce sens, les travaux de l'anthropologue Helena Ragoné ont montré que les femmes porteuses, en insistant fortement sur l'aspect altruiste de leur acte, cherchaient à réconcilier le fait qu'elles contrevenaient une norme (se faire payer pour porter un enfant) et leur adhésion à des valeurs traditionnelles (aide à une femme stérile, importance de la maternité et de la famille...)[39].

L'altruisme imposé, tout comme la levée de l'anonymat pour le don de gamètes, constituent des manœuvres, plus ou moins avouées, pour boycotter *in fine* les procréations assistées. L'exemple des Pays-Bas est fort significatif : après l'interdiction de la GPA commerciale, seulement seize enfants sont nés de mères porteuses entre 1997 et 2004 ce qui correspond à moins de trois naissances par année dans ce pays qui en compte annuellement environ cent soixante et onze mille[40].

La critique de la GPA se fonde sur une nouvelle vulgate qui oppose au principe de libre disposition de soi et à l'autonomie de la volonté, la vérité du corps et du vécu[41]. En dissociant la maternité du corps de la

---

[38] Michel Onfray voit dans la gestation pour autrui le symbole de l'inégalité entre les plus aisés et les plus modestes : « Au nom de l'égalité, nous allons vers la prolétarisation des utérus des femmes les plus pauvres».

[39] Ragoné, H., *Surrogate motherhood: conception in the heart*, Boulder, Westview Press, 1994.

[40] Dermout, S., et al., "Non-commercial surrogacy : an account of patient management in the first Dutch Centre for IVF Surrogacy from 1997 to 2004", Human Reproduction, vol. 25, no. 2, 2010, p. 446.

[41] Dans *La nouvelle guerre du sexe* (2008), Élisabeth Weissman souligne : « Nous voici encouragés à nous transformer en bons sujets néolibéraux, à devoir gérer notre capital sexuel. Ce sexe dont la nature nous a dotés, il nous revient de le faire fructifier, comme un capital à entretenir, enrichir, valoriser, un capital qui nous ferait entrepreneur de nous-mêmes. »

femme et en plaçant la volonté au cœur du dispositif parental, la GPA s'est attiré les foudres des courants antirationalistes, antilibéraux et technosceptiques.

Un retour à la *Gemeinschaft*, à la solidarité mécanique[42] (le collectif contre l'individuel, le genre humain contre l'individu[43]) permet de contextualiser le débat français et d'expliquer les réactions politiques contre les GPA réalisées à l'étranger. Ainsi, la proposition de loi *n° 2277 du 14 octobre 2014 visant à lutter contre les démarches engagées par des Français pour obtenir une gestation pour autrui* présenté par Jean Leonetti, celle déposée par Valérie Boyer le 8 avril 2015 *visant à lutter contre le recours à une mère porteuse,* et plus récemment, celle déposée en 2017 par 15 députés du groupe *Les Républicains*, pénalisant les parents d'intention qui recourent à une GPA y compris à l'étranger[44], présentent la GPA comme une forme de « proxénétisme procréatif » sanctionnée de 5 ans d'emprisonnement et 75 000 euros d'amende. Les conservateurs brandissent aujourd'hui les mêmes arguments utilisés hier contre l'IVG et l'accouchement « sous X » : « l'abandon d'un enfant par sa mère méconnaît également les relations qui se nouent entre eux *in utero*, alors que les recherches médicales récentes en ont montré l'importance dans le développement psycho-affectif de l'enfant[45] ». Peu importe le consentement de la femme puisque comme le souligne l'exposé des motifs de la proposition de loi *« Que celle-ci soit consentante ou non son corps en est réduit à l'état de bien meuble, tout comme le fruit de sa gestation, avec tous les risques médicaux que cela comporte ».*

Dans cette croisade anti-GPA à la française, la dignité humaine est systématiquement invoquée comme le seul levier possible contre la « loi

[42] La solidarité mécanique est une notion introduite par Émile Durkheim dans son ouvrage *De la division du travail social* (1893), définie comme une forme de cohésion sociale fondée sur les valeurs communes propres aux sociétés traditionnelles.

[43] Comme le propose M. Fabre-Magnan lorsqu'elle écrit : « À travers chaque personne, c'est l'humanité qui peut être atteinte et donc tous les autres. L'émergence du principe de dignité est ainsi le signe qu'il y a quelque chose qui dépasse (qui transcende) les volontés individuelles. Plus encore que le collectif, c'est le genre humain en général auquel le principe de dignité marque l'appartenance » : « Le sadisme n'est pas un droit de l'homme », D., 2005, n°43, chron., p. 2979.

[44] Proposition de loi n° 201 *visant à* lutter contre *le* recours *à une* mère porteuse enregistrée à la Présidence de l'Assemblée nationale le 27 septembre 2017.

[45] Proposition de loi de Valérie Boyer.

du désir[46] ». La situation frôle le ridicule lorsque Marie-Anne Frison-Roche et la présidente de la *Manif pour tous* demandent l'interdiction universelle de la GPA comme si la France était toujours un empire pouvant s'immiscer dans l'ordre juridique d'autres démocraties.

À gauche, José Bové met sur le même plan PMA, GPA, OGM (Organisme génétiquement modifié) et manipulation génétique[47]. La technique devenue autonome, selon l'écologie humaine, rend les hommes irresponsables, selon la vulgate anti-science[48]. La frange radicale du conservatisme de droite (d'habitude désintéressée de l'écologie) invoque de manière quelque peu abusive l'encyclique *Laudato Si* du Pape François pour s'opposer aux techniques reproductives. La nature est un don de Dieu tout comme la vie. Traditionnellement, l'Église a utilisé la figure de l'usufruit pour caractériser le rapport de l'individu à son corps. Reprenant la tradition, Pie XII, dans son *Allocution aux participants du VIIIe congrès international des médecins à Rome*, le 30 septembre 1954, proclamait : « L'homme n'est que l'usufruitier, non le possesseur indépendant et le propriétaire de son corps et de tout ce que le créateur lui a donné pour qu'il en use et cela conformément à la nature ». La notion de dignité humaine vient réactualiser cette conception canonique sur laquelle se fonde toute autorité. La dignité humaine est la part indisponible de l'Humanité dans chaque individu c'est pourquoi aucune femme dans aucune circonstance ne peut consentir, selon ce raisonnement, à une GPA.

Qu'ont-ils en commun les socialistes, Jean-Luc Mélenchon[49], les écologistes, la *Manif pour tous* et l'Église catholique ? La méfiance à l'égard du progrès, la négation de l'autonomie individuelle, la haine du libéralisme (en tant que philosophie qui accompagne l'essor de l'individualisme) et de son corrélat : le « droit-de-l'hommisme » (N'oublions pas que Marx affirmait que l'idéologie des droits de l'homme était étroitement liée à l'économie capitaliste), responsables de la vague de narcissisme individualiste et des revendications infinies,

---

[46] Pour reprendre les propos de Patrick Frydman, il existe un « risque de déviation vers certaines formes de censure par l'emploi du concept de dignité humaine.... », *RFDA* 1995, p. 1204.

[47] José Bové : GPA, « Dire non à la manipulation du vivant », *La Croix*, 12/11/2018.

[48] Voir notamment les travaux de Jacques Ellul (1912-1994) et Ivan Illich (1926-2002).

[49] « Un pas de plus dans la marchandisation de l'humain » selon le leader de la France Insoumise.

dénoncées notamment par Marcel Gauchet, Pierre Legendre, Régis Debray, et les trois Alain : Supiot, Badiou et Finkielkraut....

Nul besoin de faire appel à la Bible, les notions de marchandisation, d'esclavage ou d'aliénation suffisent. Ce sont effectivement les arguments mis en avant par les évêques pour contrer la GPA. Le groupe de travail pour la bioéthique de la Commission des épiscopats de la Communauté européenne (COMECE) a publié le 23 février 2015 un « avis sur la gestation pour autrui », pratique comparée par les évêques à *« une forme de traite d'êtres humains »*. Tous les types de gestation pour autrui constituent une atteinte grave à la dignité humaine de ceux qui sont impliqués dans cet échange, estime cet avis, mettant en cause *« l'emprise sur le corps de la mère porteuse »*, voire son *« aliénation »*, dans la mesure où il est très difficile de reconnaître *« un consentement valide dans des situations de vulnérabilité ou d'extrême pauvreté »*. La dignité de la personne apparaît ainsi comme la condition *sine qua non* du bien commun à la fois pour l'Église et pour les opposants à la GPA. Présentée comme l'expression d'un droit subjectif (c'est-à-dire d'une « volonté humaine isolée », pour reprendre l'expression de J. Milbank) sur le corps humain, la GPA apparaît comme contraire à l'intérêt de l'enfant et à la dignité de l'Humanité. En rompant le lien naturel entre l'activité sexuelle et la procréation, le GPA ouvre, d'après ces opposants, la voie à une marchandisation des naissances et à un contrôle eugénique de la vie humaine. Comme l'affirme A. Supiot, « la conjugaison du scientisme et de la croyance dans le progrès conduit à une idéologie de la non-limite (...) les principes d'égalité et de liberté individuelle peuvent servir les interprétations les plus folles[50]», telle la revendication de la GPA, « délire technologique » selon le juriste, consistant à faire du projet parental le fondement de l'identité de l'enfant (p. 220). « Dieu s'étant retiré de nos montages institutionnels, c'est l'Homme qui occupe aujourd'hui sa place » (p. 270). Ayant vaincu l'absolutisme religieux, le libéralisme apparaît comme le principal ennemi des néo-conservateurs. Sous cet angle, la GPA ne peut que concentrer tous les maux de la modernité : libre disposition de soi, égalité des couples hétérosexuels et homosexuels, contractualisation des liens de filiation, désacralisation de la maternité, rémunération pour un service procréatif... Mais, n'est-il pas hypocrite d'empêcher une femme

[50] A. Supiot, *Homo Juridicus. Essai sur la fonction anthropologique du Droit*, Seuil, 2005, p. 80.

qui souhaite améliorer sa situation économique de ne lui offrir d'autres arguments que la dignité humaine pour soulager sa pauvreté ? Plusieurs féministes, en particulier celles qui se sont intéressées à la situation en Inde, proposent ainsi que l'on améliore les conditions de travail des mères porteuses et que l'on augmente la part de bénéfices qui leur revient[51].

Si la GPA est indéfendable pour ses opposants, elle peut être vécue très paisiblement par celles qui l'ont pratiquée : « Au début, on ne se rend pas compte de l'immensité de ce que l'on accomplit. Mais au moment de l'accouchement, lorsqu'on voit ce couple devenir parent, il n'y a pas de mot pour décrire ce que l'on ressent, seulement des larmes de joie[52]».

Comme le souligne Thomas Perroud dans cet ouvrage, il ne faut pas oublier que jusqu'à la fin des années 1980, la GPA apparaissait comme une pratique, certes inédite, mais, intégrée dans le droit civil de la filiation. Ce n'est que dans un rapport du Conseil d'État en 1988 où la pensée iusnaturaliste émerge clairement par des références directes aux travaux des professeurs catholiques militants comme Alain Sériaux, membre de l'Opus Dei, et André Decocq théoricien du droit naturel. Les notions telles que « structures naturelles de la parenté » et « indisponibilité du corps humain » apparaissent dans le rapport et seront reprises par les juges. Désormais, tout se passe comme si la femme pouvait disposer de son corps à condition d'être enceinte par les voies naturelles.... Autrement, c'est l'indisponibilité qui prévaut.

En refusant le droit de disposer librement des capacités reproductives, l'État se substitue ainsi à la figure du *pater familias* en tant que protecteur attitré des femmes, dès lors maintenues dans une situation de vulnérabilité alléguée qui a toujours servi de justification à leur minorisation sociale et politique. Ce ne sont pas seulement les femmes. Au nom de la cohésion sociale, l'État est prêt souvent à sacrifier l'individu.... Pourtant, Maurice Godelier a raison d'affirmer que ce n'est pas la société qui fabrique les individus, ce sont les individus qui inventent la vie en société, « les humains confrontés à des problèmes

---

[51] Ballantyne, A., "Exploitation in cross-border reproductive care", *International journal of feminist approaches to bioethics*, vol. 7, (2014). no. 2, pp. 75-99.

[52] « Une mère porteuse raconte comment elle a porté les enfants de deux couples de Français » : https://www.huffingtonpost.fr/2015/06/19/mere-porteuse-raconte-comment-elle-a-porte-enfants-de-deux-couples_n_7591864.html

nouveaux ont inventé de nouvelles façons de vivre ensemble et d'agir sur la nature qui les entourait. Ils ont fabriqué de nouvelles formes de société et des univers culturels différents[53] ». Cette antériorité de l'individuel, à laquelle il est facilement dérogé aussi bien à gauche qu'à droite dès lors que l'on avance l'argument de la libre disposition de soi, nous oblige à réfléchir sérieusement aux impératifs qui permettent de sacrifier les droits individuels sur l'autel des valeurs pré-juridiques appelées ici à la rescousse afin de masquer la nature dogmatique des analyses. Ce qui fait horreur ce n'est pas seulement la GPA mais aussi et surtout la modernité, la primauté de l'individu, le constructivisme, le relativisme, l'autonomie, le fait d'établir librement nos normes par la réflexion et la délibération rationnelle...

La notion de dignité, comme l'appel abusif à l'anthropologie dite intégrale, cache tout simplement le dogme chrétien qui se travestit sous l'ambiguïté de l'appel à des supposés invariants universels (en fait, les valeurs de l'Église actuelle). Et plus largement à toutes les « maladies » de la modernité : le marché, la science, le relativisme, le nihilisme, l'argent.

La dignité constitue ainsi la menace la plus directe à la philosophie des Lumières et à la démocratie libérale. Il n'est plus question de dire que la GPA est en contradiction aux dogmes chrétiens mais qu'elle porte atteinte à la dignité de la femme, à l'intérêt de l'enfant à naître, à l'ordre symbolique de la différence des sexes et à la fonction anthropologique du droit, qu'elle mène à la marchandisation du corps et à la chosification de l'enfant.... Gardiens et serviteurs de la Dignité Humaine, beaucoup de juristes voient dans la GPA la cristallisation de la morale moderne et sa manifestation la plus éclatante, la souveraineté individuelle....

Si la GPA n'est pas en tant que telle une forme d'exploitation, elle peut le devenir selon le contexte dans lequel elle est pratiquée. Dans des pays où elle est gratuite comme au Royaume-Uni ou au Canada, seul l'altruisme peut en être la source. Dans des pays où elle est rémunérée, les mères porteuses semblent jouir d'une plus grande liberté, comme en Californie. En revanche, en Inde ou en Ukraine, les mères porteuses viennent des populations vulnérables et sont, souvent, victimes d'exploitation. Ce qui est toutefois frappant, c'est que l'émotion provoquée par cette situation se trompe de cible : l'exaspération ou les

[53] Entretien à *L'humanité*, 10 novembre 2017.

angoisses exprimées ne sont certes pas discutables, mais la GPA n'est pas la véritable cause. Considérer *in abstracto* qu'elle constitue une forme d'esclavage est non seulement faux mais aussi injuste par rapport aux victimes de l'esclavage moderne (traite des êtres humains, travail forcé, mariage forcé, prostitution forcée...). De même, dire que toutes les femmes sont libres de disposer de leur ventre est aussi faux car la nécessité économique peut constituer une telle contrainte qu'il n'y a pas de place pour la volonté. Tout dépend donc du contexte dans lequel se développe cette pratique.

Plutôt que d'organiser le débat en opposant les défenseurs et les détracteurs de la GPA, il vaudrait mieux se poser la question, *in concreto*, de savoir les conditions dans lesquelles se développe cette pratique et quel système (liberté contractuelle, service gratuit, contrôle médical, contrôle judiciaire, régulation étatique...) garantit le mieux les droits des femmes, des enfants et des parents d'intention dans le cadre d'un projet parental responsable.

Cette impossibilité à penser la GPA en dehors de l'anathème et de la condamnation est propre à la France. Comme nous l'avons indiqué ci-dessus, il faut comprendre que ces questions sociétales ont été analysées dans l'Hexagone sous le prisme d'un courant philosophique dominant : le personnalisme. Trouvant ses racines chez Charles Péguy, il sera développé par Emmanuel Mounier dans la revue *Esprit* et le mouvement de la « Nouvelle Gauche » ce que, dans les années 1980, on appellera la « deuxième gauche ». Le personnalisme a fourni les arguments aux opposants de la libre disposition du corps en général et de la GPA en particulier aussi bien à gauche qu'à droite : l'Église catholique, le Parti communiste, la *Manif pour tous* et certains groupes féministes se retrouvent dans la même rhétorique anti-capitaliste, contre l'eugénisme et l'exploitation des femmes. Alors que la GPA peut aussi être considérée comme une forme d'égalité entre les couples fertiles et stériles, homosexuels et hétérosexuels, une vingtaine d'associations féministes ont lancé en 2018 une initiative internationale contre la gestation pour autrui dénommée CIAMS : *Coalition internationale pour l'abolition de la maternité de substitution*. Ses membres n'hésitant pas à comparer la GPA à la prostitution, considérées toutes deux comme une forme de marchandisation du corps des femmes. Mais au nom de quel principe un groupe de féministes entend imposer aux femmes du monde entier l'interdiction de la GPA ?

La réponse à cette question est à chercher dans l'inconscient collectif de ces mouvements : le personnalisme (dignité de la personne humaine) et l'anti-libéralisme[54] (nécessaire marchandisation du corps humain) au sein duquel se retrouvent les deux forces idéologiques de la France profonde, le catholicisme et le marxisme[55], dans leur obsession commune contre l'individualisme et la haine de l'argent[56]. Le fervent catholique qu'était Mounier louait la critique marxiste de la démocratie libérale en soulignant que « les droits que donne aux citoyens l'État libéral sont pour un grand nombre d'entre eux aliénés dans leur existence économique et sociale[57] ». La critique provenant du féminisme matérialiste s'inscrit aisément dans cette tradition lorsqu'elle affirme qu'aucune femme ne peut librement consentir à la GPA en tant que « système organisé de la reproduction dans le cadre de la globalisation des marchés du corps humain[58] ». Alors que l'on pourrait penser exactement le contraire, à savoir que c'est justement la rémunération qui permet à la femme porteuse de se détacher affectivement de l'enfant sans pour autant le traiter comme un objet.

II. Pouvoir réguler la GPA

Il ne s'agit pas seulement de pouvoir penser la GPA, il est pour nous également question *in fine* de pouvoir la réguler. La légalisation de la GPA constitue le moyen le plus efficace de garantir l'intérêt de l'enfant qui bénéficierait ainsi à l'égard des parents d'intention d'une filiation stable.

Les différents courants qui proposent de le faire peuvent être présentés en trois grands groupes : le prohibitionnisme, le libéralisme et le régulationnisme. Pour le courant prohibitionniste, la GPA constitue une pratique attentatoire de la dignité humaine. Considérée comme une nouvelle forme d'esclavage et une réification du corps de la femme, la

---

[54] Zeev Sternhell, « Emmanuel Mounier et la contestation de la démocratie libérale dans la France des années trente », Revue française de science politique / Année 1984 / 34-? 6 / pp. 1141-1180.

[55] Dans la *Sainte Famille* (1845), Marx et Engels dénoncent la fiction de l'individu isolé comme une idéologie bourgeoise de l'homme égoïste, se suffisant à lui-même.

[56] A. Moine, *Chrétiens et communistes dans l'histoire : construire ensemble*, Les amis d'André Moine Éditions, 2003.

[57] E. Mounier, *Le personnalisme*, Paris, PUF, 17e édition 2001, pp. 119-120.

[58] Communiqué de l'association *Osez le féminisme*, 24 juillet 2019.

GPA ne peut qu'être interdite en toutes circonstances. Ce courant considère qu'il est impossible pour une femme de consentir à la GPA, cette pratique étant assimilée à la vente et l'achat d'enfants. Marguerite Canedo-Paris a raison d'affirmer que « la dignité humaine ressemble un peu à une arme absolue susceptible de tout justifier, arme d'autant plus efficace que son contenu est indéterminé et qu'elle est entourée d'une forte aura rédemptrice[59] ».

Malgré l'évolution de la Cour de cassation sur l'inscription des enfants nés d'une GPA à l'étranger, la France demeure un pays prohibitionniste : Outre la sanction civile, comportant la nullité du contrat de GPA, celle-ci constitue une atteinte pénale à la filiation dès lors qu'elle est réalisée en France.

Le courant libéral, part du principe de la libre disposition de soi et la liberté procréative en assimilant la GPA au droit à l'IVG. Personne ne peut s'interposer entre moi et moi et encore moins l'État en interdisant la GPA qui relève du rapport intime, unique et ultime de la femme avec elle-même et son corps.

La GPA peut être altruiste, comme au Royaume-Uni depuis 1985, dans les États de Floride, Utah, New Hampshire et Washington aux États-Unis, en Belgique et aux Pays-Bas[60], ou conçue comme un service rémunéré comme en Ukraine, en Géorgie et dans certains États des États-Unis comme la Californie. Pour ce courant, les prestations des femmes porteuses sont assimilées à celles d'une nourrice. Selon les libéraux, le contrat suffit à garantir les droits de différentes parties du processus procréatif : s'il y a consentement libre, c'est-à-dire sans dol, sans violence et sans lésion (contrainte économique), la GPA est licite. Le contrat de service entre la femme porteuse et le couple commanditaire semble la figure juridique la mieux adaptée pour encadrer la pratique de la GPA. La femme porteuse est débitrice d'une obligation de moyen : la gestation de l'enfant. La grossesse, considérée dans ce cadre comme un travail, mérite donc rémunération. Souvent, lorsqu'il n'y a pas de lien génétique entre la femme porteuse et l'enfant, le contrat stipule qu'elle doit renoncer à l'enfant à sa naissance au profit

[59] M. Canedo-Paris, « La dignité humaine en tant que composante de l'ordre public : l'inattendu retour en droit administratif français d'un concept controversé », *RFDA* 2008, p. 979.

[60] L'altruisme n'exclut pas que la femme porteuse puisse être dédommagée des frais de grossesse, voire des éventuelles pertes de revenus ou de salaire.

du couple commanditaire. Cependant, si elle apporte son ovule, elle peut garder l'enfant : droit au regret comme sous la loi de la Floride). S'il y a intermédiaires, le contrat de mandat permet de réguler la relation entre l'agence, la femme porteuse, les donneurs de gamètes et le couple commanditaire.

Le courant régulationniste considère que la liberté des parties, celle de la femme de porter l'enfant et celle des parents d'intention de bénéficier d'une technique procréative doit être encadrée dans un système de santé publique, seul garant de la justice des prestations. Prenant comme modèle l'agence française de l'adoption, on pourrait imaginer une agence publique de la GPA ayant comme mission d'informer et d'accompagner les couples et de servir d'intermédiaire entre ceux-ci, les femmes porteuses, les médecins et l'administration.

Conclusion

Chaque courant implique une vision spécifique de l'humain et de la société. Pour l'abolitionnisme, la notion de consentement doit être écartée au profit de celle de dignité humaine où le choix n'a pas d'importance : l'individu ne peut pas agir contre sa propre humanité. En revanche, la conception libérale place le consentement au cœur de son dispositif moral et considère que, dans l'absence de préjudice à des tiers, l'autonomie de la volonté prime. Le régulationnisme quant à lui se méfie de la liberté et préfère placer le dispositif sous le contrôle de l'État afin d'éviter les abus. La GPA serait ainsi prise en charge par la sécurité sociale comme tout autre traitement contre la stérilité. Enfin, une vision féministe moderne de la GPA trouve dans cette technique une dimension émancipatrice car pour la première fois, la femme serait rémunérée pour un travail qu'elle fait gratuitement depuis toujours[61].

De la même manière que, s'affranchissant de la morale, l'État a pu réguler la contraception, l'accouchement « sous X », l'IVG et la stérilisation volontaire, un droit reproductif nouveau comme la GPA pourra finalement s'organiser. En effet, tous les exemples que nous venons d'évoquer font référence à la liberté négative de ne pas procréer

[61] Panitch, V., "Global surrogacy : exploitation to empowerment", *Journal of global ethics*, vol. 9, no. 3, 2013 pp. 323-343.

mais celle-ci appelle en conséquence à une autre liberté, cette fois-ci positive : celle de procréer pour soi-même ou pour le compte d'autrui.

La manière dont notre société administrera la question de la GPA permettra d'évaluer notre capacité à respecter les principes politiques fondateurs de la modernité tels que l'autonomie de la volonté, le respect de la vie privée, la libre circulation des personnes et la libre disposition de soi.

GPA, EXCEPTION ÉCONOMIQUE ET DÉMOCRATIE SEXUELLE

ERIC FASSIN

« J'éprouve un certain dégoût », confesse Sylviane Agacinski[1], « à devoir argumenter pour dire pourquoi il est indigne de demander à une femme de mettre son ventre à la disposition d'autrui. » Il est paradoxal d'ouvrir sur un tel aveu un essai polémique contre la Gestation pour autrui (GPA) : l'évidence du jugement moral dispenserait-elle du travail de la raison ? Ne risque-t-on pas alors de confondre le sens commun avec la vérité ? On reconnaît ici la marque du sacré : soustrait par définition aux exigences de la démonstration comme du plaidoyer, il s'impose en échappant au doute, aux interrogations et aux remises en cause. En même temps, si l'argumentation est nécessaire, comme l'atteste le choix d'intervenir dans le débat en tant que philosophe, c'est que le sacré ne va plus de soi ; il est désacralisé. La profanation politique provoque ainsi le dégoût, voire l'horreur.

I. Du sacré à l'exception sexuelle

Le concept de démocratie sexuelle peut nous aider à éclairer ce paradoxe. Forgé à la suite de la controverse du PaCS, il m'a servi à penser, plus généralement, les batailles qui accompagnent l'extension de la logique démocratique à l'ordre sexuel, qu'il s'agisse de genre ou de sexualité[2]. La démocratie n'est pas ici appréhendée comme un régime

[1] Sylviane Agacinski, *Corps en miettes,* Café Voltaire, Flammarion, 2009, p. 8.

[2] Éric Fassin, « Démocratie sexuelle », *Comprendre, revue de philosophie et de sciences sociales,* numéro spécial « La sexualité », numéro 6, automne 2005, pp. 263-276. Le philosophe Ruwen Ogien m'avait invité à écrire cet article pour élaborer

politique : on appellera démocratiques les sociétés qui revendiquent de déterminer elles-mêmes leurs règles, leurs lois et leurs normes. Cette logique immanente d'auto-définition s'oppose à une autre représentation de la société, qui trouve ses fondements dans un ordre transcendant. S'il ne nous appartient pas de définir l'ordre du monde, qu'il soit fixé par Dieu, la Nature ou la Tradition, et même la Science, alors, on voit bien qu'on est dans le domaine du sacré : ce qui est immuable, à l'abri de toute délibération sociale.

La démocratie sexuelle, c'est l'extension de la logique démocratique à l'ordre sexuel. Il ne suffit plus de reconnaître que l'éducation ou la santé procèdent de choix politiques, comme l'économie ou l'écologie. La définition du couple et du mariage, de la famille et de la filiation, n'est pas donnée non plus une fois pour toutes : puisqu'elle est de notre ressort, elle devient un enjeu. Cette politisation, qu'il s'agisse de genre ou de sexualité, transforme en effet l'ordre des choses en ce que l'on peut appeler des questions sexuelles : qu'est-ce qu'un homme, ou une femme, qu'est-ce que l'hétérosexualité ou l'homosexualité ? La différence des sexes et des sexualités n'apparaît plus comme une vérité révélée, soustraite au changement et à la contestation ; elle entre dans la politique en même temps que dans l'histoire. Bien sûr, l'ordre sexuel n'a jamais été « naturel » ; mais lorsqu'il se donne comme tel, on comprend désormais qu'il s'agit d'un ordre social naturalisé. À rebours de ce travail social de naturalisation, la démocratisation participe d'une politique de dénaturalisation.

Faut-il le préciser ? La démocratie sexuelle n'a rien de consensuel. Ce ne sont pas seulement des positions politiques qui s'affrontent (par exemple, pour ou contre la liberté du travail sexuel ou de porter un voile) ; le conflit peut porter sur les limites même de la logique démocratique : en particulier, est-ce qu'il nous appartient de redéfinir le mariage, que les évêques français considèrent (au risque de l'oxymore) comme « une institution naturelle » ? Ce n'est pas un hasard si les institutions religieuses, à commencer par le Vatican, jouent un rôle crucial dans la critique de la démocratie sexuelle. Il en va de la définition, immanente ou transcendante, de l'ordre social. Les campagnes internationales contre « l'idéologie du genre » (en France, on parle plutôt de « théorie du genre ») l'attestent : le sexe, érigé en « roc

---

conceptuellement cette notion que j'avais commencé à utiliser. Ce texte pourrait lui être dédié en signe d'amitié, pour garder vivante sa mémoire dans nos débats.

biologique », devient l'ultime refuge contre l'extension de la logique démocratique, en deçà de l'histoire et de la politique[3].

Sans doute la sacralisation ne porte-t-elle pas toujours sur les mêmes points, selon les contextes. C'est ainsi que l'on a pu montrer, dans les controverses sur les unions de même sexe, une différence importante entre les États-Unis et la France (voire l'Europe). De ce côté de l'Atlantique, l'enjeu, et donc le point de plus grande résistance à l'égalité des droits, c'est la filiation : les défenseurs de l'ordre symbolique ne se sont mobilisés qu'à partir du moment où ils ont compris qu'un statut conjugal finirait par ouvrir aux couples de même sexe des droits en matière d'adoption ou de procréation médicalement assistée. À l'inverse, outre-Atlantique, c'est le mariage lui-même qui aura été au cœur des luttes, la filiation ne faisant l'objet d'aucun débat important dans les controverses sur l'homosexualité. On peut faire l'hypothèse que ces variations du sacré tiennent moins à des cultures religieuses qu'à des constructions raciales de la nation inscrites dans des histoires différentes[4].

L'essentiel, qui dépasse la spécificité des contextes, c'est de bien comprendre qu'il s'agit moins d'un sacré, substance anhistorique, que d'une sacralisation, effet d'un travail en réaction à la politisation de la nature des choses. Pour autant, les ennemis de la démocratie sexuelle ne parviennent pas à se dérober à cette logique de démocratisation : en effet, c'est dans l'arène politique qu'ils se mobilisent pour arguer que l'ordre sexuel n'est pas politique. Autrement dit, la dénaturalisation entraîne bien une désacralisation : le sacré a perdu son évidence. La preuve ? Ses défenseurs s'engagent dans la lutte politique, « lobby catholique » contre « lobby LGBT » (ou féministe)... C'est le paradoxe dont on est parti. Aussi parlera-t-on désormais, non plus du sacré, par définition incontestable, mais de l'exception.

On appellera exception sexuelle la tentative politique, qu'elle soit religieuse ou pas, de préserver ou plutôt de restaurer un espace, à l'abri

---

[3] Éric Fassin, "Same-Sex Marriage, Nation, and Race: French political logics and rhetorics", *in* « Au-delà du mariage. De l'égalité des droits à la critique des normes », numéro spécial co-dirigé avec Daniel Borrillo, *Contemporary French Civilization,* 39:3, automne 2014, pp. 281-301.

[4] Éric Fassin, "Same Sex, Different Politics: Comparing and Contrasting 'Gay Marriage' Debates in France and the United States", *Public Culture,* printemps 2001, vol. 13, n° 2, pp. 215-232.

de l'histoire et de la politique, pour faire exception à la démocratie sexuelle. C'est un concept que j'avais esquissé, moins à propos des unions de même sexe et des familles homoparentales, qu'autour des violences sexuelles. L'exception sexuelle, c'est d'abord un discours de l'exception nationale. Dans le débat public, l'épouvantail américain a longtemps eu pour fonction d'entretenir l'illusion que la culture française serait épargnée par les violences de genre : elle pourrait ainsi s'épargner de poser la question des rapports de pouvoir. L'exception française d'un « doux commerce » entre les sexes hérité des salons de l'Ancien régime serait l'image en miroir de la « guerre des sexes » féministe, renvoyée à l'histoire du puritanisme ou de la démocratie en Amérique[5].

Lorsqu'elle a été battue en brèche, sous la poussée féministe, par la prise de conscience plus générale que la domination masculine n'est pas étrangère à la société française, l'exception nationale s'est transformée. D'un côté, on a l'exception politique : la sexualité des hommes politiques est-elle soumise à la loi commune, ou bien y aurait-il une sorte d'immunité des élites face à la logique démocratique ? En 2011, l'affaire DSK en donnait une illustration emblématique – en même temps qu'elle en signait peut-être le début de la fin, dont on voit les soubresauts avec l'affaire Darmanin[6]. D'un autre côté, on a l'exception culturelle : l'éternel retour de l'affaire Polanski fait remonter à chaque fois l'idée qu'il ne faudrait surtout pas confondre l'homme et l'artiste. Ainsi, aborder la question du viol alors qu'on parle de culture serait faire preuve de mauvais goût. Reste que l'affaire Matzneff et la cérémonie des César 2020 pourraient bien, là aussi, annoncer l'ébranlement de cette vision du monde[7]. En réaction contre la démocratie sexuelle, le discours de l'exception serait ainsi le signe d'une inquiétude devant la possibilité d'une démocratie sans exception.

---

[5] Éric Fassin, "The Purloined Gender. American Feminism in a French Mirror", *French Historical Studies,* 22:1, Hiver 1999, pp. 113-138, et « L'épouvantail américain », chapitre 1, *Liberté, égalité, sexualités. Actualité politique des questions sexuelles* (entretiens avec Clarisse Fabre), Belfond, 2003, 2e édition augmentée, 10/18, 2004, pp. 13-39.

[6] Éric Fassin, « La fin de l'exception sexuelle », *Libération,* 17 mai 2011.

[7] Éric Fassin, « Polanski : l'homme et l'artiste », blog Mediapart : « Identités politiques », 2 mars 2020 : https://blogs.mediapart.fr/eric-fassin/blog/020320/polanski-lhomme-et-lartiste

II. De l'exception économique

Peut-être assiste-t-on en effet à la fin des exceptions aristocratique, politique ou culturelle – autrement dit, réservées à des personnages d'élite, institués en figures d'exception. Pour autant, rien ne permet de penser que disparaisse avec elles la rhétorique de l'exception sexuelle. Le sexe a longtemps été exclu du périmètre de la démocratie libérale ; il est aujourd'hui un enjeu majeur pour une démocratie radicale : c'est là que se pose la question de ses frontières. Le concept d'exception sexuelle nous permet ainsi de penser les avatars de la résistance à l'extension de la logique démocratique. On fera ici l'hypothèse que la nouvelle rhétorique de l'exception est économique. C'est l'inverse de la logique des exceptions aristocratiques : au lieu de soustraire la politique ou la culture à la démocratie sexuelle, il s'agit plutôt de soustraire le sexe à l'économie.

Pour mieux appréhender le fonctionnement de l'exception économique, on peut partir de la GPA – ou plutôt de l'horreur qu'elle soulève dans le débat public en France. L'essai de Sylviane Agacinski peut à nouveau nous servir de point de repère. Dans son argumentaire, l'économie fonctionne d'abord comme un parallèle : « Après l'aliénation des hommes dans le travail à la chaîne et leur exploitation économique, une forme inédite d'*aliénation biologique* s'installe dans la procréation artificielle à laquelle les femmes doivent activement collaborer. La mise à disposition de l'utérus féminin est en effet une pièce indispensable au dispositif d'ensemble de la production d'enfants en laboratoire[8]». L'artifice d'une procréation contre-nature apparaît ici comme une dénaturation. Il convient de bien distinguer celle-ci de la dénaturalisation à l'œuvre dans la démocratisation de l'ordre sexuel : la première suppose une nature de la reproduction, en deçà des rapports sociaux, tandis que la seconde est pensée en réaction contre un travail social de naturalisation.

Quels seraient les « enjeux réels » de cette dénaturation ? « L'émergence d'une industrie procréative et d'un marché qui ont terriblement besoin du corps des femmes. » Voici « le corps saisi par l'économie[9] ». Lorsque s'ouvre le débat sur le Mariage pour tous, en 2012, la philosophe est chaleureusement applaudie lors des Semaines

[8] Sylviane Agacinski, *op. cit.,* p. 7.
[9] Sylviane Agacinski, *op. cit.,* p. 8 et 15.

sociales. Ses attaques contre la « théorie du genre » (et la « théorie queer ») débouchent en effet sur une défense des droits de l'enfant contre la Procréation médicalement assistée (PMA) pour les femmes, mais aussi contre la GPA pour les hommes : « transformer la gestation en travail rémunéré ou indemnisé, c'est déshumaniser la maternité et faire de l'enfant une marchandise qui devient un produit fini, livré à sa sortie de fabrication[10] ». L'argument économique est double : marchandisation d'un côté, exploitation de l'autre. C'est aussi l'ambiguïté de l'aliénation, à la fois déshumanisation et dépossession.

L'épouse d'un ancien Premier ministre socialiste, Lionel Jospin, n'avait jusqu'alors guère fait entendre son anticapitalisme. Toutefois, la conjonction de ces deux registres, marxiste et humaniste, permet à la rhétorique de l'exception économique de se faire entendre autant à gauche qu'à droite. C'est ainsi que Jean-Luc Mélenchon reprend le même argumentaire à son compte. Certes, à l'opposé de la philosophe, le leader de la France Insoumise a pris position avec force, dans un discours à l'Assemblée en 2019, en faveur d'un égal accès à la PMA pour les couples de femmes : « Oui, c'est la fin du patriarcat. Des femmes mettront au monde des enfants sans l'autorisation des hommes. » C'est que, pour cet homme de gauche, « il n'y a pas de vérité biologique, il n'y a qu'une vérité sociale et culturelle[11] ». Reste que, pour ce qui concerne la GPA, sa position est la même que celle de la philosophe. « Le corps n'est pas une marchandise », déclare-t-il en 2017 avant l'élection présidentielle, avec des formulations qu'il répète à l'identique ou presque un an plus tard – en y ajoutant toutefois une opposition reprise de la Manif pour tous entre « le droit à l'enfant » et « les droits des enfants[12] ».

---

[10] « Aux Semaines sociales, la philosophe Sylviane Agacinski fait un tabac », par Claire Lesegretain, *La Croix*, 24 novembre 2012 : https://www.la-croix.com/Religion/Actualite/Aux-Semaines-sociales-la-philosophe-Sylviane-Agacinski-fait-un-tabac-_NG_-2012-11-25-879840

[11] « Jean-Luc Mélenchon voit dans la PMA une 'révolution' », par Anthony Berthelier et Lucie Hennequin, 25 septembre 2019 : https://www.huffingtonpost.fr/entry/jean-luc-melenchon-pma-une-revolution_fr_5d8b92fbe4b08f48f4ae3b2a

[12] « Mélenchon sera pour la GPA "le jour où une milliardaire acceptera de porter l'enfant d'une femme pauvre" », par Alexandre Boudet, *Huffington Post*, 22 janvier 2017 : https://www.huffingtonpost.fr/2017/01/22/melenchon-sera-pour-la-gpa-le-jour-une-milliardaire-acceptera-d_a_21660116/

« GPA : "Que Mélenchon aille rencontrer les femmes aisées qui ont porté un enfant pour des couples de notre asso" », *Têtu*, 18 janvier 2018 :

La critique de la marchandisation est bien, pour Jean-Luc Mélenchon aussi, redoublée par celle de l'exploitation. Il ironise en effet : il se déclare prêt à changer d'avis « le jour où l'on me présentera une milliardaire qui par amour d'une femme pauvre d'un bidonville acceptera de porter son enfant. » Pour sa part, la philosophe écrivait : « Quant à la prétendue liberté des femmes qui souhaitent "louer" leur utérus, comme certains osent l'écrire, elle me paraît aussi précieuse à sauvegarder que celle des jeunes Indiens qui mettent une petite annonce dans le journal pour vendre un de leurs reins[13] ». Un mot résume la convergence entre les deux perspectives, pareillement mobilisées contre toute instrumentalisation (économique) du corps des femmes : là où la philosophe s'insurge contre une pratique qui ferait de la femme « un outil vivant », l'homme de gauche refuse que celle-ci ne devienne « un outil de production ».

Cet effacement de la différence entre droite et gauche est aux antipodes de la logique démocratique qui, on l'a vu, étend la politisation au sexe, autrement dit, qui construit les questions sexuelles aussi comme des enjeux. Substituer le consensus éthique au dissensus politique, c'est précisément ce que permet une catégorie du discours public français qui n'a pas son équivalent dans d'autres pays : « Pourquoi parle-t-on, en France, de bioéthique, et non de biopolitique ? On peut faire l'hypothèse que cela tient au fait que l'éthique masque la politique. » C'est une manière de « dépolitiser le droit en le soumettant à des principes moraux et en l'assujettissant à des lois biologiques en apparence également intangibles » qui s'oppose « à l'interrogation démocratique sur les valeurs politiques qui définissent la loi nationale – en un double sens : française, elle définit la France[14] ». Pour ce qui concerne la GPA, on le voit, c'est l'exception économique qui justifie une telle dépolitisation : le corps n'est pas une marchandise, entonnent en chœur droite et gauche.

---

https://tetu.com/2018/01/22/gpa-que-melenchon-vienne-rencontrer-les-femmes-aisees-porte-enfant-couples-de-notre-association/
Jean-Luc Mélenchon réitère alors sur Twitter son refus du « droit à l'enfant » au nom des « droits des enfants » : https://twitter.com/JLMelenchon/status/954061342788505600?s=20

[13] Sylviane Agacinski, *op. cit.,* p. 10.

[14] Éric Fassin, « Sous la bioéthique, la bio-politique », introduction au dossier « La bioéthique en débat : angles vifs et points morts », dirigé par Daniel Borrillo, Éric Fassin et Stéphanie Hennette-Vauchez, *Raison publique,* 15 mai 2012 ; je découvre au moment de citer ce texte que, les liens ne fonctionnant plus, le dossier en ligne a disparu...

III. Sociologie économique de l'intimité

La condition de possibilité de l'exception économique, limite posée à l'extension de la logique démocratique aux questions sexuelles, c'est ce que l'on pourrait appeler le grand partage entre l'économie et le sexe : d'un côté la production, qui baigne dans ce que Marx appelait « les eaux glacées du calcul égoïste », de l'autre la reproduction, où, pour reprendre un titre de Christopher Lasch, la famille est « un refuge dans ce monde impitoyable ». La sociologue Viviana Zelizer a retracé l'histoire de ce partage aux États-Unis dans un livre : « donner un prix à l'enfant qui n'a pas de prix ». À la fin du dix-neuvième siècle et au début du vingtième, en même temps que progresse la monétarisation, dans la bourgeoisie puis dans les classes populaires, l'enfant, arraché au monde du travail (et même soustrait aux tâches domestiques), est dépouillé de son utilité économique pour être sacralisé : il devient ainsi précieux[15]. Cela n'implique nullement, bien entendu, que la dimension économique disparaisse ; mais désormais, elle est appréhendée en termes de coûts plutôt que de bénéfices[16]. Décider d'avoir des enfants, quand et combien, est toujours aussi une question d'argent. En France, l'administration exige même des immigrés, pour autoriser le regroupement familial, des revenus jugés suffisants...

Cette généalogie du partage permet à Viviana Zelizer d'en récuser les termes pour développer une sociologie économique de l'intimité. « Loin de se produire dans un monde impersonnel, les transferts d'argent dépendent normalement des relations sociales intimes et les définissent. » Autrement dit, l'argument fonctionne dans les deux sens : d'une part, l'argent est imprégné (selon le titre d'un autre de ses livres) d'un « sens social » ; de l'autre, l'intimité est traversée par des circulations monétaires : d'où le concept de « transactions intimes[17] ».

---

[15] C'est la condition paradoxale de l'émergence d'un marché aux enfants, comme le montre Viviana Zelizer (entre autres pour l'adoption). Viviana Zelizer, *Pricing the Priceless Child. The Changing Social Value of Children,* Princeton University Press, Princeton, 1985. Voir aussi l'excellente présentation de son œuvre par Jeanne Lazarus, « La famille n'a pas de prix », *La Vie des idées,* 10 avril 2009 : https://laviedesidees.fr/La-famille-n-a-pas-de-prix.html

[16] Voir « L'éthique est un luxe », entretien avec Taina Tervonen et Mathieu Nocent, blog Sautez dans les flaques, 14 septembre 2014 : https://sautezdanslesflaques.wordpress.com/2014/09/14/lethique-est-un-luxe/

[17] Viviana Zelizer, *The Purchase of Intimacy,* Princeton University Press, Princeton, 2005. En français, voir son article : « Transactions intimes », *Genèses,* Volume 1, n° 42,

Cette perspective est construite contre l'idéologie du partage, soit la croyance que l'économie et l'intimité seraient des « sphères séparées », voire des « mondes hostiles » : il faudrait ainsi préserver la seconde de la première qui la menace. Il ne s'agit pas pour autant de retourner l'illusion en désenchantement, la naïveté en cynisme : la sociologue récuse également une approche inverse, qu'on peut dire réductionniste, selon laquelle tous ces beaux sentiments ne seraient « rien d'autre que » des relations économiques (ou des rapports de pouvoir). En réalité, entre économie et intimité, on devrait parler de « liens différenciés », ou de « vies connectées » : l'argent et les affects sont enchevêtrés.

Cet entrelacement est évalué dans des procès qu'étudie Viviana Zelizer, qu'il s'agisse de décider d'éventuelles compensations après une séparation amoureuse ou de déterminer s'il faut imposer les cadeaux reçus en fonction de la nature du lien. De fait, dans la vie sociale, il est souvent impossible de distinguer clairement les relations personnelles et professionnelles. C'est particulièrement vrai en matière de *care* : dans la garde des enfants ou le soin des vieillards, l'intimité et les intérêts sont inévitablement entremêlés. Autrement dit, la vie économique ne peut pas faire l'économie des sentiments. À l'inverse, dans le couple ou dans la famille, il y a forcément des transferts d'argent : par exemple, sans même parler d'héritage, les sommes que les parents donnent à leurs enfants adultes apparaissent comme les signes de liens affectifs qu'ils contribuent à entretenir. La signification de la circulation monétaire n'est donc pas inhérente à l'argent ; sa valeur est déterminée par les relations sociales. On le voit, les « sphères séparées » et les « mondes hostiles » des rhétoriques françaises de l'exception économique sont bien éloignées de la réalité. Pour autant, il serait absurde de se contenter d'inverser le propos, pour réduire le rapport social à « rien d'autre que » la circulation économique qui le matérialise, comme si les sentiments généreux n'étaient que l'habillage d'intérêts bien compris. Il faut plutôt analyser, dans la complexité de leur enchevêtrement, les formes multiples des « transactions intimes ».

---

mars 2001, pp. 121-44, et un entretien avec Florence Weber : « L'argent social », *Genèses*, Volume 4, n° 65, décembre 2006, pp. 126-137.

IV. Économie politique du sexe[18]

Le féminisme ne saurait donc se contenter de reprendre à son compte l'idéologie du partage entre l'économie et l'intimité. Sans doute l'analyse de Viviana Zelizer n'est-elle pas orientée dans une perspective de genre. En revanche, l'inégalité sexuée de l'échange est au cœur de la construction théorique élaborée par Paola Tabet à partir des années 1980 : celle-ci permet donc de prolonger ces réflexions à la lumière du féminisme matérialiste[19]. Partons de son concept d'échange économico-sexuel, soit « les relations sexuelles impliquant une compensation ». La question se pose aussitôt : « pourquoi ne pas dire prostitution ? » Pour l'anthropologue, c'est l'ensemble des relations sexuelles entre les hommes et les femmes qui est pris dans l'échange économico-sexuel ; il ne s'agit donc pas seulement des rapports tarifés – ni même uniquement des situations floues ou ambiguës, comme les grisettes ou les *charity girls* des classes populaires. « De la part des femmes, il y a fourniture d'un service ou d'une prestation, variable en nature et en durée, mais comprenant l'usage sexuel » ; en même temps, « de la part des hommes, il y a remise d'une compensation ou rétribution d'importance et de nature variables, mais de toute façon liée à la possibilité d'usage sexuel de la femme, à son accessibilité sexuelle. »

On peut donc parler d'un « continuum », qui va de l'épouse à la « fille de joie ». Paola Tabet reprend ici à son compte l'argument développé un siècle plus tôt par des féministes victoriennes :

---

[18] Cette formulation fait écho à l'article fondateur de Gayle Rubin, « The Traffic in Women: Notes on the "Political Economy" of Sex », *Toward an Anthropology of Women,* dir. Rayna R. Reiter, Monthly Review Press, 1975, pp. 157-210. Traduction française par Nicole-Claude Mathieu (et Gail Pheterson) : « L'économie politique du sexe : transactions sur les femmes et systèmes de sexe / genre », *Cahiers du CEDREF,* n° 7, 1998, pp. 3-81 (première édition 1975) ; la version rééditée dans *Surveiller et jouir*, sous la direction de Rostom Mesli, porte le titre : « Le Marché aux femmes. "Économie politique" du sexe et systèmes de sexe / genre », EPEL, 2011, pp. 23-82.

[19] Paola Tabet, *La grande arnaque. Sexualité des femmes et échange économico-sexuel,* traduction Josée Contreras, L'Harmattan, 2004 (citations ci-dessous : p. 7, 8). Pour une introduction à son œuvre, voir le *review article* de Marie-Élisabeth Handman, « L'œuvre de Paola Tabet ou l'art de renverser le sens commun », *Cahiers du genre,* n° 63, 2017/2, pp. 187-203. Son concept est au cœur des discussions dans un « hommage critique à l'œuvre de Paola Tabet », l'ouvrage collectif justement intitulé *L'échange économico-sexuel,* dir. Christophe Broqua et Catherine Deschamps, éd. EHESS, 2014.

appréhender le mariage comme une variante de la prostitution vise à déconstruire l'opposition bourgeoise entre la « putain » et la femme respectable, selon qu'elle est rétribuée ou pas. À son tour, elle entreprend de penser le système de genre qui institue l'une en même temps que l'autre, au prix de rappels à l'ordre brutaux, pour définir l'ordre des sexes au moyen de l'hétérosexualité. Pour résumer l'argument de l'anthropologue, on peut dire que le rapport hétérosexuel, conçu comme un service sexuel féminin qui appelle une compensation masculine, est l'un des piliers de l'ordre sexuel – et donc de la domination masculine : « Tu mets ensemble, dans un couple comme dans l'ensemble de la société, division sexuelle du travail, échanges économico-sexuels, sexualité et reproduction, et tu as le lien puissant qui constitue la structure de base de la domination des hommes sur les femmes[20] ».

Car il serait trompeur d'isoler la sexualité ; le féminisme matérialiste a élaboré une construction théorique qui porte aussi bien sur le travail domestique et sur les violences sexuelles que sur la sexualité et la reproduction. Il s'agit de reconstituer, dans sa totalité, l'économie politique du sexe qui organise la hiérarchie de genre par l'assignation à un sexe, soit le « sexage », concept de la sociologue Colette Guillaumin[21], en même temps que « l'arraisonnement des femmes » de l'anthropologue Nicole-Claude Mathieu[22]. C'est dans l'ouvrage dirigé par celle-ci que Paola Tabet publie en 1985 un article intitulé : « Fertilité naturelle, reproduction forcée. » Le second terme vient contredire le premier. En effet, le contrôle des naissances est d'ordinaire pensé exclusivement en termes de limitation ; c'est ainsi que la fécondité apparaît comme une donnée naturelle. Les femmes se reproduiraient naturellement, et c'est la société qui viendrait parfois y faire obstacle, culturellement.

---

[20] Citation extraite de l'entretien donné à Mathieu Trachman : « La banalité de l'échange », revue en ligne *Genre, sexualité & société,* dossier « Actualité des échanges économico-sexuels », n° 2, automne 2009 : https://journals.openedition.org/gss/1227

[21] Colette Guillaumin, « Pratique du pouvoir et idée de Nature (1) L'appropriation des femmes », *Questions féministes*, n° 2, 1978, repris dans *Sexe, race et pratique du pouvoir. L'idée de nature*, Paris, Côté-femmes, 1992.

[22] Nicole-Claude Mathieu, dir., *L'arraisonnement des femmes. Essais en anthropologie des sexes*, coll. Cahiers de l'Homme, n° 24, éd. EHESS, 1985. Le texte de Paola Tabet, « Fertilité naturelle, reproduction forcée », est repris dans son recueil : *La construction sociale de l'inégalité des corps. Des outils et des corps,* L'Harmattan, 1998.

À l'inverse, en mettant l'accent sur la figure opposée de la procréation forcée, ce texte rend visible le fait que la reproduction humaine elle-même n'est pas simplement un fait de nature. « Si la biologie laisse une grande flexibilité à la sexualité », s'interroge l'anthropologue, « comment contraint-on la sexualité à se spécialiser dans la reproduction ? » Il convient donc de distinguer « la *capacité* et le *fait* de procréer ». Et de montrer en particulier que, « par le mariage » (que viennent compléter différentes techniques sociales de contrôle et de contrainte à chaque étape du processus reproductif), « est assurée une permanence de l'exposition au coït, donc une permanence de l'exposition au risque de grossesse. » « La dissociation entre sexualité et reproduction » passe ainsi, en particulier, par la distinction entre des femmes « affectées plus ou moins professionnellement à l'exercice de la sexualité », et d'autres « consacrées à la reproduction ». On retrouve ici, au principe de l'ordre procréatif, le partage entre la sexualité et la reproduction, qui définit des rapports opposés à l'économie.

Ces analyses sont d'autant plus pertinentes pour un examen critique de l'argument de l'exception économique que cette féministe matérialiste aborde bien la question du travail et de l'exploitation dans la procréation. « On dit couramment que les femmes sont limitées dans le travail productif du fait de leur fonction biologique de reproductrices. Mais la production d'êtres humains n'est-elle pas elle-même un travail ? » Certes, pour Paola Tabet, « comme tout travail, le travail reproductif peut être *libre ou objet d'exploitation.* » Autrement dit, du travail, on ne peut pas déduire mécaniquement l'exploitation. Il n'empêche : « dans ce travail, les outils ne sont pas détachés du corps féminin, personne et outils se confondent. » On retrouve ici le lexique de Sylviane Agacinski (et de Jean-Luc Mélenchon). Toutefois, et la différence est fondamentale, c'est, non pas pour définir la GPA comme une exception, mais pour poser le principe même du système social de la procréation dans son ensemble.

C'est ainsi qu'on peut lire la page que Paola Tabet consacre dans cet article de 1985 à « la location d'utérus », à partir des cas qui commencent alors à se multiplier aux États-Unis. « L'homme, locataire d'utérus, est alors directement et de façon non voilée l'employeur de la reproductrice : la fécondation artificielle élimine ici la relation personnelle entre les partenaires et aseptise en quelque sorte la relation de travail salarié. » Faudrait-il en conclure à la condamnation féministe de la GPA ? En réalité, la mère porteuse apparaît ici plutôt comme une travailleuse libre : « la force de procréation est échangée de la même manière que la force de travail. » Bien sûr, il ne faudrait pas en conclure que ne se pose pas la question de l'exploitation ; mais la GPA s'insère dans un « continuum » de rapports sociaux traversés par la domination masculine : « La “location d'utérus” peut se distinguer à la fois de l'esclavage de plantation (où la reproduction était imposée aux femmes pour fournir une main-d'œuvre et/ou des esclaves pour le marché), et des nombreuses formes de mariage où cette cession de la capacité reproductive n'est limitée ni dans le temps ni dans la quantité de production. »

De l'œuvre de Paola Tabet, on ne peut jamais tirer de conclusions politiques univoques, qu'il s'agisse de la prostitution ou de la GPA – ou de la multiplication des familles dites « monoparentales », puisqu'il serait « trop tôt », selon l'anthropologue, « pour décider s'il s'agit d'une transformation susceptible de mettre en cause la domination masculine ou si l'on assiste à un nouvel aménagement de cette domination. » C'est d'abord qu'au lieu de considérer ces pratiques comme des exceptions, elle montre comment elles participent, au même titre que le mariage, ou la reproduction qu'on veut croire « naturelle », d'une organisation sociale de la sexualité et de la reproduction qui est au fondement de l'inégalité entre les sexes. C'est ensuite que le sens politique des pratiques n'est pas donné *a priori* par le système dans lequel elles s'inscrivent : « Rien ne nous sera donné », conclut-elle avec le pessimisme de la raison. À quoi l'on pourrait cependant ajouter, avec l'optimisme de la volonté qui anime son engagement féministe : « Tout n'est pas joué. »

V. Le don et la gratuité

Tant la sociologie économique de l'intimité de Viviana Zelizer que l'économie politique du sexe de Paola Tabet nous fournissent des instruments conceptuels pour éviter de retomber dans la rhétorique de l'exception. Reste alors à penser la GPA dans sa dimension économique – non pas en l'isolant dans un statut d'exceptionnalité, mais au contraire en l'insérant dans l'ensemble des pratiques reproductives. On se propose d'examiner ici trois pistes analytiques, soit autant de manières de penser la dimension économique de la reproduction : le don (et la gratuité), le travail (et l'exploitation), l'estime de soi (et ce qu'on pourrait appeler le crédit humain).

Commençons par le don. C'est la réponse habituelle aux tenants de l'exception économique : si recourir à la GPA, c'est faire preuve d'égoïsme, pourquoi ne pas revendiquer plutôt une GPA altruiste ? C'est d'autant plus tentant que l'idée affleure déjà dans l'acronyme : aujourd'hui, la maternité de substitution est dite « pour autrui ». Au fond, il s'agit de déjouer les attaques contre la « marchandisation », en distinguant clairement la GPA de toute logique commerciale. En France, cet argument s'entend d'autant mieux qu'il résonne avec la gratuité, qui est l'un des principes fondateurs des lois dites de bioéthique, et donc du droit de la PMA. On pourrait même parler d'une double gratuité : d'une part, le don de gamètes n'est pas rémunéré (pas même le don d'ovocytes, pourtant contraignant) ; d'autre part, le recours à l'Assistance médicale à la procréation est pris en charge par la Sécurité sociale (en réalité, la gratuité a toujours un coût ; la question est de savoir par qui celui-ci est pris en charge). Cette centralité du principe de gratuité mérite d'être soulignée. En Belgique, en Espagne et au Royaume-Uni, pour ne citer que ces pays voisins de la France, la donneuse d'ovocytes reçoit une compensation financière. Le terme est d'ailleurs ambigu : à partir de quel montant la compensation devient-elle rémunération ?

C'est toute l'équivoque du don : dans le débat public, il est invoqué comme la négation de l'économie ; or la lecture du célèbre « Essai sur le don » nous rappelle, dès son sous-titre, qu'il s'agit d'une forme de l'échange[23]. Pour Marcel Mauss, il y a bien une économie de l'échange-don, distincte de l'économie de marché ; si celle-ci est propre à nos sociétés modernes, celle-là est présente dans toutes les sociétés – y compris les nôtres. Il ne situe donc pas le don hors de l'économie ; à l'inverse, il analyse l'économie dans l'ensemble des rapports sociaux. Le don peut ainsi être appréhendé comme un « fait social total ». Cette analyse sociologique est importante pour dépasser les apories du don comme exception économique.

[23] Marcel Mauss, « Essai sur le don. Forme et raison de l'échange dans les sociétés primitives », *Année Sociologique,* 1923-1924, repris dans *Sociologie et anthropologie,* PUF, 1950.

C'est que montre Helena Ragoné, à partir de son étude ethnographique de la GPA, dans les discours du don et de l'altruisme[24]. Il ne s'agit pas, pour cette anthropologue, de dénoncer une hypocrisie, selon l'alternative opposant l'intérêt au désintéressement, mais de décrire la complexité des logiques à l'œuvre chez les mères porteuses. De fait, l'argent de la rémunération n'est nullement nié ; mais, dans leur discours, il n'a rien d'incompatible avec le « don ultime » de l'enfant – surtout celles qui, comme c'était courant dans les années 1980, donnaient aussi leurs ovocytes. À l'inverse, pour les parents d'intention, la rémunération n'empêche aucunement les cadeaux (avant, pendant et après la grossesse). Autrement dit, l'économie symbolique du don n'est pas annulée par l'économie matérielle de la compensation.

VI. Le travail et l'exploitation

Deuxième piste : le travail. Dans sa critique de la notion de « propriété » du corps, la philosophe Anne Phillips souligne le malaise qu'il suscite, chez les défenseurs de la GPA, qu'il s'agisse de vente ou même de location[25]. Il faut donc s'interroger : plutôt que du commerce, cette transaction ne relève-t-elle pas en réalité d'un travail ? On voit cependant la difficulté que pose le mot lui-même : celles et ceux qui refusent de parler de « travail sexuel » pour la prostitution refuseront pareillement l'expression « travail reproductif » pour la GPA. Mais, dans un cas comme dans l'autre, les analyses de Paola Tabet ne nous invitent-elles pas à penser en termes de travail, non seulement ces formes socialement problématiques, mais aussi la norme elle-même, tant sexuelle que reproductive ?

Le moment procréatif n'est-il pas, à l'instar du travail domestique (dont, à certains égards, il fait partie), un frein dans la vie professionnelle des femmes, avec laquelle il entre souvent en concurrence ? C'est ici qu'on mesure tout le paradoxe des revendications de gratuité. Dans un essai stimulant, la sociologue Maud Simonet analyse toutes les formes actuelles de travail gratuit (du bénévolat aux travaux d'intérêt général,

---

[24] Helena Ragoné, "The Gift of Life. Surrogate Motherhood, Gamete Donation, and Constructions of Altruism", *Transformative Motherhood. On Giving and Getting in a Consumer Culture,* Linda L. Layne, dir., New York University Press, 1999.

[25] Anne Phillips, "Bodies for rent? The case of commercial surrogacy", ch. 3, *Our bodies, whose property ?,* Princeton U.P., 2013.

en passant par les stages) à la lumière des analyses du féminisme, de Christine Delphy à Bell Hooks en passant par Silvia Federici, pour dénoncer cette « nouvelle exploitation[26] ». On comprend dès lors combien il serait absurde, au nom du féminisme, de revendiquer la gratuité pour le travail reproductif en réponse aux injonctions de l'exception économique.

Car il faut prendre au sérieux la critique de l'exploitation, mais sans la confondre avec le refus de la marchandisation. L'exemple indien, brandi à la fois par Sylviane Agacinski et par Jean-Luc Mélenchon, mériterait d'être traité plus précisément – comme dans l'étude ethnographique de Kalindi Vora, qui articule la mondialisation du *care* avec l'héritage du colonialisme et le développement du capitalisme[27]. On se contentera ici de deux remarques. La première, c'est que la géopolitique de la domination ne s'arrête pas à la GPA. Si l'on inclut ce travail reproductif dans l'ensemble des pratiques du *care,* il apparaît clairement qu'avec la mondialisation, le rapport Nord – Sud les traverse aujourd'hui – du travail sexuel au travail domestique, en passant par la garde des enfants[28].

L'oublier rend illisibles les rapports de domination, comme le montre la sociologue Caroline Ibos dans sa critique de *Chanson douce,* le film de Lucile Borleteau adapté du roman de Leïla Slimani où, à rebours de la réalité sociologique, la « nounou » est blanche, mais pas la mère[29]. Et si l'on voulait parler seulement d'avoir des enfants, et non de les élever, il suffirait de penser à l'adoption internationale : on ne voit pas non plus les femmes des bidonvilles recueillir les enfants de milliardaires... C'est qu'en fait, l'exploitation appelle d'ordinaire la régulation, et non

---

[26] Maud Simonet, *Travail gratuit : la nouvelle exploitation ?* Textuel, 2018. Pour une analyse du débat sur la GPA au sein même du féminisme, voir dans ce volume, le texte de Marlène Jouan, « Penser la gestation pour autrui en féministes : pour une dépolarisation *et* une radicalisation du débat ».

[27] Kalindi Vora, *Life Support. Biocapital and the New History of Outsourced Labor,* University of Minnesota Press, 2015.

[28] Barbara Ehrenreich et Arlie Russell Hochschild, dir., *Global Woman: Nannies, Maids, and Sex Workers in the New Economy,* Holt and Co., 2003.

[29] Voir sa tribune : « Les chansons douces qui effacent la voix des travailleuses domestiques », *Libération,* 3 décembre 2019 (https://www.liberation.fr/debats/2019/12/03/les-chansons-douces-qui-etouffent-la-voix-des-travailleuses-domestiques_1767070). La réalisatrice s'est pourtant appuyée sur le livre de Caroline Ibos, *Qui gardera nos enfants ? Les nounous et les mères,* Flammarion, 2012.

l'interdiction : Marx n'appelait pas à l'abolition du travail. Les syndicats qui luttent contre l'exploitation ne réclament pas la fin du salariat. On songe ici, une fois de plus, aux batailles autour du travail sexuel, avec la position abolitionniste. Le problème de cette logique, c'est ce qui semble en découler : l'exception sexuelle confirmerait-elle la règle des marchés, comme l'exception culturelle en conforte la loi au moment d'en exempter la culture[30] ?

VII. L'estime de soi et le crédit humain

Troisièmement, il convient de prendre en compte la valeur de l'estime de soi. Revenons à notre point de départ : les « sphères séparées » renvoient, dans l'histoire du capitalisme, à l'âge du libéralisme. Qu'en est-il aujourd'hui, dans un monde néolibéral ? Celui-ci est défini d'abord par le développement de ce que, depuis Theodor Schulz et Gary Becker, on appelle le « capital humain ». Michel Feher résume ainsi ce concept : « le dispositif subjectif correspondant au capital humain définit chacun de nous comme un stock de compétences innées et acquises, prodiguées et conquises, actuelles et potentielles ou mieux encore, comme un stock de compétences soucieux de s'apprécier, ou si on préfère de conjurer sa dépréciation[31] ». Bref, le néolibéralisme étend l'empire de la logique économique : celle-ci n'affecte pas seulement ce que je possède, mais aussi ce que je suis (mes capitaux scolaires, mais aussi spirituels, corporels, affectifs, etc.). En conséquence, la valeur n'est pas seulement monétaire : tout peut être valorisé, et pas seulement ce qui s'achète et se vend ; l'extension du domaine du marché va bien au-delà du marché : il s'agit moins de marchandisation que de ce que ce philosophe appelle (d'un mot emprunté à la finance) « titrisation ».

Mais la montée du capitalisme financier engage à pousser plus loin l'analyse. En effet, Michel Feher l'analyse avec force, celui-ci est défini moins par le profit que par le crédit : aussi sa figure emblématique est-

[30] Éric Fassin, « L'exception sexuelle : l'alibi de la marchandisation des corps », *Libération,* 17 novembre 2014 : https://www.liberation.fr/societe/2014/11/17/l-exception-sexuelle-l-alibi-de-la-marchandisation-des-corps_1144806

[31] Michel Feher, « S'apprécier, ou les aspirations du capital humain », *Raisons politiques,* 2007/4, n° 28, pp. 11-31.

elle l'investisseur plutôt que l'entrepreneur[32]. On pourrait parler de « crédit humain. » Il s'agit de maximiser, plus que son capital réel, le potentiel d'une action (dans le double sens du terme) : c'est la valeur qu'on lui prête, c'est-à-dire qu'on est disposé à lui prêter. Socialement, le crédit est ainsi la valeur reconnue à des acteurs sociaux – qu'il s'agisse d'entreprises, de gouvernements ou d'individus. Mais ce crédit a sa contrepartie psychologique : l'estime de soi, c'est la valeur que l'on s'accorde à soi-même, ce que l'on vaut à ses propres yeux. Le discrédit social (soit une estimation moindre) entraîne le discrédit psychologique (soit une estime amoindrie), et inversement. De même, être apprécié amène à s'apprécier, c'est-à-dire à avoir, aux yeux des autres comme de soi-même, un prix plus élevé. Il n'est donc pas étonnant que les politiques de la reconnaissance prennent aujourd'hui une importance croissante : être reconnu, c'est gagner en valeur. Encore ne faut-il pas les opposer aux politiques de la redistribution : ce serait une autre manière de reconduire l'opposition entre l'économique et le symbolique. En réalité, de même que les revendications matérielles ne sont jamais « simplement économiques », la demande de reconnaissance n'est jamais « purement culturelle[33] ».

On voit bien comment ces analyses s'appliquent aux mères porteuses : la reconnaissance de leur travail ne se réduit pas à une compensation, ni à une rémunération – même si la transaction intime passe aussi par un transfert économique. C'est bien pourquoi la gestatrice qui reçoit de l'argent peut quand même avoir le sentiment de faire un don ; et les parents qui font appel à elle peuvent en retour lui faire des cadeaux, alors même qu'elle est déjà payée pour ce travail. Ces formes de reconnaissance peuvent être, non seulement matérielles, mais aussi symboliques, par exemple en faisant une place à la gestatrice dans le récit de la procréation et dans la vie de l'enfant. Bien sûr, le contenu d'une telle reconnaissance ne saurait être défini *a priori* : dans certains cas, la femme qui porte l'enfant d'un couple préfèrera un lien

---

[32] Michel Feher, *Le Temps des investis. Essai sur la nouvelle question sociale,* La Découverte, 2017.

[33] Éric Fassin, « Crédit et discrédit dans les politiques de reconnaissance et de redistribution », *Mouvements,* 2019/1, n° 97, pp. 121-129, et "Merely economic?" (about Nancy Fraser's *Fortunes of Feminism*), *Rassegna Italiana di Sociologia,* "Feminism. Historical Legacies and Current Challenges", numéro spécial dirigé par Rossella Ghigi et Catherine Rottenberg, n° 4, 2019 (paru en 2020), pp. 849-855.

strictement professionnel ; dans d'autres cas, elle trouvera gratifiant d'être considérée comme une sorte de « marraine ».

Sans doute faut-il s'interroger : le symbolique ne risque-t-il pas de se substituer au matériel, et le cadeau au salaire ? Ce serait le piège dénoncé par les féministes pour le travail domestique. On peut dire en effet du travail gratuit qu'il est « bien plus qu'un travail sans rémunération ; c'est un déni de travail, une non-reconnaissance en tant que travailleuse au nom d'une reconnaissance comme "femme", "mère", "épouse"[34] ». Récompenser en estime de soi n'exonère-t-il pas d'un paiement en espèces sonnantes et trébuchantes ? Payer ainsi en monnaie de singe, n'est-ce pas la forme par excellence d'une exploitation que les femmes ne connaissent que trop bien ? Sans doute. Mais la réponse, c'est précisément de refuser l'alternative entre les deux rétributions, symbolique et matérielle : c'est à ce prix qu'on réduit la part de l'exploitation dans des relations inévitablement prises, comme c'est toujours le cas pour les rapports sociaux de sexe, dans une logique de domination.

VIII. La nature de la maternité[35]

L'exception économique, c'est le dernier refuge de l'exception sexuelle, soit d'une tentative politique pour soustraire l'ordre sexuel à la politisation qui caractérise la démocratie sexuelle. En France aujourd'hui, la GPA devient ainsi l'emblème de cette résistance. La double critique de la marchandisation et de l'exploitation a pour effet de dessiner, en creux, une maternité naturelle qui se dérobe à l'économie. Autrement dit, la nature est définie négativement, comme ce qui est soustrait à l'histoire (c'est-à-dire au changement) et à la politique (c'est-à-dire au conflit). La rhétorique anti-GPA constitue ainsi la maternité « biologique » en nature, en dehors des rapports sociaux de sexe. C'est ainsi qu'on peut comprendre, dans un premier temps, la continuité que trace la Manif pour tous avec la PMA : celle-ci avait été pensée comme une procréation artificielle (comme l'atteste encore l'expression « insémination artificielle »). Toutefois, pour le droit français, tel qu'il a été défini par les lois dites de bioéthique, l'Assistance

---

[34] Maud Simonet, *op. cit.*, p. 45.

[35] Éric Fassin, « La nature de la maternité. Pour une anthropologie de la reproduction », *Journal des anthropologues,* n°88-89, 2002.

médicale à la procréation est une quasi nature : la juriste Marcela Iacub l'avait souligné, tout se passe comme si l'enfant était né du coït des parents[36]. La GPA ne permet pas une telle fiction : elle se donne à voir, par l'intervention d'un tiers, en l'occurrence la mère porteuse, comme une construction sociale.

Mais ce n'est pas tout. Dans un second temps, il faut noter que ce discours de réaction contre la démocratie sexuelle porte spécifiquement sur l'homosexualité. Puisque le lien entre les acronymes PMA et GPA date de la Manif pour tous, c'est bien qu'il s'agit de la reconnaissance des couples de même sexe, et de leurs droits en matière de filiation. Tout se passe donc comme si la PMA ou la GPA ne concernaient nullement l'hétérosexualité. Pour le comprendre, il suffit de se rappeler que l'homosexualité est traditionnellement jugée, dans le discours homophobe, « contre-nature ». D'un côté, l'argumentaire contre la GPA résonne avec ce vieux stéréotype. D'un autre côté, le mobiliser contre l'homosexualité lui donne encore plus d'écho. La question n'est donc pas tant de savoir si l'on est pour ou contre la GPA en général, ou spécifiquement lorsqu'il s'agit des gays. Car l'enjeu, ce n'est pas seulement l'homophobie. En dessinant, en miroir de cette sexualité et de cette procréation « contre-nature », une maternité naturelle, l'offensive contre la GPA, au nom de l'exception économique, participe d'une réaction contre la démocratie sexuelle, c'est-à-dire aussi, plus généralement, contre l'idée démocratique que la définition du monde n'est pas donnée, une fois pour toutes, mais qu'elle dépend de nous, aujourd'hui.

[36] Marcela Iacub, « Un crime parfait : l'assistance médicale à la procréation » *Le crime était presque sexuel, et autres essais de casuistique juridique,* EPEL, p. 147-et ? 161, 2002 (1ère édition 1997).

NOUVELLES TECHNOLOGIES ET DROITS REPRODUCTIFS

BERTRAND GUILLARME

En 1942, par sa décision *Skinner v. State of Oklahoma*, la Cour Suprême des États-Unis juge que les lois permettant la stérilisation de certains condamnés privent ceux-ci d'une liberté tout à fait fondamentale[1]. Cette décision est la première d'une série de dispositions juridiques dans lesquelles le droit de se reproduire est plus souvent proclamé ou supposé qu'il n'est défendu par des arguments. Lorsqu'ils existent, les discours de justification se concentrent généralement sur la défense du droit de *ne pas* se reproduire, en particulier lorsque l'avortement est en jeu, probablement parce qu'il apparaît plus urgent de défendre moralement l'élimination d'un être humain potentiel. Dans tous les cas, les droits de procréation sont souvent conçus comme un exemple d'une liberté purement négative : l'État ne peut pas forcer les individus à avoir des enfants contre leur volonté ni empêcher ceux qui le souhaitent d'en avoir.

Je voudrais montrer que le développement de nouvelles techniques et procédures appliquées à la reproduction humaine durant les quarante dernières années a profondément transformé la question morale en jeu, ce qui appelle une transformation du droit. Les scientifiques ont en effet observé pour la première fois la rencontre d'un spermatozoïde et d'un ovule au microscope en 1944 et ce fut le début d'une série de découvertes majeures : la médecine peut aujourd'hui stimuler l'ovulation, extraire des ovules du corps d'une femme en vue de les fertiliser, implanter un embryon dans l'utérus de la femme qui a fourni l'ovule ou dans celui d'une autre femme. Cette mère de substitution peut

[1] Cour Suprême des États-Unis, *Skinner v. State of Oklahoma*, 316 U.S. 535 (1942).

mener à bien une grossesse et donner naissance à un enfant qui est biologiquement relié aux deux membres d'un couple hétérosexuel. Les médecins sont aussi capables de réfrigérer les ovules, le sperme et les embryons pour reporter la procréation à un moment futur. Ils peuvent observer l'utérus au cours de la grossesse, diagnostiquer et traiter les maladies *in utero*, ou retirer temporairement l'embryon pour le traiter.

Grâce à ces nouvelles procédures, un grand nombre de celles et ceux qui ne pouvaient pas exercer leur liberté de se reproduire peuvent aujourd'hui procréer, dès lors que la société rend disponibles les ressources et les services dont ils ont besoin pour mener à bien leur projet. La disponibilité des Nouvelles Techniques Reproductives implique aussi un effet d'extension de liberté pour les personnes fertiles, car grâce à l'avancée de ces techniques, les revendications de liberté de procréer peuvent être appliquées séparément aux différentes phases de la reproduction humaine : la conception, la gestation et l'éducation des enfants. Même si ces trois composantes peuvent être combinées de manière à créer une expérience complexe, chacune d'entre elles peut revêtir une valeur et un sens spécifique indépendamment des deux autres : on peut se penser comme un être procréateur si l'on conçoit sans porter l'enfant dans son ventre ni l'élever, si on porte l'enfant sans l'élever ni l'avoir conçu, ou si on élève l'enfant sans le concevoir ni le porter[2].

Dans ce contexte, la liberté de procréer doit désormais inclure, lorsque les nouvelles techniques sont disponibles, la possibilité pour chaque personne de séparer les composantes génétiques, sociales et de gestation, ainsi que celui de combiner ces composantes en collaboration avec les autres personnes. Les principes qui régulent cette coopération constituent le sujet de la justice reproductive. Je voudrais ici suggérer différentes façons dont les principes de justice reproductive peuvent être justifiés ainsi que les applications institutionnelles de ces différentes stratégies normatives. Je me limiterai à trois manières de penser les droits reproductifs que j'ai nommées ainsi : stratégies millienne, lockéenne et rawlsienne même si elles entretiennent une relation lâche avec la pensée de J.S. Mill, J. Locke et J. Rawls. Je ne veux pas suggérer que ces trois stratégies soient les seules possibles, mais simplement qu'elles nous aident à envisager la façon dont nos convictions

---

[2] John A. Robertson, "Procreative Liberty and the Control of Conception, Pregnancy, and Childbirth", *Virginia Law Review*, 69/3 (1983), p. 410.

normatives en matière de reproduction peuvent être organisées de la manière la plus cohérente possible.

I.

1. Dans la pensée de John Stuart Mill, la justification systématique des droits prend place au sein d'un système utilitariste dans lequel les intérêts pèsent en fonction de leur importance relative dans la production du plaisir[3]. Les garanties que constituent les droits peuvent exister dans le cadre d'une mesure hédoniste du bien-être, car Mill donne une valeur différente aux intérêts humains, et il attribue en particulier un poids considérable à l'exercice des capacités délibératives[4]. Mill explique néanmoins que le raisonnement moral ordinaire peut généralement s'en tenir à ce que, dans la plupart des cas, il est suffisant d'affirmer que la liberté d'action d'un individu ne peut pas être limitée, sauf si cette action crée des dommages à un autre individu. C'est ce qu'on nomme généralement le principe de non-nuisance (*the no-harm principle*) : « le seul objectif pour lequel le pouvoir coercitif peut être exercé sur un membre d'une communauté civilisée contre sa volonté est de prévenir les dommages qu'il pourrait causer aux autres[5] ».

2. Beaucoup ont argué que les futurs enfants seraient les premières victimes d'une reconnaissance pleine de la liberté reproductive, c'est-à-dire d'un droit donnant aux adultes un plein accès à différents services et techniques de procréation. On a pu invoquer des dommages potentiels sur leurs perspectives de vie de diverse nature, depuis leur transformation en marchandises jusqu'à la possibilité qu'ils soient victimes de discriminations[6]. Ces arguments qui se concentrent sur les possibles dommages infligés aux futurs enfants doivent résoudre la difficulté théorique majeure que le philosophe Derek Parfit a appelée le

---

[3] J.S. Mill, *Utilitarianism* (1863), traduction française : *l'Utilitarisme*, Paris, P.U.F., 1998, p. 124.

[4] David Brink, "Mill's Deliberative Utilitarianism", *Philosophy & Public Affairs*, 21/1 (1992) : pp. 67-103.

[5] J.S. Mill, *On Liberty* (1859), traduction française : *De la liberté*, Paris, Gallimard, coll. Folio Essais, pp. 74-75.

[6] Sur les difficultés soulevées par ces arguments, voir Richard Arneson, « Commodification and Commercial Surrogacy », *Philosophy And Public Affairs*, vol. 21/2, 1992, pp. 132-164.

problème de la non-identité[7]. Ce problème tient au fait que les décisions des individus présents qui portent atteinte aux personnes futures sont aussi des décisions qui déterminent l'existence de ces personnes futures. Si le fait de ne pas commettre d'action potentiellement dommageable résultait dans le fait qu'une personne n'existera pas, alors cette personne ne pourra pas se plaindre d'avoir subi un quelconque tort par rapport à une situation de référence dans laquelle elle aurait existé : il sera donc impossible d'affirmer que cette personne a subi un dommage causé par cette action[8].

3. En partie pour répondre à ces difficultés, le concept de dommage a été revu afin de pouvoir rejeter une pleine liberté de procréer, et en réponse, l'argument de Mill a été lui-même reformulé. La nouvelle version de l'objection à la liberté reproductive procède souvent à partir du fait que sa reconnaissance pleine ne menacerait pas un intérêt d'une personne mais plutôt une valeur impersonnelle. Il y a un grand nombre de valeurs impersonnelles qui pourraient potentiellement être menacées ou négligées si l'usage des procédures techniques de reproduction était pleinement autorisé. Il y a quelque temps en Italie, au cours d'une campagne référendaire sur la procréation médicalement assistée (2005), Messieurs Dolce et Gabbana ont déclaré à la presse que les enfants conçus par FIV étaient des « créatures synthétiques », et pas vraiment des êtres humains. Ces paroles suggèrent que ce qui leur importait n'était pas l'intérêt d'une personne mais un bien plus impersonnel, quelque chose comme la valeur de la vie humaine qui serait menacée si la liberté reproductive était pleinement reconnue. De la même manière, dans *The Case Against Perfection*, Michael Sandel présente ce qu'il nomme l'éthique du don (*the ethics of giftedness*) comme celle qui doit régir les relations entre les parents et les enfants : « apprécier les enfants comme des dons consiste à les accueillir comme ils arrivent, non comme des objets de notre création, des produits de notre volonté, ou des instruments de notre ambition (...) La parenté, plus qu'aucune autre relation humaine, nous apprend ce que le théologien William F. May nomme l'accueil de l'imprévu (*openness to the unbidden*)[9] ». La valeur

---

[7] D. Parfit, *Reasons and Persons*, Oxford, Oxford University Press, 1984, quatrième partie.

[8] D. Parfit, *Reasons and Persons*, Oxford, Oxford University Press, 1984, quatrième partie.

[9] M. Sandel, *The Case against Perfection*, Cambridge (Mass.), Harvard University Press, 2007, p. 43.

de la relation parentale caractérisée de cette façon n'est pas présentée par Sandel comme bénéficiant à un individu particulier : il s'agit, ici encore, d'une valeur impersonnelle et objective, qui serait ignorée ou bafouée si certaines techniques génétiques étaient utilisées dans la procréation[10].

C'est en réponse à ces arguments mettant en avant des valeurs impersonnelles que l'argument millien a été lui-même reformulé. Dans *Life's Dominion*, Ronald Dworkin défend en effet l'idée que la liberté des individus de façonner leur vie comme ils l'entendent ne peut être entravée par l'affirmation d'une valeur impersonnelle, c'est-à-dire d'une valeur qui ne renvoie à aucun intérêt d'une personne. Selon Dworkin, il n'est pas possible de faire appel à cette valeur impersonnelle pour limiter la liberté, en arguant que celle-ci violerait le principe de non-nuisance. La raison est que « les convictions sur les causes de la valeur objective et intrinsèque de la vie humaine, et sur la manière dont elle acquiert cette valeur » ont une dimension religieuse, car même si elles ne font aucune référence aux commandements divins, elles « se réfèrent aux mêmes questions sur la place de la vie humaine dans un univers impersonnel et infini que les croyances religieuses orthodoxes pour ceux qui les soutiennent[11] ». Ces caractéristiques font que la vie humaine possède une valeur sacrée, ou religieuse, au même titre que certaines œuvres d'art, ou de certains faits de la nature. Qu'elles soient des conséquences de croyances religieuses traditionnelles, ou qu'elles soient des croyances générales et instinctives sur la valeur inhérente de la vie humaine, les convictions sur la valeur de la vie humaine sont « décisives dans la formation de nos opinions sur toutes les questions de vie et de mort[12] ». Dès lors que nous réalisons que les désaccords sur ces questions sont « au fond, de nature spirituelle[13] » parce qu'ils résultent de « croyances d'essence religieuse[14] », alors nous devons tolérer les actions résultant de ces croyances même lorsque nous les tenons pour fausses, comme nous nous interdisons de persécuter les gens dont les convictions religieuses ne sont pas les nôtres. Dworkin considère ainsi que la liberté

[10] Dans *What Money Can't Buy* (Londres, Penguin Books, 2012), M. Sandel généralise l'argument, en avançant l'idée que les libertés peuvent être limitées lorsque l'échange qu'elles permettent « corrompt » une valeur impersonnelle. Il en est ainsi, par exemple, de la grossesse pour autrui.

[11] R. Dworkin, *Life's Dominion*, Londres, Harper Collins, 1993, p.163.

[12] *Ibid.,* p. 155.

[13] *Ibid.,* p. 101.

[14] *Ibid.,* p. 155.

de procréer est une conséquence logique de toute lecture correcte du premier amendement à la Constitution des États-Unis qui interdit à l'État d'instituer une religion et qui permet aux citoyens de pratiquer librement leur foi. » Un État ne peut pas entraver la liberté pour protéger une valeur intrinsèque lorsque les effets de cette politique sur un groupe de citoyens seraient graves et particuliers, lorsque la communauté est profondément divisée sur ce qu'implique le respect de cette valeur, et lorsque les opinions des gens sur la nature de cette valeur reflètent essentiellement des convictions religieuses qui fondent la personnalité morale[15] ».

II.

1. On peut envisager une deuxième manière de considérer les droits reproductifs et leur justification. Dans la tradition libérale, affirmer qu'un individu a un intérêt majeur n'est en effet pas toujours suffisant pour justifier un droit relatif à cet intérêt. Si ce n'est pas le cas, c'est parce que les libéraux font généralement l'hypothèse qu'il existe un droit antérieur à tous les autres, qui est celui de tous les individus à leur liberté. Cela signifie que tous les autres droits doivent être justifiés en prenant en considération cette donnée : parce qu'un droit d'un individu impose des obligations aux autres et limite donc leur liberté, la justification d'un droit repose nécessairement sur le consentement des autres personnes[16]. C'est pourquoi la défense du droit de procréer trouve un argument crucial dans les contrats de procréation que concluent entre eux les individus. Beaucoup d'idées contemporaines sur le contrat de procréation proviennent ainsi de la pensée de Locke dans laquelle les droits trouvent leur justification dans le consentement des individus qui sont à la fois naturellement libres et propriétaires de leurs propres personnes. On se souvient que Locke écrit en particulier, dans un célèbre passage du paragraphe 27 du *Second Traité du Gouvernement Civil*, que « chaque homme est propriétaire de sa propre personne (*every man has property in his own person*) », et poursuit en précisant que « le labeur de son corps, et le travail de ses mains peuvent être vus comme les siens

---

[15] *Ibid.,* p. 157.

[16] H.L.A Hart, "Is there Any Natural Rights?", *The Philosophical Review*, 64 /2 (1955). Traduction française : « Existe-t-il des droits naturels ? », *Klesis : Revue philosophique* 21 (2011).

(*the labour of his body, and the work of his hands, we may say are properly his*)[17] ». Un courant important, en assimilant la gestation et l'accouchement à un travail du corps, en vient à faire des droits de parenté une extension de ceux de propriété. Il faut sans doute ajouter que cette analyse possède une origine contestée dans la pensée de John Locke. Lui-même refuse d'assimiler la production des enfants et la production des choses[18], mais Robert Nozick a montré que le refus de Locke de considérer que les enfants étaient des propriétés de leurs parents était infondé, et que les arguments qu'il présente pour s'y opposer sont tous très fragiles[19]. Il est ainsi impossible d'exiger d'une personne qu'elle ait une compréhension et un contrôle parfaits de la production d'une chose pour en devenir la propriétaire, puisque cela rendrait impossible la possession d'innombrables produits (comme les arbres qu'on a plantés et entretenus) que Locke ne voudrait pas exclure de la propriété. Quant à la proposition de Locke selon laquelle le véritable créateur des personnes est Dieu et non leurs parents, elle devrait s'appliquer « aux nombreuses autres choses dont Locke pense qu'elles peuvent être possédées... et peut-être à toutes ». Nozick ne tire d'ailleurs pas les implications de cette position lockéenne, puisqu'elle devrait, en toute logique, justifier une matriarchie plutôt qu'un État minimal, comme il le prétend[20].

2. Un des usages indirects de l'idée de propriété de la personne est de fournir la base d'une mise en évidence de *l'exploitation* des travailleurs. Comme l'ont montré les travaux de G.A. Cohen, la critique par Marx de l'exploitation capitaliste est fondée sur sa reprise de la prémisse lockéenne de la propriété de la personne : c'est bien parce que les travailleurs ne sont pas rémunérés pour la totalité de la valeur de *leur* activité laborieuse qu'il y a extraction de plus-value et exploitation[21]. Ce langage est repris par plusieurs théoriciennes du féminisme matérialiste, dont une proposition essentielle est que l'activité sexuelle et de

---

[17] J. Locke, *The Second Treatise on Government* (1689). Traduction française : *Le Second Traité du Gouvernement*, Paris, P.U.F., 1994.
[18] John Locke, *The Second Treatise on Government* , Op. Cit., § 52-54.
[19] R. Nozick, *Anarchy, State, and Utopia* (1974). Traduction française : *Anarchie, État et Utopie*, Paris, P.U.F., 1991, pp. 351-353.
[20] S. Okin, *Justice, Gender and the Family* (2008). Traduction française : *Justice, Genre et Famille*, Paris, Flammarion, 2008, pp. 178-197.
[21] G.A. Cohen, *Self-Ownership, Freedom and Equality*, Cambridge, Cambridge University Press, 1995.

procréation doit être conçue comme un travail[22]. C'est ainsi que s'explique, par exemple, la position de Paola Tabet sur les maternités de substitution. Dans la *construction sociale de l'inégalité des sexes*, celle-ci écrit : « on pourrait ne voir dans la "location d'utérus" que le cas extrême d'une logique marchande qui atteindrait enfin le domaine le plus "privé" de la vie personnelle. Mais il s'agit bien plutôt d'une vente, dans laquelle la force de procréation est échangée de la même manière que la force de travail... La femme qui accepte de faire l'enfant est libre propriétaire de sa force de travail, de sa propre personne ». Tabet poursuit en expliquant qu'« on est en présence d'une transformation structurelle des rapports de production, comparable à certains égards, à la dissolution du lien du servage en Europe, dissolution qui permit l'apparition des travailleurs "libres", les ouvriers salariés modernes[23] ». De ce point de vue, la pratique des maternités de substitution doit être considérée comme un signe de l'effritement des structures de domination des femmes au cours de l'activité de reproduction, dont l'une des plus solides est le mariage. Dans une échelle de l'exploitation, la mère porteuse est mieux placée que la femme mariée puisque « l'achat-vente de la capacité de reproduction se fait pour un temps déterminé, celui d'une grossesse – la mesure du temps étant ce qui distingue la cession temporaire d'une propriété dont le propriétaire reste propriétaire, de la cession totale de cette capacité » qui le transforme en esclave [24]. L'idée générale qui est mise en avant par Tabet est que la rémunération des grossesses de substitution est une étape vers la libération de toutes les femmes dans la mesure où elle permet de fragiliser les institutions dans lesquelles leur exploitation est la plus absolue puisque leur activité reproductive n'y est pas reconnue comme travail. L'idée lockéenne de propriété de la personne a ainsi pour avantage de fournir une base pour critiquer les contrats de procréation, parce que la gestation et l'accouchement doivent être tenus pour une activité laborieuse, donnant lieu à exploitation. Le problème de cette perspective critique est qu'elle est beaucoup trop puissante pour ceux qui envisagent généralement de la tenir, car ils ne peuvent souvent pas en accepter toutes les conséquences : si les « mères porteuses » sont

[22] P. Tabet, *La Construction Sociale de l'Inégalité des Sexes*, Paris, L'Harmattan, 1998. Voir aussi M. Ertman et J. Williams, *Rethinking commodification : Cases and Readings in Law and Culture*, New York, New York University Press, 2005.
[23] P. Tabet, *Op. Cit*, pp. 174-177.
[24] *Ibid.*

exploitées, *a fortiori* celles qui effectuent la même activité sans limite et gratuitement, dans le cadre du contrat de mariage par exemple, sont sujettes à une exploitation plus radicale et plus profonde.

3. Bien entendu, dans la réflexion sur les conditions de la transaction, il importe de savoir si la mère porteuse transforme par son travail des ressources naturelles qui n'appartiennent à personne, ou alors des biens déjà appropriés — si l'on se trouve plutôt dans l'état de nature lockéen, ou plutôt dans une situation sociale où elle modifie des ressources dont d'autres sont déjà propriétaires. La plupart des tribunaux qui ont eu à se prononcer sur des conflits entre différents types de parents biologiques (génétiques ou de gestation) ont choisi les premiers, en adoptant un raisonnement qui faisait implicitement des ressources génétiques une propriété pleine des individus qui les fournissent, ne pouvant être que marginalement transformées par la travailleuse qui menait à bien une grossesse. L'une des premières décisions de justice sur la question a été rendue en 1993 aux États-Unis où la Cour Suprême de Californie a dû décider si un enfant devait être confié à ses parents génétiques, Crispina et Mark Calvert, un couple blanc aisé, ou alors à celle qui l'avait mis au monde, Anna Johnson, une infirmière stagiaire noire. Le tribunal a décidé de renverser le droit qui prévalait jusque-là en décidant que la mère était celle qui fournissait le matériau génétique[25]. Beaucoup d'interprétations ont été avancées sur les véritables raisons d'un tel choix : amené à trancher entre deux critères biologiques de la parenté, le tribunal aurait choisi le critère génétique parce qu'il promeut les intérêts des plus fortunés, mais aussi ceux de l'industrie médicale qui cherche à vendre les F.I.V. (les médecins sont souvent cités comme experts dans les débats), tout en préservant les stéréotypes racistes en empêchant une femme noire de devenir la mère d'enfants caucasiens.

4. La critique de l'exploitation des travailleurs n'est pas la seule que la perspective lockéenne peut inspirer. Une critique différente provient de philosophes telles que Carole Pateman qui ont mis en question la validité de la théorie de la propriété de personne. Les arguments qui se fondent sur la propriété de la personne pour justifier une critique de l'exploitation, affirme-t-elle, négligent le fait que Locke avance une thèse *politique* : seul un propriétaire a le *droit* de disposer de sa propriété, et par exemple, de l'aliéner. Si le propriétaire donne son accord pour qu'une partie de sa propriété sur sa personne (par exemple

---

[25] Cour Suprême de Californie, *Johnson v. Calvert*, No. S023721. May 20, 1993.

sa force de travail) soit utilisée par un autre pendant une certaine période de temps contre une rétribution, alors il n'y a pas d'injustice. En d'autres termes, celui qui abandonne volontairement pour un temps donné sa propriété à un autre renonce également aux droits qui en procèdent. Ce résultat est justifié, selon Pateman, par un passage extrait du paragraphe 28 du Second Traité où Locke écrit : « L'herbe que mon cheval a broutée, la tourbe que mon serviteur a coupée deviennent ma propriété... Le travail qui était mien a établi sur eux ma propriété[26] ». Pourquoi le travail accompli par mon serviteur donne-t-il à moi, et non à lui, un droit de propriété ? La réponse est que Locke se réfère à un travail *approprié*, et non à un travail accompli. Bien entendu, si un capitaliste pouvait acheter *la totalité* des capacités d'un travailleur, le salariat ne pourrait pas être présenté comme une activité libre, et le travailleur salarié ne pourrait pas passer pour le contraire d'un esclave. Ce qui permet à Locke de défendre que la différence entre salariat et esclavage est, selon Pateman, la *fiction de séparabilité entre un individu et ses capacités et ses talents* qui caractérise la thèse de la propriété de la personne. Le travailleur ne se vend pas lui-même mais loue simplement ses capacités. La tradition propriétariste exclut l'esclavage, c'est-à-dire le travail forcé, mais elle légitime un « esclavage contractuel » sous la forme d'un contrat de travail qui pourrait en théorie durer la vie tout entière. Le contrat crée ainsi une forme spécifiquement moderne de subordination qui prend la forme d'un accord volontaire entre des propriétaires autonomes, et juridiquement égaux. Les différentes formes de contrats sur la personne sont cohérentes entre elles : le contrat de travail se développe en même temps que le contrat de mariage et la subordination des femmes est présupposée par l'institution de l'emploi salarié [27].

5. Selon Pateman, sa focalisation sur l'exploitation et plus largement, sur la question de la justice, explique que la théorie politique contemporaine ait largement manqué le phénomène de la subordination civile qui est nécessairement associé à la thèse de la propriété de la personne. Pateman semble également suggérer qu'il existe des degrés de séparabilité, qui rendent certains contrats plus générateurs de subordination que d'autres. Un contrat acceptable, par exemple, est celui qui porte sur la vente de sperme, car ce qui est cédé est totalement

---

[26] J. Locke, *The Second Treatise on Government,* Op. Cit.

[27] Carole Pateman, *The Sexual Contract*, Palo Alto, CA, Stanford University Press, 1988. Traduction française : *Le Contrat Sexuel*, Paris, La Découverte, 2011.

séparable du corps. Les contrats de prostitution sont plus critiquables que les contrats de travail plus traditionnels, parce qu'ils impliquent l'usage direct du corps d'une femme, moins séparable d'elle que les capacités d'un travailleur. Les contrats de maternité de substitution sont ceux qui impliqueraient selon elle la subordination la plus accomplie. « La force de travail est une fiction politique, mais le service accompli par la mère de substitution est une plus grande fiction encore... Sa personne est en jeu en un sens plus profond. Elle cède ses droits sur la capacité physiologique, émotionnelle et créatrice unique de son corps, c'est-à-dire d'elle-même en tant que femme. Pendant neuf mois, elle a la relation la plus intime avec un autre être en développement ; cet être fait partie d'elle-même. Certes le bébé, lorsqu'il est né est un être séparé mais la relation de la mère à son nourrisson est qualitativement différente de celle de travailleurs vis-à-vis des autres produits qui découlent des contrats concernant la propriété de leur personne[28] ». Cette critique de la subordination et de l'aliénation générée par les contrats de procréation est-elle valide ? Pourquoi Pateman estime-t-elle que la grossesse et l'accouchement sont radicalement inséparables de la personne d'une femme ? Comme réponse, celle-ci ne semble offrir qu'un argument naturaliste. Comme le fait remarquer Susan Okin, le critère de séparabilité de l'objet échangé par rapport au corps d'une personne se réfère implicitement à cet ordre naturel, car il est notoirement « difficile d'affirmer que la personne d'un mineur de fond brésilien est moins violée par les termes de son contrat de travail que celle d'une prostituée américaine[29] ». Cette théorie sur l'intimité naturelle de certaines activités a un statut démocratique incertain, dès lors que les citoyens des démocraties libérales affirment des visions différentes du sens de leur existence, en particulier de leur vie sexuelle et procréative. La théorie selon laquelle certaines parties de leur activité corporelle seraient par nature indétachables de leur personne est une thèse qu'un État démocratique ne peut pas imposer à ses citoyens dont les visions du bien sont également respectables.[30]

La perspective lockéenne est donc particulièrement éclairante pour penser les contrats de procréation. Dans la perspective de la propriété de

---

[28] *Ibid.*, p. 296.

[29] S. Okin, « Feminism, the Individual, and Contract Theory », *Ethics*, vol. 100, n°3, 1990, p. 667.

[30] John Rawls, *Political Liberalism*, Cambridge, Mass., Harvard University Press, 1993. Traduction française : *Libéralisme Politique*, Paris, P.U.F., 1995.

la personne, elle permet d'envisager des accords libres entre individus. Ces accords, comme n'importe quels contrats de travail, peuvent donner lieu à une forme d'exploitation, mais celle-ci est vraisemblablement moindre que celle engendrée par le travail gratuit dans le cadre du mariage, et elle est réductible à condition d'approcher des termes justes de l'échange. Quant à la critique de la subordination que ces contrats impliquent, elle paraît particulièrement dépendante d'une conception naturaliste de la personne qu'un État démocratique ne peut pas imposer à ses citoyens. Il reste que les obligations et les droits parentaux qui sont justifiés dans cette perspective sont encore problématiques pour la conscience morale ordinaire en ce qu'ils postulent un parallèle absolu entre la procréation et la propriété des choses.

III.

Au-delà du principe de non-nuisance appliquée à la procréation et des contrats inter-individuels entre libres propriétaires, il existe une troisième manière de défendre des principes de justice reproductive qu'on peut nommer la perspective rawlsienne parce qu'elle correspond plus que les autres à la vision de la société démocratique que John Rawls défend dans son œuvre. On insistera d'abord sur la définition de l'autonomie politique de Rawls, qu'il conçoit comme une capacité particulière des citoyens d'une démocratie, et on s'intéressera ensuite à quelques idées sur le contenu d'un principe de justice démocratique essentiel chez Rawls, celui d'égalité équitable des chances, qui sera appliqué aux questions de procréation.

1. Dans la perspective de la justice démocratique de Rawls, le droit de se reproduire est une liberté civile dont le statut est similaire à celui des autres libertés de base que les citoyens libres et égaux se reconnaissent mutuellement. Il n'est plus une protection contre l'intervention de tiers dans les interactions entre libres propriétaires comme dans la perspective lockéenne. La liberté reproductive prend place au sein de la théorie de la justice démocratique, comme un dispositif garantissant l'autonomie politique que se reconnaissent mutuellement les citoyens. Quel est exactement le contenu de l'autonomie et pourquoi exige-t-il une garantie de la liberté reproductive ? Selon Rawls, l'autonomie des citoyens consiste en leur capacité à former, réviser et chercher à réaliser ce qu'il nomme leur

conception du bien. L'autonomie n'a pas simplement une valeur *instrumentale* qui reposerait sur son efficacité à produire les meilleures décisions possibles mais elle a également une valeur *intrinsèque* en tant que partie d'un idéal moral de la personne qui affirme un *système de valeurs* qui lui est propre. On peut dire que l'exercice de l'autonomie est d'autant plus intrinsèquement valable pour un agent qu'un de ses choix exprime ce système de valeurs qui fait d'elle une personne. Or peu de décisions apparaissent aussi *personnelles* que celle d'avoir ou de ne pas avoir des enfants, au sens où le choix en question exprime le système de valeurs d'une personne, ou de ce que Rawls appelle sa conception du bien. Parmi les raisons d'avoir des enfants les plus communément citées dans les enquêtes, les gens mentionnent régulièrement leurs attentes d'une relation particulièrement intime qui mêle connaissance, soin et dépendance mutuelle, ce qui semble beaucoup se rapprocher d'un système de valeurs[31]. L'importance pour certains d'avoir une relation biologique avec leur enfant est reliée à l'identification des parents et des enfants comme membres d'un groupe qui peut-être aussi restreint que la famille nucléaire et aussi étendu qu'un peuple. Le père de Baby M (le premier enfant né de G.P.A. dont le cas a été examiné par un tribunal américain) insiste ainsi sur l'importance pour lui, dernier survivant de l'Holocauste de la famille, de maintenir la lignée génétique[32]. Si le choix d'avoir des enfants est une expression importante de la conception du bien d'une personne, de son système de valeurs, alors les conditions relatives à la procréation sont cruciales pour garantir l'autonomie politique des citoyens. Il semble que ce raisonnement soit aussi celui de la Cour Suprême des États-Unis dans une décision de 2015 : lorsqu'ils doivent décider du contenu des libertés constitutionnelles fondamentales, les tribunaux américains « essaient d'identifier quels choix personnels sont essentiels à la dignité et l'autonomie individuelle, y compris les choix intimes qui définissent l'identité personnelle[33]». Dans une décision antérieure, la Cour Suprême avait appliqué son modèle de raisonnement, et avait identifié la procréation comme l'un des intérêts fondamentaux pour lequel la protection du choix est essentielle à l'autonomie des citoyens : « Notre droit accorde une protection

[31] Kenneth Alpern, "Genetic Puzzles and Stork Stories: On the Meaning and Significance of Having Children", in Kenneth Alpern (ed.), *The Ethics of Reproductive Technology* (Oxford: Oxford University Press, 1992), pp. 151-152, 157.

[32] Michelle Harrison, "Social Construction of Mary Beth Whitehead", *Gender and Society*, vol. 1/3, 1987, pp. 300-302.

[33] Cour Suprême des États-Unis, *Obergefell v. Hodges* 576 US (2015), syllabus.

constitutionnelle aux décisions personnelles relatives au mariage à la procréation à la contraception aux relations familiales, à l'éducation et à l'élevage des enfants. Ces questions sont relatives aux choix les plus personnels et intimes qu'une personne peut faire au cours d'une vie et sont essentielles à la liberté protégée par le 14e amendement[34] ».

2. Cet argument relatif à la définition de l'autonomie politique doit être complété par un second qui concerne l'interprétation d'un autre principe de justice cher à Rawls, celui de l'égalité équitable des chances. Norman Daniels a montré que l'importance des soins médicaux en matière de justice distributive provenait de ce qu'ils permettent de restaurer une égalité d'accès à l'autonomie, en permettant à ceux qui en seraient autrement privés, d'envisager des choix professionnels et éducatifs[35]. On peut considérer que l'accès à l'éducation et aux professions n'est pas le seul terrain de l'égalité des chances, et que, de la même manière, les techniques et services de procréation assistée peuvent être considérés comme un équivalent de ces soins médicaux lorsque la question de l'accès à la procréation, et non plus seulement celle de l'accès au travail, est soulevée dans la formulation d'une conception du bien. Dans cette optique, la collectivité sociale a la responsabilité d'organiser la fourniture de ces prestations pour que les citoyens puissent faire un usage effectif de leur autonomie politique dans des conditions d'égalité équitable des chances[36]. Comme les responsabilités et les droits de procréation ne sont pas liés à l'exercice d'une propriété antérieure sur des ressources génétiques ou sur son propre corps, il n'y a pas ici de définition biologique de la parenté qui s'impose. Les parents sont ceux qui acquièrent la responsabilité sociale d'élever et d'éduquer des enfants et aucune condition ni sur leur sexe, ni sur leur sexualité, ni sur leur nombre (ils peuvent être moins ou plus que deux) n'est nécessairement posée à l'avance.

---

[34] Cour Suprême des États-Unis, *Planned Parenthood of Southeastern Pennsylvania v. Casey*, 505 U.S. (1992), 851.

[35] N. Daniels, *Just Health*, Cambridge, Cambridge University Press, 2008.

[36] La forme contractuelle, ou de la reconnaissance mutuelle, est la justification philosophique la plus solide du principe d'égalité des chances. Mais on peut imaginer que celui-ci soit affirmé sans référence au contrat social, comme dans les diverses formes d'égalitarisme de la fortune. Dans *Whose Body is it Anyway ?* (Oxford, Oxford University Press, 2006), Cécile Fabre présente une version de cette théorie pour justifier les maternités de substitution.

3. Contrairement à ce qui se produit dans les approches lockéennes, la relation entre les parents et la mère de gestation ne prend pas le contour d'un rapport dyadique, sous la forme d'un contrat valorisé sur un marché. Car c'est alors la responsabilité de la société politique démocratique de permettre l'exercice de la liberté de procréer de ses membres, et donc de concevoir les possibilités institutionnelles de cette réalisation. Si l'on replace la liberté de procréer dans la perspective d'une justice démocratique, les dons naturels de celles qui sont susceptibles de porter des enfants peuvent contribuer au bien commun s'ils sont correctement valorisés par la société, comme c'est le cas des autres talents. La distribution des talents innés est alors considérée comme un atout commun d'une société démocratique juste, car la justice permet la valorisation maximale de toutes les capacités en coordonnant leur mise en œuvre de façon appropriée. En l'absence d'autre moyen disponible de faire advenir des enfants, la grossesse féminine peut ainsi être considérée comme un aspect de la distribution des dons naturels entre les personnes, que la société a la responsabilité d'organiser de manière à en faire bénéficier la collectivité. Lorsqu'elle est replacée dans le contexte d'une coopération démocratique, la rémunération des grossesses n'est donc pas un indicateur de la perpétuation des rôles genrés traditionnels, mais un aspect de la valorisation des dons des individus dans le cadre d'une coopération entre égaux[37]. Michael Walzer a montré de manière convaincante, dans *Sphères de Justice*, que la société pouvait modifier la signification de nombreuses « tâches difficiles », et altérer leur statut de « bien négatif ». Parmi les nombreuses stratégies que Walzer mentionne pour changer le sens de ces tâches ingrates figurent la réorganisation des activités et un paiement adéquat garanti par la société[38]. Cette réorganisation sociale de la distribution des nouvelles procédures de procréation n'est pas une utopie : l'anthropologue S. Kahn a montré comment une nouvelle législation a permis que les techniques et procédures de procréation assistée aient été largement financées par la protection sociale en Israël

---

[37] Leur rôle dans la perpétuation des stéréotypes genrés est la principale objection que D. Satz retient contre les maternités de substitution dans *Why Some Things Should Not Be For Sale : The Moral Limits of Markets*, Oxford, Oxford University Press, 2010 (Chapitre 5), qui reprend son article "Markets in Women's Reproductive Labor", *Philosophy & Public Affairs*, vol. 21, n°2, 1992, pp. 107-131.

[38] Michael Walzer, *Spheres of Justice*, New York, Basic Books, 1983, p. 235. Traduction française : *Sphères de justice*, Paris, Le Seuil, 1997.

depuis le début des années 1990[39]. Bien entendu, Susan Kahn souligne aussi que la législation israélienne était largement motivée par des impératifs nationalistes, mais la possibilité que les mêmes options soient justifiées par des impératifs démocratiques de justice reproductive est également ouverte. Il est ainsi urgent qu'une réflexion éthique approfondie soit menée pour guider la réforme du droit afin qu'il s'accorde avec nos convictions bien pesées dans un contexte où l'évolution des technologies ne permet plus de s'en tenir à la définition négative de la liberté de procréer. J'ai cherché à montrer que parmi les différentes théories des droits, la conception rawlsienne permettait un équilibre réfléchi de nos croyances, en intégrant la liberté de procréer au rang des libertés de base attachées à la citoyenneté démocratique, et en reconnaissant un principe d'égalité des chances pour redistribuer les ressources reproductives. L'adoption de cette conception exige que les démocraties fassent preuve d'imagination institutionnelle, en rompant avec la distribution marchande des techniques et services reproductifs aujourd'hui en place dans la plupart des sociétés occidentales.

[39] S. Kahn, *Reproducing Jews : A Cultural Account of Assisted Conception in Israel*, Durham, NC, Duke University Press, 2000. Traduction française : *Les enfants d'Israël : Une Approche Culturelle de l'assistance médicale à la procréation*, Paris, L'Harmattan, 2007.

PENSER LA GESTATION POUR AUTRUI EN FÉMINISTES : POUR UNE DÉPOLARISATION ET UNE RADICALISATION DU DÉBAT

MARLÈNE JOUAN[1]

Deux figures historiques majeures du féminisme se sont récemment exprimées contre la gestation pour autrui (GPA), du moins contre la GPA dite « commerciale » par contraste avec la GPA « altruiste ». Gloria Steinem, journaliste et militante phare de la deuxième vague du féminisme, à l'écart du « solipsisme blanc » reproché à cette deuxième vague, est certainement la plus connue du grand public, y compris en France où deux de ses ouvrages viennent d'être traduits[2]. En juin 2019 elle s'est opposée, aux côtés d'autres féministes mais aussi de groupes catholiques et conservateurs, à un projet de loi, porté par le gouverneur de l'État de New York aux États-Unis, présenté comme favorable aux droits LGBTQ+ et adopté par le Sénat de ce même État, visant à légaliser la GPA commerciale pour les couples homosexuels et hétérosexuels. Avec l'argumentaire suivant : ce projet « ignore les inégalités socio-économiques et raciales de l'industrie reproductive de la

[1] Je remercie vivement Daniel Borrillo pour son invitation à participer au colloque qui a précédé la publication de ce volume, ainsi que Marie-Xavière Catto pour son invitation à la demi-journée d'études « Regards sur les droits reproductifs » qui s'est tenue le 20 février 2019 à l'ISJPS (Paris), et qui fut pour moi l'occasion de travailler certains éléments du présent chapitre. Mes remerciements vont également à Jean-Yves Goffi pour ses remarques, relatives à l'histoire de la philosophie, sur une version antérieure du texte.

[2] G. Steinem, *Actions scandaleuses et rébellions quotidiennes* (1983), Paris, Éditions du Portrait, 2018 ; et *Ma vie sur la route. Mémoires d'une icône féministe* (2015), préface de Christiane Taubira, Paris, HarperCollins, 2019. L'expression « solipsisme blanc » est d'Adrienne Rich, « Disloyal to civilization : feminism, racism, gynephobia », in *On Lies, Secrets, and Silence : Selected Prose*, New York, W. W. Norton & Company, 1979.

GPA commerciale, et met les femmes défavorisées à la merci financière et émotionnelle d'individus plus riches et privilégiés » ; ces femmes dans le besoin deviendraient des « conteneurs à louer » et les fœtus qu'elles portent « la propriété d'autrui[3] ». La prise de position de Steinem n'est pas nouvelle : dans les années 1980 déjà elle rejoignait les féministes prenant fait et cause pour Mary Beth Whitehead dans ce qui deviendra la première et plus célèbre « affaire » de GPA commerciale, soldée en première instance par la résiliation de ses droits parentaux en faveur de William Stern, père biologique de l'enfant[4].

À ma connaissance, Silvia Federici ne s'était en revanche jamais prononcée, par le passé, au sujet de la GPA. Militante et universitaire affiliée au féminisme marxiste, elle fut dans les années 1970 une protagoniste de premier plan du mouvement du « salaire au travail ménager ». Focalisée sur la question du travail reproductif, traditionnellement exercé gratuitement par les femmes au sein de la sphère familiale, sa critique du capitalisme s'est surtout diffusée en France dans les années 2010 à travers la traduction de deux ouvrages[5]. C'est dans une note de bas de page de l'introduction au *Capitalisme patriarcal*, publié en 2019, que l'on trouve une première dénonciation lapidaire mais virulente de la GPA : cette pratique ne serait « que la

---

[3] Voir Vivian Wang, « Surrogacy Pregnancy Battle Pits Progressives Against Feminists », *The New York Times*, 12 juin 2019 : https://www.nytimes.com/2019/06/12/nyregion/surrogate-pregnancy-law-ny.html. On trouvera l'intégralité du message de Steinem écrit en réaction au vote du Sénat sur le site du Center for Bioethics and Culture : https://mailchi.mp/cbc-network.org/gloria-steinem-calls-upon-new-york-gov-cuomo-to-not-legalize-commercial-surrogacy?e=34080df6ba.

[4] Voir Elizabeth Mehren, « Feminists fight court ruling in Baby M decision : Steinem, Friedan, Chesler, French among supporters », *Los Angeles Times*, 31 juillet 1987 : https://www.latimes.com/archives/la-xpm-1987-07-31-vw-147-story.html. Ce jugement fut annulé en appel par la Cour Suprême du New Jersey qui déclara les contrats de GPA « illégaux et possiblement criminels » et reconnut M. B. Whitehead comme la mère de l'enfant, tout en confiant sa garde à W. Stern. L'État de New York fait partie de ceux qui, dans les années suivantes, ont formellement interdit la GPA commerciale, sanctionnée pénalement, mais autorisé la GPA altruiste en refusant toute force exécutoire aux contrats éventuellement signés. La Chambre des représentants ayant rejeté le 19 juin 2019 le projet de légalisation de la GPA commerciale, c'est cette législation – que Steinem ne remet pas du tout en cause – qui à l'heure où nous écrivons ces lignes est toujours en vigueur.

[5] S. Federici, *Point Zéro : propagation de la révolution* (2012), Paris, Éditions iXe, 2014 ; et *Caliban et la Sorcière. Femmes, corps et accumulation primitive* (2004), Genève, Entremonde, 2014.

manifestation de l'exploitation brutale d'un grand nombre de femmes dans le monde, obligées de vendre non seulement leur force de travail, mais aussi les produits de leur procréation » ; il s'agirait là d'une « nouvelle forme d'esclavage » alimentant, avec la marchandisation des enfants, « une image dégradante de la maternité » réduite à « une chose mécanique[6] ». Bien que cette condamnation de la GPA ne paraisse s'adresser qu'à sa version commerciale, on n'imagine guère, à l'aune des travaux antérieurs de Federici, qu'elle puisse épargner sa version altruiste. Elle rejoint ainsi la position abolitionniste défendue par la philosophe Sylviane Agacinski, de façon ramassée dans un « tract » paru cette même année et plus développée dans *Corps en miettes* initialement paru en 2009[7].

Cette actualité pourrait laisser penser que le féminisme parle aujourd'hui d'une seule voix contre la GPA, à l'unisson des campagnes « Stop Surrogacy Now » et « No Maternity Traffic » qui ont été lancées en 2015, à l'échelle internationale et européenne, en rassemblant des personnalités de tous bords politiques. Même du côté du féminisme militant, ce n'est pourtant que partiellement vrai : à l'instar en France du Collectif 8 mars pour touTEs et de certaines instances départementales du Planning familial qui réclament l'ouverture d'un débat, toutes les associations féministes ne s'y retrouvent pas. Parmi les intellectuelles féministes les plus médiatisées, la philosophe Élisabeth Badinter se dit favorable à la GPA altruiste quand la juriste Marcela Iacub défend la GPA commerciale ; ces interventions par voie de presse découlent assez logiquement de leurs travaux antérieurs portant respectivement sur l'amour maternel et sur le modèle intentionnel de la filiation[8]. Enfin,

---

[6] S. Federici, *Le capitalisme patriarcal*, Paris, La Fabrique, 2019, p. 24 ; le texte d'introduction est issu d'une conférence prononcée en 2017. Voir aussi, paru peu après la rédaction finale de ce chapitre, « La GPA : don de la vie ou négation de la maternité ? », in *Par-delà les frontières du corps* (2019), préface de J. Falquet, Paris, éditions divergences, 2020, pp. 88-97.

[7] S. Agacinski, *L'homme désincarné. Du corps charnel au corps fabriqué*, Tracts Gallimard n°7, 2019 ; *Corps en miettes*, Paris, Flammarion, 2013.

[8] Voir É. Badinter, « Je suis pour une GPA éthique », *Elle*, 8 mars 2013 : http://www.elle.fr/Societe/Les-enquetes/Elisabeth-Badinter-Je-suis-pour-une-GPA-ethique-2383496, précédé de *L'amour en plus. Histoire de l'amour maternel, XVII*e*-XX*e *siècle* (1980), Paris, Flammarion, 2010 ; et M. Iacub, « La reconnaissance des ventres », *Libération*, 11 janvier 2013 : https://www.liberation.fr/societe/2013/01/11/la-reconnaissance-des-ventres_873388, précédé de *L'empire du ventre*, Paris, Fayard, 2004.

cette même actualité ne reflète aucune homogénéité au sein du féminisme « académique » ou universitaire[9], en particulier à l'étranger où les positions les plus diverses se font entendre et où, à la différence de ce qui se passe dans le débat public, les chercheuses sont désormais nombreuses qui cherchent à échapper à la logique du « pour ou contre ».

L'emploi du pluriel dans le titre de ce chapitre entend ainsi d'emblée signaler que sur la GPA comme sur d'autres sujets – la pornographie et la prostitution, la parité, le voile ou encore le harcèlement sexuel – *les* féminismes s'exposent dans leurs différences et même dans leurs différends, dont la probable irréductibilité fait aussi la fécondité critique en leur permettant d'interpeller tour à tour l'ensemble des acteurs sociaux. À l'encontre d'une conception naïve du politique, qui effacerait la conflictualité inhérente aux pratiques collectives organisant la vie en commun, il faut commencer par rappeler que le féminisme est constitutivement un « champ de bataille[10] », à provoquer ailleurs mais aussi à nourrir en son sein, si bien que l'absence de consensus à l'endroit de la GPA n'a rien d'étonnant. Néanmoins, il est aisé de comprendre pourquoi cette absence de consensus est sans doute plus perturbante en ce qui concerne la GPA qu'à propos d'autres sujets identifiés comme féministes. On a en effet affaire à une pratique qui met directement en jeu le corps des femmes, ses capacités reproductives spécifiques et son assignation sociale à la maternité, soit les mêmes éléments qui mobilisaient hier en France, et aujourd'hui encore dans de nombreux pays, la défense féministe de l'avortement. Mais alors que celle-ci a politiquement constitué le féminisme apparemment sans pluriel des années 1970[11] et qu'elle fait toujours l'unanimité indépendamment des différents courants qui se sont développés depuis, le contraste est saisissant avec le clivage au sujet de la GPA, qui pour les unes constitue l'ultime libération féministe et pour les autres la pire régression.

À lui seul, ce constat suggère qu'un positionnement féministe sur la GPA ne peut se contenter d'en appeler aux mots d'ordre de la deuxième

---

[9] Rappelons que la distinction entre féminisme « militant » et féminisme « académique » n'implique en général aucune étanchéité ou exclusivité, ni épistémologiquement puisque les deux familles de féminisme sont engagées politiquement, ni sociologiquement puisque l'on peut bien sûr être membre des deux familles à la fois.

[10] La formule est d'Éric Fassin, « Un champ de bataille », *Travail, genre et sociétés*, n°13, 2005, pp. 165-167.

[11] Cristina Ion, « Du féminisme aux féminismes », *Cités*, n°73, 2018, pp. 11-18.

vague du féminisme – « Mon corps, mon choix » ou « Notre ventre est à nous » – et se revendiquer simplement de la lutte historique pour le droit des femmes à disposer de leur corps. À celles et ceux qui souhaitent défendre la légalisation de la GPA, altruiste et/ou commerciale, il suggère en particulier que de la prémisse « une femme peut pratiquer une IVG » la conséquente ne suit pas automatiquement qui dit qu'« elle devrait également pouvoir mener à terme une grossesse pour le compte d'autrui[12] ». Non pas que le parallèle entre l'IVG et la GPA ne soit pas éclairant d'un point de vue philosophique et juridique : il permet certainement de déconstruire efficacement, en mettant au jour leur incohérence, certains des arguments – y compris féministes – avancés contre la GPA. J'ai d'ailleurs moi-même procédé à un tel parallèle dans un article antérieur, dont Daniel Borrillo a récemment repris la conclusion : « Un examen de la gestation pour autrui à l'aune de la gestation pour soi encadrée par le droit à l'avortement, qui fait [...] consensus, permet une analyse [...] résolument non paternaliste des raisons pour lesquelles l'autonomie des "mères porteuses" est en effet menacée, mais aussi des conditions auxquelles elle peut être préservée ou restaurée[13] ». J'adhère toujours à cette conclusion, qui conditionne l'acceptabilité morale de toute GPA au droit de la femme porteuse d'interrompre sa grossesse ainsi que, plus largement, à la garantie qu'elle prenne « toutes les décisions sur son corps[14] ».

Je poursuivrai, dans ce chapitre, une démarche argumentative analogique. Mais au lieu de prendre le consensus sur l'avortement comme point de départ d'un positionnement féministe favorable à la GPA, j'examinerai les difficultés d'un tel positionnement à l'aune des ambiguïtés, des silences et des limites du consensus sur l'avortement.

---

[12] Daniel Borrillo, « Pour le droit à la GPA », *AOC*, 12 septembre 2018 : https://aoc.media/opinion/2018/09/13/droit-a-gpa/.

[13] M. Jouan, « L'acceptabilité morale de la gestation pour autrui : les enseignements de la gestation pour soi au service de plus de justice », *Travail, genre et sociétés,* n°38, 2017, pp. 35-52, 50 ; cité in D. Borrillo, « Trouble dans la parenté. Accouchement sans maternité et maternités masculines », *La Revue des Juristes de Sciences Po*, n°15, 2018, pp. 29-36, 33.

[14] M.-X. Catto, « La gestation pour autrui : d'un problème d'ordre public au conflit d'intérêts ? », *La Revue des Droits de l'Homme*, mars 2013 : http://journals.openedition.org/revdh/201, § 85. Catto souligne les difficultés potentiellement soulevées lorsque cette garantie est sans réciproque du côté des parents d'intention, absence de réciprocité qui est néanmoins la seule façon de ne pas entraver du côté des femmes porteuses la liberté publique qu'est l'avortement.

Les divergences féministes sur la GPA invitent en effet à une triple interrogation. Tout d'abord : quelle est la signification philosophique, pour les féministes, du droit à disposer librement de soi qui fonde le droit à l'avortement et qui est réputé fonder également le droit de s'engager dans une GPA ? Ensuite : quels sont les points aveugles d'un positionnement féministe exclusivement fondé sur le droit à l'avortement lorsque l'on cherche à exporter ce positionnement à la pratique de la GPA ? Et corrélativement : à quelles autres ressources activistes et théoriques que celles de la libre disposition de soi, une analyse féministe de la GPA doit-elle faire appel ? J'aborderai ces questions à l'appui de la reconstruction, proposée par Yves Sintomer, des problématiques philosophiques et politiques qui ont animé, des années 1970 aux années 1990, les débats sur l'avortement aux États-Unis[15]. Les trois thèses distinctes qui s'y déploient, celles de la propriété de soi, de la *privacy* et du pouvoir des femmes, organiseront respectivement trois sections de ce chapitre. En me concentrant sur les femmes porteuses plutôt que sur les autres parties impliquées[16], je chercherai ainsi à encourager à la fois une dépolarisation du débat féministe sur la GPA et une radicalisation de son potentiel d'interpellation politique, que je déclinerai en trois subversions susceptibles de nourrir une critique féministe non seulement du patriarcat ou de la domination de genre, mais aussi du capitalisme. Auparavant toutefois, une mise au point sur la genèse et la logique des positionnements féministes sur la GPA s'impose.

I. Les termes féministes du débat sur la GPA, hier et aujourd'hui

La juriste Diane Roman a clairement mis en évidence le tournant féministe emprunté par le débat français sur la GPA au début des

---

[15] Y. Sintomer, « Droit à l'avortement, propriété de soi et droit à la vie privée », *Les Temps Modernes*, n°615-616, 2001, pp. 206-239. Voir aussi, avec beaucoup plus de détails sur les groupes et associations féministes impliquées dans les débats sur l'avortement puis sur les nouvelles techniques reproductives, Jennifer Merchant, « Féminismes américains et *reproductive rights* / droits de la procréation », *Le Mouvement Social*, n°203, 2003, pp. 55-87.

[16] J'évoquerai également les parents d'intention mais laisserai entièrement de côté les arguments, que les féministes ont bien sûr également développés, relatifs aux enfants nés de GPA, aux enfants des femmes porteuses elles-mêmes et aux enfants en général.

années 2010, à compter de l'avis n° 110 du Comité Consultatif National d'Éthique (CCNE) consacré exclusivement à cette pratique puis des débats parlementaires menés à l'occasion de la révision des lois de bioéthique en 2011. Auparavant, le débat n'intégrait en effet que marginalement la question spécifique du corps des femmes, de leur rapport à la maternité et de leurs conditions de vie, au profit d'une problématisation impersonnelle des enjeux éthiques soulevés par la GPA. Les arguments mobilisés, qui invoquaient la protection d'une humanité commune menacée par certains choix individuels, étaient essentiellement articulés autour du principe juridique de l'indisponibilité du corps et de l'état civil et du principe moral de dignité de la personne[17]. Ces arguments, constate Roman, ne font aujourd'hui plus recette : déboutés par l'acceptation diffuse d'un droit de disposer de soi dont il s'agirait seulement de déterminer les conditions et la portée, ils ont cédé la place au « prisme de l'analyse de genre » qui est devenu « la clé du positionnement pour ou contre la GPA[18]». Loin de soutenir l'un des camps en présence au détriment de l'autre, les réflexions féministes alimentent ainsi les deux branches de l'alternative. Côté « contre », deux arguments sont au premier plan : d'une part un argument socio-économique, insistant sur la vulnérabilité de certaines femmes motivées par une incitation financière et exposées par conséquent à un risque d'exploitation, d'autre part un argument biologisant et essentialiste, focalisé sur la particularité de l'expérience psychologique de la grossesse et donc sur l'exposition des femmes porteuses à un risque de traumatisme. Côté « pour », deux arguments également : un argument pragmatique qui voit dans la régulation de la pratique de la GPA le meilleur moyen d'éviter la marchandisation du corps des femmes ; et un argument solidariste qui en appelle à l'altruisme des femmes les unes envers les autres et revivifie par là le « mythe féministe de la sororité ».

---

[17] Précisons que malgré les « éléments nouveaux » pris en compte par le CCNE dans son avis sur la GPA rendu en 2017 (n°126, chap. 4), les considérations féministes ou d'inspiration féministe qui y sont avancées restent pour l'essentiel similaires à celles de l'avis rendu en 2010, et qu'ils emportent une conclusion identique et même renforcée contre la légalisation de cette forme de procréation médicalement assistée (PMA). Bien que la question de la GPA n'ait pas été formellement à l'ordre du jour de la nouvelle révision des lois de bioéthique entamée en 2018, la même conclusion est reprise dans l'avis n°129 contribuant à cette révision (chap. « Procréation », sec. 3.4).

[18] D. Roman, « La gestation pour autrui, un débat féministe ? », *Travail, genre et sociétés*, n° 28, 2012, pp. 191-197, 192 ; voir aussi « L'État, les femmes et leur corps. La bioéthique, nouveau chantier du féminisme ? », *Esprit*, oct. 2013, pp. 17-28.

Comme l'écrit encore Roman, « que l'on soit pour ou contre la GPA » c'est donc bien « au nom de la cause des femmes que l'on se justifie[19] ».

Ce tournant ne signifie pas que les divisions féministes au sujet de la GPA sont elles-mêmes récentes. Si les arguments féministes ont acquis depuis une dizaine d'années seulement une véritable influence sur la problématisation du débat public, ils ont en effet été, pour une partie d'entre eux du moins, formulés dès les années 1980 avant d'être éclipsés par la controverse, alimentée tant par les juristes et les médecins que par l'Église catholique, opposant le désir d'enfant à son intérêt, qui ne serait préservé qu'au sein de la famille hétérosexuelle traditionnelle[20]. Les féministes ont alors déploré l'invisibilité des femmes dans la controverse, qui esquivait la question de leur instrumentalisation[21]. Mais cette invisibilité était aussi celle de leurs divergences profondes qui s'exprimaient selon la ligne de partage la plus clivante à l'époque, entre d'un côté un féminisme différentialiste promouvant la revalorisation de l'identité des femmes, et de l'autre un féminisme universaliste dénonçant dans cette supposée identité une assignation à résidence opprimant chacune d'elles. Comme l'écrivait Marie-Josèphe Dhavernas au début des années 1990, il est « normal » que le premier voit dans les nouvelles techniques reproductives (NTR) en général et dans la GPA en particulier « un nouveau front ouvert par le patriarcat pour s'opposer à l'affirmation identitaire des femmes et les priver de leur spécificité », tandis que pour le second « il s'agit seulement d'un nouvel espace où se joue la lutte entre les sexes pour le contrôle de la vie des femmes, espace au sein duquel, comme ailleurs, la question essentielle est celle-ci : quels choix sont possibles et qui en décide[22] ?»

---

[19] *Ibid.*, p. 194. Les arguments philosophiques fondés sur des principes moraux universels, qui n'ont rien de spécialement féministe, n'ont pas non plus disparu du débat : voir Marie Gaille, « Le débat français : une toile d'arguments moraux pour un acte controversé », *Les Cahiers de la justice*, n°2, 2016, pp. 289-302.

[20] Voir dans ce volume la contribution de Raphaëlle Théry, « Peut-on parler d'un droit à l'enfant ? ».

[21] Sur les différentes phases du débat sur la PMA en général, et sur la GPA en particulier, je reprends ici la reconstitution d'Isabelle Engeli, « La problématisation de la procréation médicalement assistée en France et en Suisse. Les aléas de la mobilisation féministe », *Revue française de science politique*, vol. 59, n°2, 2009, pp. 203-219, 210-213.

[22] M.-J. Dhavernas, « La procréatique et les normes sociales », *Femmes, savoir, santé*, vol. 4, n°1, 1991 ; on retrouve un tableau analogue, vigoureusement critique à l'égard du premier front, chez Christine Delphy, « Libération des femmes ou droits

Il est sans doute difficile de saisir pleinement les enjeux du clivage, plus complexes que ne le suggère cette présentation binaire, sans un minimum de familiarité avec les différents courants du mouvement féministe en général. Si toutes les féministes partagent, par définition, le constat que les femmes occupent une position subordonnée dans la société, la thèse selon laquelle cette position subordonnée a des causes non pas naturelles mais sociales, et l'objectif de mettre fin à cette situation, elles divergent en effet tant sur l'analyse et l'explication de la subordination des femmes que sur les stratégies à mettre en œuvre pour l'abolir. On doit une première catégorisation des courants nés de ces divergences à la philosophe Alison Jaggar, dans un article paru en 1977 puis dans *Feminist Politics and Human Nature* publié six ans plus tard[23]. Bien qu'elle ait inévitablement perdu une partie de son actualité d'alors et que, tout aussi inévitablement, plusieurs critiques lui aient été adressées[24], les trois grandes traditions de pensée féministe qu'elle identifie ont été significativement marquées par leurs prises de position respectives sur les NTR et elles ont fourni l'essentiel des arguments qui alimentent, aujourd'hui encore, le débat féministe sur la GPA – celui du moins qui se déroule sur le devant de la scène médiatique et politique.

---

corporatistes des mères ? », *Nouvelles Questions Féministes*, n°16-18, 1991, pp. 93-118, 96-99.

[23] A. Jaggar, « Political philosophies of women's liberation » (1977), in M. Veterrling-Braggin, F. A. Elliston et J. English (eds.), *Feminism and Philosophy*, Totowa (NJ), Littlefield, Adams & Co, 1981, pp. 5-21 ; et *Feminist Politics and Human Nature*, Totowa (NJ), Rowman & Allanheld, 1983.

[24] Jaggar soulignait elle-même les difficultés auxquelles toute tentative de catégorisation des féminismes est exposée, dont sa péremption rapide dans le temps à raison de l'évolution de la situation des femmes mais aussi de la société dans son ensemble, ainsi que de l'élargissement du mouvement féministe sous l'effet de nouvelles perspectives militantes et théoriques. Une autre difficulté de taille est celle de la simplification inhérente à toute catégorisation, qui risque les amalgames et les omissions, et plus encore celle de son arbitraire, qui interroge sur les critères retenus. Chaque courant pouvant lui-même comporter des tendances internes parfois très hétérogènes, leur classification ne peut guère échapper à la prise de parti et fait donc débat au sein du féminisme lui-même. Pour une classification récente recensant dix courants distincts, voir Rosemarie Tong et Tina Fernandes Botts, *Feminist Thought. A More Comprehensive Introduction*, New York, Routledge, 2018 (5e édition). Pour une classification plus datée mais synthétique et pédagogique, *cf.* Louise Toupin, « Les courants de pensée féministe », 1998 :
http://classiques.uqac.ca/contemporains/toupin_louise/courants_pensee_feministe/courants_pensee_feministe.pdf.

Parmi ces trois traditions, celle du féminisme libéral occupe historiquement la première place. De façon générale, ce courant réformiste soutient que la subordination des femmes s'enracine dans un ensemble de restrictions légales, de discriminations sociales et de croyances morales qui les enferment dans un rôle domestique et les empêchent d'accéder, dans la sphère publique, aux mêmes opportunités que les hommes. Une société juste, fondée sur l'égale reconnaissance des individus comme êtres rationnels et autonomes, ne socialiserait pas les femmes autrement que les hommes ; elle leur garantirait le droit de choisir et de réaliser leur propre conception de la vie bonne sans entrave liée à leur genre. Les deux autres traditions se sont principalement développées en réaction à ce programme dont elles dénoncent la superficialité. Le féminisme radical révèle l'oppression des femmes à la fois comme irréductible à toute autre forme d'oppression et comme systémique : le patriarcat, qui s'exprime d'abord dans la famille hétérosexuelle, structure l'ensemble des institutions, des pratiques et des relations sociales mais aussi les biographies individuelles. Plus précisément, ce courant voit dans le pouvoir exercé par les hommes sur la vie sexuelle et reproductive des femmes la base matérielle des idéologies sexistes ciblées, mais aussi véhiculées, par le féminisme libéral. Leur libération implique un renversement de ce pouvoir qui permettra aux femmes de se réapproprier leur corps et ses potentialités désirantes ou maternelles. Enfin, le féminisme marxiste adjoint le capitalisme au patriarcat pour expliquer la subordination des femmes, qui se noue donc à l'intersection des structures de classe et de genre[25]. Si les relations d'échange sont généralement fondées, dans l'économie capitaliste, sur des rapports d'exploitation, cette exploitation concerne les femmes de façon distinctive car ce sont elles qui ont en charge le travail de reproduction des êtres humains et de leur force de travail, gratuitement dans la sphère de la famille ou dans des emplois dévalorisés sur le marché. Leur libération exige une transformation radicale des sociétés capitalistes à travers la fin de la division genrée du travail et la socialisation de la reproduction sociale.

On conçoit intuitivement que le courant libéral du féminisme soit favorable à la GPA : la légalisation de cette pratique respecterait et même favoriserait l'autonomie des femmes porteuses, voire participerait

[25] Je ne retiens ici que le féminisme marxiste non orthodoxe, qui correspond chez Jaggar au courant du féminisme « socialiste », et je ne fais pas de distinction entre féminisme marxiste et féminisme matérialiste.

à l'émancipation de toutes les femmes. Inversement, on imagine aisément que les courants radical et marxiste soient opposés à cette légalisation, pour des raisons analytiquement distinctes mais souvent mêlées : le premier parce que cette pratique fait de la grossesse une expérience profondément aliénante, instrumentalise les femmes au service d'autrui et les dépossède de l'intégrité et du contrôle de leur propre corps ; le second au motif qu'il s'agit là d'une nouvelle forme d'exploitation des femmes, spécialement des plus pauvres d'entre elles, qui tire parti à la fois de leur rôle traditionnel de genre et des inégalités économiques dont elles sont victimes. Globalement, c'est bien en ces termes que les féministes ont pris part à la « panique morale[26] » soulevée aux États-Unis et au Royaume-Uni au milieu des années 1980, alors que seule la GPA partielle et domestique était pratiquée. Pourtant, même dans cette première génération du débat, les prises de position ne furent pas aussi nettes et tranchées. Ainsi les féministes libérales se sont-elles rapidement divisées entre avocates de la GPA altruiste seulement et avocates de la GPA contractuelle et commerciale[27]. Du côté du féminisme radical, seules celles qui étaient affiliées à sa tendance « culturelle » ou « culturaliste », rassemblées dans le Réseau féministe international de résistance à l'ingénierie reproductive et génétique (FINRRAGE – *Feminist International Network for Resistance to Reproductive and Genetic Engineering*) et rejointes par les écoféministes, se sont retrouvées dans la thèse de l'aliénation et de l'instrumentalisation[28]. Quant aux féministes marxistes, elles furent loin

---

[26] Si cette expression donne son titre à un ouvrage de Ruwen Ogien qui traite notamment de la GPA (*La panique morale*, Paris, Grasset, 2004), je la reprends ici à Elizabeth S. Scott, « Surrogacy and the politics of commodification », *Law and Contemporary Problems*, vol. 72, 2009, pp. 109-146.

[27] En faveur de la GPA altruiste seulement, voir par exemple Ruth Macklin, « Is there anything wrong with surrogate motherhood ? An ethical analysis », *Law, Medicine & Health Care*, vol. 16, n° 1-2, 1988, pp. 57-64 ; et Mary Shanley, « "Surrogate mothering" and women's freedom : a critique of contracts for human reproduction », *Signs*, vol.18, n°3, 1993, pp. 618-639.

[28] Sur le féminisme « culturel », qui correspond en contexte français au courant féministe « différentialiste », voir Alicia Echols, « Cultural feminism : feminist capitalism and the anti-pornography movement », *Social Text*, n°7, 1983, pp. 34-53. On le distingue du féminisme radical « libertaire », qui sur la question des NTR est associé au nom de Shulamith Firestone (*La dialectique du sexe* [1970], Paris, Stock, 1972). Pour l'intervention écoféministe sur la question des NTR en général et de la GPA en particulier, voir Maria Mies et Vandana Shiva, *Écoféminisme* (1993), Montréal, L'Harmattan, 1998, chap. 12 et 13.

de toutes tirer de l'argument de l'exploitation une condamnation de la GPA aussi véhémente que les féministes radicales[29]. Il serait donc simpliste de dégager directement des trois traditions historiques majeures du féminisme tel ou tel positionnement unilatéral sur la question de la GPA.

Surtout, la littérature féministe anglophone sur la GPA est aujourd'hui beaucoup moins manichéenne qu'elle a pu l'être autrefois. Par contraste avec le ton de « certitude morale » qui animait chacun des camps en présence, la seconde génération du débat s'est en effet résolue à une certaine « ambivalence morale » face à la GPA, suivant en cela une évolution plus générale des travaux féministes concernant l'infertilité et son traitement par les techniques reproductives[30]. Ce changement d'attitude normative remonte au milieu des années 2000, lorsque la pratique de la GPA complète a partiellement échappé au contrôle des États pour rejoindre les circuits du marché mondialisé de la reproduction assistée. Il a indéniablement bénéficié d'un contexte idéologique propre aux États-Unis, où les opposants à l'avortement ont, à partir des années 1990, progressivement modifié leur stratégie rhétorique : alors qu'auparavant elle consistait essentiellement à apparenter l'avortement à un infanticide, l'enjeu est désormais de protéger les femmes d'un avortement dont elles seraient les victimes et non les bénéficiaires. La convergence est remarquable entre les deux arguments paternalistes mobilisés et certaines des objections féministes à la GPA : d'une part le choix des femmes ne serait pas volontaire mais induit par la pression des proches et du personnel médical, d'autre part elles regretteraient inévitablement ce choix et souffriraient donc d'un

[29] Pensons en France à la contribution de Paola Tabet dans « Fertilité naturelle, reproduction forcée » (1985), in *La construction sociale de l'inégalité des sexes. Des outils et des corps*, Paris, L'Harmattan, 1998. Voir aussi Kathryn Russell, « A value-theoretic approach to childbirth and reproductive engineering », *Science & Society*, vol. 58, n°3, 1994, pp. 287-314.

[30] Voir Charis M. Thompson, « Fertile ground. Feminists theorize infertility », in Marcia C. Inhorn et Frank van Balen (ed.), *Infertility Around the Globe. New Thinking on Childlessness, Gender, and Reproductive Technologies*, Berkeley, University of California Press, 2002, pp. 52-78. La distinction de ces deux phases du débat ne doit pas masquer que certaines féministes, minoritaires, ont très tôt cherché à échapper à l'opposition entre « libération » et « oppression » : voir Juliette Zipper et Selma Sevenhuijsen, « Surrogacy : feminist notions of motherhood revisited », in M. Stanworth (ed.), *Reproductive Technologies. Gender, Motherhood and Medicine*, Oxford, Polity Press, 1987, pp. 98-138.

traumatisme[31]. Empiriquement, ces mêmes objections féministes ont également été confrontées aux enquêtes anthropologiques et psychologiques menées dans les pays occidentaux ayant autorisé la GPA sous une forme ou une autre, qui ont largement démenti les prédictions concernant les dommages physiques et psychiques que les femmes porteuses ne manqueraient pas de subir[32].

Mais cette nouvelle orientation du débat féministe ne saurait non plus se comprendre indépendamment du double tournant épistémologique qui a marqué les recherches sur la GPA à la fin des années 2000, en déstabilisant considérablement les présupposés des discours antérieurs. D'une part, un « tournant ethnographique[33]» a confronté l'analyse « hors sol » ou en surplomb de la GPA, qu'elle soit de type déontologique ou conséquentialiste, aux récits faits par les femmes porteuses de leur propre expérience et aux contextes socio-culturels, institutionnels et économiques spécifiques au sein desquels ils s'élaborent. Avec ceux menés par Helena Ragoné aux États-Unis puis par Elly Teman en Israël[34], les premiers travaux d'Amrita Pande et de Kalindi Vora conduits en Inde[35] ont débouté la logique de tout ou rien selon laquelle les arrangements et transactions en jeu seraient en eux-mêmes tous moralement bons ou mauvais, et également bons ou mauvais, quelles que soient les circonstances. Une telle logique s'est révélée non

31 Voir E. Scott, art. cité, pp. 142-143 ; *cf.* Reva Siegel, « The right's reasons : constitutional conflict and the spread of women-protective antiabortion argument », *Duke Law Journal*, vol. 57, 2008, pp. 1641-1692.

32 Pour une vue d'ensemble de ces enquêtes et de leurs conclusions, voir Sarah Jacob-Wagner, « L'état des connaissances sur les expériences des femmes qui choisissent de porter un enfant pour autrui », in I. Côté, J. Courduriès et K. Lavoie (dir.), *Perspectives internationales sur la gestation pour autrui. Expériences des personnes concernées et contextes d'action*, Montréal, Presses Universitaires de Québec, 2018, pp. 145-165.

33 A. Bailey, « Reconceiving surrogacy : toward a reproductive justice account of Indian surrogacy », in S. DasGupta et S. Das Dasgupta (eds.), *Globalization and Transnational Surrogacy in India : Outsourcing Life*, Lanham, Lexington Books, 2014, pp. 23-44, 31.

34 E. Teman, *Birthing a Mother : The Surrogate Body and the Pregnant Self*, Berkeley, University of California Press, 2010.

35 A. Pande, « Not an "angel", not a "whore" : surrogates as "dirty workers" in India », *Indian Journal of Gender Studies*, vol. 16, n°2, 2009, pp.141-173 ; K. Vora, « Indian transnational surrogacy and the commodification of vital energy », *Subjectivity*, vol. 28, 2009, pp. 266-278. Voir aussi Sharmila Rudrappa, « Working India's reproductive assembly line : surrogacy and reproductive rights ? », *Western Humanities Review*, vol. 66, n°3, 2012, pp. 77-101.

seulement déconnectée de la réalité, mais aussi faire obstacle à l'analyse des motivations impliquées dans le choix de s'engager dans une GPA et des épreuves traversées par les femmes porteuses. D'autre part, la littérature sur la GPA a été marquée par l'influence du poststructuralisme c'est-à-dire par le réaménagement, nourri par les écrits de Michel Foucault, des concepts de pouvoir et d'oppression. Les dichotomies caractéristiques du débat contradictoire – être en position de sujet *versus* d'objet, être actif *versus* passif, avoir du pouvoir *versus* en être privé, être autonome *versus* être vulnérable – s'en sont trouvées partiellement disqualifiées, cela d'autant plus qu'il intégrait les rapports de classe et de race, en plus des rapports de genre, dans une approche cumulative ou additive plutôt qu'intersectionnelle[36]. L'analyse de la GPA transnationale a ainsi subi les effets de la critique du « colonialisme discursif » formulée par Chandra Talpade Mohanty à l'encontre des féminismes occidentaux[37], dont les catégories normatives sont exportées aux femmes-pauvres-des-pays-du-Tiers-monde en reconduisant à leur endroit les catégorisations essentialisantes pourtant dénoncées « à domicile ».

Pour des raisons qui sont donc à la fois politiques, empiriques et épistémologiques, le constat suivant s'est progressivement imposé : la recherche d'une « résolution par "oui" ou par "non" » des dilemmes moraux soulevés par la GPA est « naïve » et qui plus est irréaliste, car les condamnations éthiques et les prohibitions juridiques n'empêcheront pas une poursuite clandestine de la pratique[38]. Une récente cartographie des positions féministes à l'égard de la GPA commerciale en prend acte : tout en l'organisant autour de l'antagonisme entre avocates d'une prohibition *versus* d'une régulation de cette pratique, l'auteure souligne que les deux camps ont désormais bien plus en commun que ce que l'on pourrait croire[39]. Faut-il alors s'attendre à une prochaine réconciliation

---

[36] Voir Serena Khader, « Intersectionality and the ethics of transnational surrogacy », *International Journal of Feminist Approaches to Bioethics*, vol. 6, n° 1, 2013, pp. 68-90.

[37] C. T. Mohanty, « Sous le regard de l'Occident : recherche féministe et discours colonial » (1986), in E. Dorlin (dir.), *Sexe, race, classe. Pour une épistémologie de la domination*, Paris, PUF, 2009, pp. 149-182.

[38] Amrita Banerjee, « Reorienting the ethics of transnational surrogacy as a feminist pragmatist », *The Pluralist*, vol. 5, n°3, 2010, pp. 107-127, 111.

[39] Emma Maniere, « Mapping feminist views on commercial surrogacy », in M. Davies (ed.), *Babies for Sale ? Transnational Surrogacy, Human Rights and the Politics of Reproduction*, Londres, Zed Books, 2017, pp. 313-327.

entre « abolitionnistes » et « réformistes » ? La persistance des dissensions féministes au sujet de la prostitution, avec laquelle la GPA est souvent comparée, ne parle pas en ce sens. En revanche, l'état des lieux du débat contemporain suggère que si la GPA a initialement contribué à consolider l'identité politique des différents courants du féminisme, elle serait plutôt, depuis une dizaine d'années, en train de « défier et changer nos féminismes ». Vrinda Marwah, à qui je reprends cette expression, avance ainsi qu'au lieu de nous arcbouter sur les outils conceptuels qui constituent les « pièces maîtresses » de la praxis féministe, il pourrait être « plus pertinent », pour penser la GPA, « de questionner les questions qui sont habituellement posées ». Autrement dit, « nos féminismes feraient bien de marquer une pause et d'examiner les anciennes comme les nouvelles dichotomies que nous déployons malencontreusement[40] » – qui sont certes loin d'être propres aux féministes. C'est une bonne description de ce que je me propose de faire dans la suite de ce chapitre, en articulant les arguments avancés en faveur de la GPA à ceux qui ont été mobilisés dans la défense de l'avortement au nom du droit à la libre disposition de soi. À la suite d'Yves Sintomer, je me concentrerai d'abord sur la conceptualisation de ce droit en termes de propriété de soi, dont il est question ailleurs dans ce volume et qui permet de déplier finement les enjeux spécifiquement féministes d'une « bataille » conceptuelle qui, par ailleurs, se déploie largement en dehors de l'intervention des féministes.

II. Reproduction et propriété de soi

Il est acquis que pour les féministes libérales, la légalisation de la GPA se présente comme une excroissance ou un prolongement logique des luttes féministes des années 1960-1970 pour le droit à la contraception et à l'avortement. Plus précisément, elle se comprend comme une extension de la liberté de ne pas procréer ou de ne pas devenir mère pour cette seule raison qu'on est une femme fertile et sexuellement active[41]. Pour les mères d'intention, cette extension est

---

[40] V. Marwah, « How surrogacy is challenging and changing our feminisms », in N. Sarojini et V. Marwah (eds.), *Reconfiguring Reproduction. Feminist Health Perspectives on Assisted Reproductive Technologies*, New Delhi, Zubaan, 2014, pp. 266-305, 303

[41] Voir Lori B. Andrews, « Surrogate motherhood : the challenge for feminists », *Law, Medicine & Health Care*, vol. 16, n°1-2, 1988, pp. 72-80 ; Katherine B. Lieber,

plus exactement une contrepartie ou un complément : elle revient en effet à passer de la reconnaissance d'une liberté négative à une liberté positive, celle de pouvoir accéder aux différents moyens permettant de procréer et de devenir mère. Pour les femmes porteuses, en revanche, la liberté en jeu est bien toujours une liberté négative, celle de pouvoir disposer de soi et d'user de son propre corps, ici de ses capacités reproductives, sans restriction indue dès lors qu'aucun dommage n'est causé à autrui. Ces deux formes de liberté constituent alors les deux moments ou composantes d'un droit fondamental à l'autonomie reproductive, conçu de façon robuste comme une condition de la réalisation de soi – de la satisfaction de ses désirs profonds pour la mère d'intention, de l'expression de ses talents naturels ou de ses goûts personnels pour la femme porteuse. La reconnaissance de la liberté de contracter des unes et des autres relève de ce même registre argumentatif, qui implique, pour les femmes qui choisissent de porter l'enfant d'autrui de façon informée et volontaire, la reconnaissance pleine et entière de la réalité comme de la valeur de leur consentement libre et éclairé. En deçà même de sa formalisation dans un contrat protecteur des droits de toutes les parties, le critère de l'intention n'a *a priori* pas moins de poids normatif pour la femme porteuse que pour les parents éponymes[42].

Ainsi comprise, la défense libérale de la GPA n'implique aucunement de défendre la thèse de sa « marchandisation complète » et de confier l'organisation de la pratique à un libre marché de la reproduction. Au contraire, à l'instar de l'économiste Deborah Spar, les féministes qui y adhèrent se prononcent très largement en faveur de sa « marchandisation incomplète » c'est-à-dire de la régulation forte d'un tel marché ; elles en appellent donc à l'État pour maximiser les

---

« Selling the womb : can the feminist critique of surrogacy be answered ? », *Indiana Law Journal*, vol. 68, n°1, 1992, pp. 205-232 ; Laura M. Purdy, « Surrogate mothering : exploitation or empowerment ? », *Bioethics*, vol. 3, n° 1, 1989, pp. 18-34 ; Carmel Shalev, *Birth Power : The Case for Surrogacy*, New Haven, Yale University Press, 1989 ; Christine T. Sistare, « Reproductive freedom and women's freedom : surrogacy and autonomy », in A. M. Jaggar (ed.), *Living with Contradictions. Controversies in Feminist Social Ethics*, Boulder, Westview Press, 1994, pp. 395-401.

42 Voir Marjorie M. Shultz, « Reproductive technology and intent-based parenthood : an opportunity for gender neutrality », *Wisconsin Law Review*, vol. 1, n°1, 1990, pp. 297-398.

protections juridiques des femmes porteuses[43]. Beaucoup soutiennent, en particulier, que la reconnaissance de leur liberté de contracter n'implique pas que les contrats conclus doivent être exécutoires, ceci afin de laisser à la femme porteuse la possibilité de garder l'enfant et pas seulement d'avorter. En outre, sa rémunération peut fort bien être allouée par d'autres mécanismes que ceux de l'offre et de la demande, c'est-à-dire être fixée et assurée par des organismes publics non-lucratifs. C'est ce que recommande notamment la philosophe Anne Philipps : puisque la plupart des femmes porteuses évitent délibérément de recourir au langage individualiste de la propriété de soi et de son corps pour motiver leur engagement dans une GPA, enrégimenter la compensation de ce travail reproductif dans un régime explicitement commercial déformerait le sens même de leur expérience et les attentes normatives qu'elles y investissent[44]. Ce point est à la fois essentiel et symptomatique. Étant donné que l'interdiction française de la GPA sous toutes ses formes est apparemment fondée, en droit positif, sur le principe d'indisponibilité du corps humain qui le poserait comme étant « hors commerce[45]», opposer à ce principe juridique le principe moral de la pleine propriété de soi et de son corps pourrait en effet sembler le plus court chemin pour contrer cette interdiction[46]. Un sujet propriétaire de lui-même ne jouit-il pas de toutes les prérogatives d'un propriétaire sur ce qu'il possède, dont celle d'en user comme il l'entend et en particulier de l'aliéner, que ce soit à titre gracieux ou marchand ? Ce n'est pourtant pas là un principe qui retient généralement l'attention des féministes dans le débat, si ce n'est de façon négative c'est-à-dire pour le critiquer, ou bien pour en retenir une version décalée par rapport à son interprétation standard issue de la philosophie de John Locke.

---

[43] D. Spar, « For love and money : the political economy of commercial surrogacy », *Review of International Political Economy*, vol. 12, n°2, 2005, pp. 287-309 ; *The Baby Business. How Money, Science and Politics Drive the Commerce of Conception*, Boston (MA), Harvard Business School Press, 2006. Sur la distinction entre marchandisation complète et marchandisation incomplète, voir Margaret J. Radin, *Contested Commodities : The Trouble with Trade in Sex, Children, Body Parts, and Other Things*, Cambridge (Mass.), Harvard University Press, 1996.

[44] A. Phillips, *Our Bodies, Whose Property ?*, Princeton, Princeton University Press, 2013, chap. 3.

[45] Je fais ici référence à l'interprétation couramment reçue de ce principe comme justifiant la nullité des contrats de GPA, interprétation dont il semble avéré qu'elle n'est pas la plus juste : voir M.-X. Catto, art. cité, § 20-24 ; et M. Iacub, *op. cit.*, pp. 222-223.

[46] Chemin que Gaspard Koenig nous invite à emprunter dans ce volume : « La propriété de soi, concept incontournable du XXe siècle ».

Le principe de la propriété de soi n'est d'ailleurs pas non plus, à quelques exceptions près, un principe mobilisé par les féministes pour justifier le droit à l'avortement. Pour avoir suscité d'abondantes discussions en philosophie morale analytique, le célèbre article de Judith Jarvis Thomson « Une défense de l'avortement », paru en 1971, est ainsi très peu représentatif des arguments qu'elles mobilisent, cela en raison de la conception étroite de l'autonomie personnelle sur laquelle elle repose[47]. Sans doute faut-il rappeler que dans cet article, l'objectif de Thomson est de montrer que même si l'on admet, comme le font les adversaires de l'avortement, que le fœtus est une personne dès sa conception et qu'il a donc un droit à la vie, le droit à l'autonomie corporelle de la femme enceinte est prioritaire sur ce droit[48]. À cette fin et sur le modèle du droit à l'autodéfense, Thomson assimile le droit de décider ce qui advient de et dans son propre corps à un droit de préservation de l'intégrité des frontières de ce corps, que nul ne peut légitimement franchir ni habiter à moins d'en avoir reçu l'autorisation par la personne dont c'est le corps. Explicitement mobilisée, l'analogie entre le corps de la femme enceinte et une maison suggère qu'une telle justification de l'avortement interprète le droit de disposer librement de son corps non seulement comme un droit constitutif du statut de personne mais aussi, à la façon libertarienne, comme le droit d'un propriétaire sur sa propriété privée. Pourquoi cette justification fut-elle ignorée, dans les années 1970 et après, par la plupart des féministes[49] ?

---

[47] Voir Anne Donchin, « The growing feminist debate over the new reproductive technologies », *Hypathia*, vol. 4, n°3, 1989, pp. 136-149, 144. Donchin souligne ce point dans une recension de l'ouvrage de Christine Overall *Ethics and Human Reproduction* (Londres, Routledge, 1987), dont le chapitre 4 développe une argumentation en termes de conflits de droits proche de celle de Thomson.

[48] J. J. Thomson, « Une défense de l'avortement » (1971), *Raisons politiques*, n° 12, 2003, pp. 3-24.

[49] Sauf, bien sûr, par les féministes libertariennes ou inspirées par le libertarianisme, l'un des courants du libéralisme. Voir par exemple Anita M. Superson, « The right to bodily autonomy and the abortion controversy », in A.Veltman et M. Piper (eds.), *Autonomy, Oppression, and Gender*, Oxford, Oxford University Press, 2014, pp. 301-325. Avertie des tensions entre ce courant et le féminisme, Superson les écarte au nom de leur souci commun pour l'autonomie corporelle : « les femmes ne sont pas des conteneurs fœtaux, pas plus que les hommes ne possèdent les femmes » (p. 306). Il est certain qu'à ce niveau élémentaire, les tensions voire les incompatibilités disparaissent. Pour les appréhender sur le plan théorique, voir Amy R. Baehr, « Liberal feminism », *The Stanford Encyclopedia of Philosophy*, édition 2018 :

Yves Sintomer a avancé trois explications[50]. La première est politique : alors que la notion libertarienne de propriété de soi est couramment associée à l'idée que le rôle de l'État doit se limiter à garantir la liberté négative des personnes, c'est-à-dire à les protéger contre toute interférence coercitive, les féministes, sans pour autant sous-estimer ce rôle, en attendent davantage de l'État sur le plan juridique et socio-économique, notamment en termes de justice distributive. La deuxième explication vient du fait que la seule limite reconnue par cette notion à la libre disposition de son propre corps est l'esclavage volontaire[51]. Accepter la justification libertarienne du droit à l'avortement impliquerait donc de l'accepter pour bien d'autres pratiques que beaucoup de féministes trouvent, au minimum, moralement douteuses, dont celles de la vente d'organes mais aussi de la prostitution et de la GPA commerciale. De rares défenses féministes de la GPA reposent de fait sur cette justification, quand inversement certaines féministes radicales opposées à la GPA n'hésitent pas à recourir à l'analogie avec l'esclavage, qui pourtant n'éclaire moralement aucune des deux pratiques[52]. Reste que retenir cette deuxième explication serait, ici, évidemment circulaire. La troisième explication

---

https://plato.stanford.edu/entries/feminism-liberal/#CriClass ; et pour une brève présentation du féminisme libertarien par lui-même, voir Sharon Presley, « How is libertarian feminism different from other feminisms ? », 6 janvier 2015 : https://www.libertarianism.org/columns/how-is-libertarian-feminism-different-other-feminisms.

[50] Y. Sintomer, art cité, pp. 210-211.

[51] En réalité tous les libertariens ne reconnaissent pas même cette limite : voir sur ce point Bernard Baertschi, « Dignité, propriété de soi et libertarisme de gauche », *Diacritica*, vol. 23, n°2, 2009, pp. 169-184. Le même article rappelle que tous les libertariens ne soutiennent pas non plus la conception minimale de l'État généralement associée à la notion de propriété de soi, à l'exemple de Philippe van Parijs qui plaide en faveur d'un revenu universel comme moyen d'assurer une liberté et une égalité réelles et pas seulement formelle des personnes. Sur ce point, voir aussi Jean-Fabien Spitz, « Le libertarisme de gauche : l'égalité sous condition de la propriété de soi », *Raisons politiques*, n°23, 2006, pp. 23-46.

[52] Pour une défense féministe libertarienne de la GPA, voir Wendy McElroy, « Breeder reactionaries : the "feminist" war on new reproductive technologies » (1994), in W. McElroy (ed.), *Liberty for Women. Freedom and Feminism in the Twenty-First Century*, Chicago, Ivan R. Dee / Oakland, The Independent Institute, 2002, p. 267-278. L'analogie avec l'esclavage est explicite chez Gena Corea, *The Mother Machine : Reproductive Technologies From Artificial Insemination to Artificial Wombs*, New York, Harper & Row, 1985 ; elle fut très tôt critiquée par Anita L. Allen, « Surrogacy, slavery, and the ownership of life », *Harvard Journal of Law and Policy*, vol. 13, n°1, 1990, p. 139-149.

est à chercher dans la discordance entre l'idée de propriété de soi et ce que l'on sait empiriquement du « rapport ambivalent des femmes au fœtus, qu'elles considèrent à la fois comme un corps étranger [...] et comme faisant partie d'elles-mêmes[53] ». Cette dernière explication mérite qu'on s'y attarde.

Ce qui pose en effet difficulté aux féministes dans la justification libertarienne de l'avortement, c'est son coût symbolique, à savoir : une conception abstraite de la grossesse réduite à un processus biologique voire mécanique que la femme enceinte pourrait contempler, selon une célèbre formule de Descartes, « comme un pilote en son navire », sans se trouver subjectivement engagée dans ce processus et transformée par lui. Une telle conception est d'abord inadéquate phénoménologiquement : elle néglige la porosité de la frontière éprouvée, de façon évolutive au cours de la grossesse, entre le corps du fœtus et celui de la femme qui le porte ; au-delà même de cette frontière interne elle ne rend pas compte de l'« extrême suspension de la distinction entre ce qui est intérieur et extérieur au corps », entre la femme enceinte elle-même et son environnement immédiat[54]. La frontière en question est d'ailleurs de plus en plus disputée sur le plan scientifique : les découvertes faites depuis le milieu des années 1990 sur le microchimérisme fœto-maternel, ce phénomène d'échanges bi-directionnels de cellules génétiques du fœtus vers le sang maternel et inversement, remettent en effet à leur tour en cause le paradigme du « soi » et du « non-soi » jusqu'alors dominant dans la compréhension biologique de l'immunité, qui a toujours buté sur le paradoxe d'une grossesse menée à terme[55]. Par ailleurs, cette

---

[53] Y. Sintomer, art cité, p. 210.

[54] Iris Marion Young, « Pregnant embodiment : subjectivity and alienation » (1984), in *Throwing Like a Girl and Other Essays in Feminist Philosophy and Social Theory*, Bloomington, Indiana University Press, 1990, pp. 160-174, 163. Voir aussi A. Rich, *Naître d'une femme. La maternité en tant qu'expérience et institution* (1976), Paris, Denoël/Gonthier, 1980 ; Catriona Mackenzie, « Abortion and embodiment », *Australasian Journal of Philosophy*, vol. 70, n° 2, 1992, pp. 136-155 ; Amy Mullin, « Pregnant bodies, Pregnant minds », *Feminist Theory*, vol. 3, n°1, 2002, pp. 27-44.

[55] Je ne peux développer ici les implications de ces découvertes, qui retiennent fortement l'attention des « nouvelles » féministes matérialistes : voir M. Jouan, « L'utérus et la "revendication maternelle" au prisme de la gestation pour autrui », in I. Durand, M. Guyvarc'h et V. Mehl (dir.), *L'utérus, de l'organe aux discours*, Rennes, Presses Universitaires de Rennes, à paraître en 2020. Pour une présentation du microchimérisme, voir Lee Nelson, « Des cellules en partage : le microchimérisme », *Pour la science*, n°388, février 2010, pp. 56-63 ; et pour sa problématisation en termes politiques et pas seulement médicaux, Susan E. Kelly, « The maternal-fœtal interface

conception est pour le moins troublante idéologiquement, puisqu'elle suggère qu'on ne pourrait défendre la libre disposition de soi et de son corps qu'en reconduisant la figure androcentrique de l'individu d'autant plus autonome qu'il est virtuellement séparable et donc indépendant de son corps – une figure que les féministes ont largement contribué à destituer en dévoilant tant ses effets sur l'infériorisation des femmes que son incongruité anthropologique.

Certaines féministes promeuvent ainsi une conception de l'autonomie corporelle qui ne doit rien à la notion de propriété de soi. On en trouve une illustration chez Catriona Mackenzie qui, en s'inspirant de Paul Ricœur, soutient que « mon corps m'appartient » non pas comme des objets ou des choses peuvent m'appartenir mais au sens où il est constitutif de qui je suis, si bien que ma personne entretient avec lui une relation d'expression plutôt que de propriété[56]. Dans cette perspective qui évite le paralogisme que Kant avait identifié dans l'idée qu'une personne serait propriétaire d'elle-même[57], au moins certains aspects

---

and gestational chimerism : the emerging importance of chimeric bodies », *Science as Culture*, vol. 21, n°2, 2012, pp. 233-257.

[56] C. Mackenzie, « Conceptions of autonomy and conceptions of the body in bioethics », in J. L. Scully, L. E. Baldwin-Ravagen et P. Fitzpatrick (eds.), *Feminist Bioethics : At the Center, On the Margins*, Baltimore, Johns Hopkins University Press, 2010, pp. 71-90, 79-80 ; *cf.* P. Ricœur, *Soi-même comme un autre*, Paris, Seuil, 1990, 5e étude, pp. 158-159.

[57] Le passage le plus souvent cité est extrait des *Leçons d'éthique* (1775-1780), Paris, Le livre de poche, 1997, p. 292 : « L'homme ne peut pas disposer de lui-même, parce qu'il n'est pas une chose. Il ne saurait donc être propriétaire de lui-même, car cela implique une contradiction. En tant qu'il est une personne en effet, l'homme est un sujet qui peut être propriétaire des choses. S'il était propriétaire de lui-même, l'homme serait lui-même une chose sur laquelle s'étendrait sa propriété. Or une personne ne peut pas être une propriété, et donc ne peut pas être une chose que l'on possède, car il est impossible d'être à la fois une personne et une chose, un propriétaire et une propriété ». Voir aussi *Métaphysique des mœurs* (1795), trad. fr. A. Renaut, Paris, GF Flammarion, 1994, « Doctrine du droit », § 17, p. 69 : « [U]n homme peut être son propre maître (*sui juris*), mais non point le propriétaire *de soi-même* (*sui dominus*) (pour pouvoir disposer de soi-même), et encore moins, cela va de soi, saurait-il l'être d'autres hommes, parce qu'il est responsable de l'humanité en sa propre personne [...] ». Il apparaît ici évident que si Kant rejette le concept de propriété de soi, c'est parce qu'il est incompatible avec le respect de l'impératif catégorique exposé dans les *Fondements de la métaphysique des mœurs* (1785), en particulier sous sa deuxième formulation : « *Agis de telle sorte que tu traites l'humanité aussi bien dans ta personne que dans la personne de tout autre toujours en même temps comme une fin, et jamais simplement comme un moyen* » (trad. fr. V. Delbos revue par A. Philonenko, Paris, Vrin, pp. 142-143). Certains auteurs libertariens contestent néanmoins cette incompatibilité, à l'instar de Robert Nozick dans

corporels de moi-même sont soustraits à la libre utilisation que je pourrais vouloir en faire. On sait d'ailleurs que les vénérables distinctions du philosophe allemand entre les personnes et les choses, entre le respect que l'on doit aux premières et l'usage que l'on peut faire des secondes, alimentent une partie des objections féministes adressées à la GPA : à l'instar d'Elizabeth Anderson, on affirme notamment que les normes du marché ne sauraient s'appliquer au travail reproductif des femmes sans *ipso facto* les dégrader[58]. Plus radicalement, Carole Pateman soutient que le langage de la propriété de soi et de son corps, solidaire de celui du contrat, est le langage du patriarcat par excellence, c'est-à-dire un instrument essentiel de la subordination juridique et sociale des femmes et en même temps de son invisibilisation. La neutralité apparente de ce langage est donc une fiction : en dépolitisant la différence sexuelle, il légitime en réalité le droit des hommes, en tant qu'hommes, à disposer librement du corps des femmes, cela aussi bien dans le mariage et la prostitution que dans la GPA. Cette pratique marquerait toutefois un saut qualitatif dans l'appropriation du corps des femmes et corrélativement dans leur aliénation. En effet, si de façon générale « le moi est inséparable du corps » qui est lui-même inévitablement genré au masculin ou au féminin, « le moi de la mère "de substitution" est en jeu en un sens encore plus profond » car elle « cède ses droits sur la capacité physiologique, émotionnelle et créatrice unique de son corps, c'est-à-dire d'elle-même en tant que femme[59]». Le concept même de GPA consisterait ainsi à imposer aux femmes une identité de genre qui leur est étrangère, celle de l'autre sexe. Comme l'écrit encore Pateman, il s'agit d'« étendre aux femmes la conception masculine de l'individu propriétaire », extérieur à sa force de travail comme à son sperme, ce qui revient à « balayer toute relation intrinsèque entre la propriétaire femme, son corps et ses capacités reproductives » et ce faisant, à ôter à la féminité tout caractère distinctif[60].

Anarchie, État et utopie (1974), Paris, PUF, 2016. Plus récemment, voir Robert S. Taylor, « A Kantian defense of self-ownership », *The Journal of Political Philosophy*, vol. 12, n°1, 2004, pp. 65-78.

[58] E. Anderson, « Is women's labor a commodity ? », *Philosophy and Public Affairs*, vol. 19, n°1, 1990, pp. 71-92 ; l'argument est repris par S. Agacinski, *Corps en miettes*, *op. cit.*, p. 70 *sq*.

[59] Carole Pateman, *Le contrat sexuel* (1988), Paris, La Découverte, 2010, respectivement pp. 285 et 296 (trad. modifiée).

[60] *Ibid.*, p. 297.

Une franche hostilité à l'égard de la propriété de soi vient ici étayer ce que Debra Satz a appelé la « thèse de l'asymétrie » entre le travail reproductif des femmes et d'autres formes de travail, comprise dans sa version essentialiste c'est-à-dire en arguant de la nature intrinsèque de ce travail[61] : la relation entre l'activité même qui est accomplie, les fonctions du corps qu'elle engage et l'identité de l'individu qui l'exerce, fait de la GPA, qu'elle soit altruiste ou commerciale, une pratique foncièrement attentatoire non pas tant au droit des femmes à l'autonomie personnelle qu'à leur humanité même dans sa spécificité ontologique. Une telle thèse invite à revoir l'idée selon laquelle un argumentaire féministe sur la GPA procéderait nécessairement du droit de disposer librement de soi au détriment du principe universel de dignité. Manifestement, ce principe peut très bien être réactivé avec une focale modifiée : celle-ci n'est alors plus dirigée sur le corps humain en général mais sur le corps des femmes saisies dans leur différence homogène et constitutive. Avec cette conséquence inévitable : la thèse de Pateman suggère que par contraste avec une GPA, une grossesse pour soi est l'actualisation la plus accomplie de cette différence, et elle jette donc une hypothèque sérieuse sur la légitimité du choix de l'avortement lui-même. Les réactions qu'elle a suscitées sont pourtant plus nuancées et constructives qu'on pourrait le penser ; sous les objections attendues se confirme le constat que pour les féministes, la conceptualisation de la libre disposition de soi et de son corps en termes de propriété n'est jamais complètement « inoffensive[62] ».

La thèse de Pateman peut ainsi servir de tremplin pour retrouver le potentiel émancipateur du langage dont elle ne dénonce en réalité que les confiscations « misogynes » et « bourgeoises ». C'est le cas chez Rosalind Pollack Petchesky : tout en marquant sa désapprobation à l'égard du « trafic commercial » des capacités reproductives des femmes, elle dégage de diverses pratiques et mobilisations féministes des significations de la propriété de soi qui ne renvoient pas à une possession exclusive mais à une résistance à l'appropriation arbitraire du

---

[61] D. Satz, « Markets in women's reproductive labor », *Philosophy and Public Affairs*, vol. 21, n°2, 1992, pp. 107-131.

[62] Je reprends ici Jim W. Harris, « Who owns my body ? », *Oxford Journal of Legal Studies*, vol. 16, n°1, 1996, pp. 55-84, 65 : « La force normative du principe du libre usage de son corps ne tire aucun bénéfice des notions de propriété de soi. La rhétorique de la propriété dans ce contexte n'est pas nécessaire, habituellement inoffensive, et au pire elle prouve toujours trop ».

corps des femmes et de ses capacités. Loin de décrire une réalité objective, le discours de la propriété de soi vient alors revendiquer les rapports et les supports sociaux nécessaires à la reconnaissance et à l'exercice de l'autonomie corporelle[63]. Anne Philipps, déjà citée, préfère en revanche écarter ce discours, même débarrassé de son sens littéral. Quoi qu'on en dise, la métaphore de la propriété de soi encouragerait « le fantasme du corps séparé de ses capacités et du moi séparé du corps », de même que du corps séparé des autres[64]. Or non seulement on n'a guère besoin d'un tel fantasme pour justifier l'acceptabilité morale de la GPA, mais celle-ci se défend au contraire d'autant mieux que l'on reconnaît notre condition essentiellement corporelle. De ce point de vue en effet, on ne saurait prétendre démarquer nettement les activités qui sollicitent l'intimité de notre corps de celles dans lesquelles son implication ne serait qu'accessoire. Par conséquent, il n'y a *a priori* pas de bonnes raisons de soumettre le travail reproductif à un traitement normatif spécial, qui ne s'appliquerait pas aussi aux autres formes de travail.

Il serait enfin difficile de ne pas mentionner, en vis-à-vis de ces deux propositions, la position « hybride » de Donna Dickenson, qui considère que la crainte contemporaine de perdre la propriété de nous-même est une crainte de la féminisation de tous les corps, c'est-à-dire de l'extension à tous les corps d'un statut d'objet historiquement « réservé » aux femmes[65]. Constatant qu'à l'ère des biotechnologies les limites du corps sont devenues floues, elle cherche à sortir de l'alternative entre, d'un côté, être un esclave, c'est-à-dire possédé par autrui, et, de l'autre, être une personne ou posséder son corps. Cette alternative serait fondée sur une interprétation erronée des prémisses lockéennes du libéralisme : dire que « chaque homme est [...] propriétaire de sa propre personne » est une chose, dire qu'il est propriétaire de son corps physique en est une autre, laquelle est d'autant moins impliquée par la première que ce corps n'est pas le produit de son

[63] R. P. Petchesky, « The body as property : a feminist re-vision », in F. D. Ginsburg et R. Rapp (eds.), *Conceiving the New World Order : The Global Politics of Reproduction*, Berkeley, University of California Press, 1995, pp. 387-406. Petchesky prend notamment l'exemple de l'engagement des Niveleuses lors de la troisième guerre civile que connut l'Angleterre du XVIIe siècle (1649-1651), qu'elle compare aux récits de femmes esclaves africaines-américaines.

[64] A. Phillips, *op. cit.*, chap. 1.

[65] D. Dickenson, *Property in the Body. Feminist Perspectives*, Cambridge, Cambridge University Press, 2007, pp. 7-8.

travail mais seulement son moyen[66]. La notion de propriété de soi ne peut alors qu'avoir le sens normatif d'une propriété de sa personne ou de son agentivité morale, signifiant que nous avons un droit inaliénable de contrôler l'usage de « nous-mêmes et [de] nos pouvoirs[67]». Elle ne fait aucunement obstacle à l'acceptabilité morale de la GPA commerciale, tout en justifiant les protections juridiques fortes de la femme porteuse évoquées plus haut.

Quel bilan tirer de cette discussion ? La notion de propriété de soi, comme la question de savoir si elle est ou non requise pour fonder le droit de disposer librement de soi-même, est âprement débattue en philosophie politique. Il pourrait sembler qu'au-delà des controverses parfois techniques qui s'y déroulent, faire le tri entre ses multiples significations ou connotations n'a pas tant d'importance pratique lorsqu'il s'agit d'appuyer un positionnement favorable à la GPA comme à l'avortement. Si, comme l'a souligné Alison Jaggar, les théories féministes se distinguent en explorant « la possibilité d'appliquer les catégories politiques existantes à des domaines de l'existence humaine qui jusque là étaient situées en dehors de la sphère du politique[68]», et qui pour cette raison même sont les plus propices à leur oppression, alors ces controverses ne sont pourtant pas indifférentes. Aussi y a-t-il un point commun aux diverses façons, négatives comme positives, dont les féministes se sont emparées de la propriété de soi pour thématiser l'autonomie des femmes en général et leur autonomie reproductive en particulier, à savoir : le souci de ne pas reconduire celles de ses significations qui, d'une part ne rendraient pas suffisamment justice au vécu des atteintes à leur intégrité corporelle, et qui d'autre part seraient trop facilement solubles dans la modélisation économique, privatisée, de la propriété. C'est pourquoi même les motivations les plus « radicales » – ou conservatrices – de l'opposition féministe à la GPA peuvent être prises en compte dans une position libérale au contraire favorable à sa légalisation, plutôt qu'être simplement tenues pour nulles et non avenues. Elles obligent en effet à tenir une ligne de crête. D'un côté, le postulat d'une identification des femmes à leur corps, et au sein de ce

---

[66] *Ibid.*, p. 38-39 ; *cf.* J. Locke, *Le second traité du gouvernement civil* (1689), Paris, PUF, 1994, § 27, p. 22.

[67] *Ibid.*, p. 41 ; Dickenson reprend cette formulation au philosophe marxiste Gerald A. Cohen, *Self-Ownership, Freedom, and Equality*, New York, Cambridge University Press, 1995, p. 210.

[68] A. Jaggar, *Feminist Politics and Human Nature*, *op. cit.*, p. 7.

corps à leur « ventre » plus encore qu'à leur sexe, ne peut que mener à une renaturalisation et à une sacralisation de leur identité de mère, qui contredit indéniablement leur autonomie reproductive. D'un autre côté, cette autonomie est mal défendue lorsque les ressources conceptuelles mobilisées à cette fin véhiculent, d'une façon ou d'une autre, l'idée voire l'idéal de leur désincarnation.

III. Reproduction et *privacy*

Déjà problématique dans le cas de l'avortement, il importe d'autant plus d'éviter cette désincarnation dans une défense de la GPA qu'elle redoublerait les dispositifs rhétoriques d'invisibilisation des femmes porteuses sur le marché international de la reproduction assistée, où leur utérus est réduit à un réceptacle sans qualité, une variable indifférente dont il s'agit seulement de contrôler l'emploi optimal pour la venue de l'enfant. On peut reprendre ici le portrait des femmes porteuses indiennes par Kalindi Vora : « [i]maginé comme un espace vide, ou un objet non utilisé séparé du fonctionnement organique du corps, le ventre-à-louer et avec lui la femme porteuse deviennent interchangeables tant dans le discours public que dans les politiques médicales et juridiques, où elle est effacée comme sujet médical au-delà de son statut de gestatrice[69]». *A fortiori* la femme porteuse est-elle effacée comme sujet parental potentiel. Le modèle étroit de filiation dont est tributaire l'organisation de la pratique internationale de la GPA exclut en effet de droit les femmes porteuses des familles qui sans elles, pourtant, n'existeraient pas. Or on sait que des États-Unis à l'Inde en passant par Israël, le deuil le plus douloureux des femmes porteuses après l'accouchement est moins celui de l'enfant porté que celui des parents d'intention[70]. Si ce deuil n'implique donc aucune revendication de « propriété » de l'enfant, pas plus qu'une présentation de soi comme sa « vraie » mère, les femmes porteuses attendent en revanche la reconnaissance du lien social que leur travail reproductif a généré, au

---

[69] K. Vora, « Re-imagining reproduction : unsettling metaphors in the history of imperial science and commercial surrogacy in India », *Somatechnics*, vol. 5, n°1, 2015, pp. 88-103, 93.

[70] Voir respectivement Zsuzsa Berend, « The romance of surrogacy », *Sociological Forum*, vol. 27, n° 4, 2012, pp. 913-936 ; Amrita Pande, *Wombs in Labor. Transnational Commercial Surrogacy in India*, New York, Columbia University Press, 2014 ; Elly Teman, *op. cit.*

sens où celui-ci ferait d'elles-mêmes, de l'enfant et des parents d'intention les membres d'un « corps collectif[71]» censé survivre à la fin de la grossesse. De ce point de vue, le paradigme philosophique standard de la propriété de soi contesté par les féministes est encore inadapté : solidaire de l'idée que les individus ne peuvent exister de façon non-pathologique que sur le mode de la « défense stratégique »[72], de la sécurisation des frontières internes et externes du corps, il conforte la construction bio-politique des femmes porteuses comme des sujets indésirables dont il faudrait écarter les menaces d'intrusion et de colonisation. Trouverait-on alors, en soutien à leur demande de reconnaissance, davantage de ressources dans un autre paradigme, celui de la *privacy*, qui fut cette fois bel et bien mobilisé par les féministes dans le cadre de la lutte pour l'avortement et qui soutient largement les défenses libérales de la GPA ? On peut raisonnablement en douter.

Yves Sintomer a exposé en détail tant les points de recoupement que les écarts du paradigme de la *privacy*, de la « vie privée » ou de l'« intimité », avec celui de la propriété de soi. Hégémonique dans le débat public états-unien et dans les jugements de la Cour Suprême qui ont légalisé l'avortement en 1973 puis confirmé sa constitutionnalité, ce paradigme problématise la libre disposition de soi en référence non plus à la liberté de posséder ou d'échanger des biens mais à la liberté de conscience religieuse[73]. Trouvant ainsi sa source philosophique chez John Stuart Mill plutôt que chez Locke, le droit à la *privacy* fait de l'avortement un « choix existentiel » qui, comme celui de fonder une famille, met en jeu l'autonomie personnelle des femmes dans l'une de ses expressions les plus intimes et fondamentales. Le cadre conceptuel de base est donc bien toujours celui de la liberté négative c'est-à-dire de la non-ingérence du gouvernement dans ce domaine, si ce n'est pour protéger le droit à la *privacy* contre les conceptions morales qui disputent la légitimité de l'avortement c'est-à-dire contre les

[71] Gillian Goslinga-Roy, « Body boundaries, fiction of the female self : an ethnographic perspective on power, feminism and the reproductive technologies », *Feminist Studies*, vol. 26, n°1, 2000, pp. 113-140.

[72] Donna Haraway, « Biopolitique des corps postmodernes : les constitutions du soi dans le discours sur le système immunitaire », in *Des singes, des cyborgs et des femmes. La réinvention de la nature* (1995), Arles, Actes Sud / Jacqueline Chambon, 2009, pp. 355-398, 369.

[73] Y. Sintomer, art. cité, p. 213 *sq*.

revendications d'un droit à la vie du fœtus[74]. Toutefois, ce cadre conceptuel est ici clairement compatible avec la défense de l'intervention de l'État dans l'économie, c'est-à-dire avec la défense de prérogatives qui relèvent de l'« État-providence » et pas seulement de l'État régalien, dans une approche que l'on peut globalement rattacher à la théorisation rawlsienne de la social-démocratie. Avec l'avènement des NTR il peut également accueillir, outre le droit de contrôler une fertilité non désirée c'est-à-dire d'éviter de mettre au monde un enfant, le droit de remédier à une infertilité non-désirée c'est-à-dire de rendre possible la mise au monde d'un enfant, et donc de choisir parmi les techniques de reproduction disponibles pour autant qu'elles ne nuisent pas aux droits de l'enfant conçu par leur moyen. Réciproquement, restreindre l'accès à ces techniques est alors considéré comme une atteinte illégitime à l'autonomie reproductive des individus[75]. Le droit à la *privacy* a été mobilisé en ce sens par le juge Harvey Sorkow en 1987, lors du procès en première instance de l'affaire *Baby M* évoquée en introduction de ce chapitre, où il déclara que la protection du droit à procréer incluait la protection du droit à procréer de façon non-coïtale, au motif que les valeurs et les intérêts en jeu dans la création d'une famille ne changent pas selon les moyens qui la rendent possible[76].

Ses insuffisances ont été amplement observées à propos de l'avortement. Pour de nombreuses féministes, d'une part sa légalisation est loin d'assurer à elle seule l'autonomie reproductive des femmes, d'autre part elle dépend de présupposés politiques qui ne permettent pas de promouvoir un développement réel de cette autonomie voire ne peuvent qu'y faire obstacle. Un exemple, encore spécifique au contexte

---

[74] Il faut souligner que cette justification du droit à l'avortement n'a pas d'équivalent en Europe (*ibid.*, p. 218). Ainsi l'article 8 de la Convention européenne des droits de l'homme, qui reconnaît que « toute personne a droit au respect de sa vie privée et familiale », n'a-t-il jamais été mobilisé par la Cour européenne des droits de l'homme pour imposer aux États signataires de la Convention la reconnaissance d'un droit des femmes à pouvoir accéder à l'avortement, qu'il soit fondé sur la demande personnelle de la femme enceinte ou motivé par des raisons médicales. Voir sur ce point Laurence Brunet, « L'accès à l'avortement et la Cour européenne des droits de l'homme, un rendez-vous sans cesse repoussé », in L. Brunet et A. Guyard-Nedelec (dir.), *« Mon corps, mes droits ! » L'avortement menacé ?*, Paris, Mare & Martin, 2019, pp. 169-193.

[75] Sur cette extension du pouvoir normatif de la *privacy* voir Onora O'Neill, *Autonomy and Trust in Bioethics*, Cambridge, Cambridge University Press, 2002, chap. 3.

[76] « In re Baby M », 217 N.J. Super. 313, 31 mars 1987 : https://law.justia.com/cases/new-jersey/appellate-division-published/1987/217-n-j-super-313-0.html.

jurisprudentiel des États-Unis mais néanmoins de portée générale, permet de soulever ces deux difficultés qui se trouveront accrues à propos de la GPA. Il s'agit de l'arrêt rendu par la Cour Suprême en 1991 dans l'affaire *Rust v. Sullivan*, qui jugea constitutionnelle la « règle du bâillon » interdisant aux médecins des hôpitaux publics, financés sur fonds fédéraux, d'évoquer le recours à un avortement devant leurs patientes enceintes. Au motif suivant : le refus de subventionner l'avortement, ici par l'intermédiaire des institutions médicales susceptibles de délivrer les informations pertinentes, n'impliquerait aucune interférence du gouvernement dans le choix d'avorter ou non mais reviendrait seulement à encourager la possibilité alternative de garder l'enfant. Pourtant, comme le souligne Nancy Ehrenreich dans son commentaire de l'arrêt, le fait de subventionner une seule issue du processus de décision – poursuivre la grossesse *versus* y mettre fin – affecte nécessairement la désidérabilité respective des deux options en faisant de l'autre issue un fardeau matériel et symbolique à l'endroit, tout spécialement, des femmes les plus défavorisées socialement[77]. Sauf à réduire l'autonomie reproductive à la liberté négative, d'après laquelle l'État ne doit pas interférer avec les choix reproductifs censés être du seul ressort de la sphère privée, le « droit de choisir » devient donc ici une formule creuse, ou un simple privilège, qui dissimule et parvient même à légitimer une politique *pro-life* et pro-nataliste : concrètement, c'est un droit de faire seulement le « bon » choix, celui de devenir mère.

Force est ainsi de constater que subsumé sous le droit formel à la *privacy*, le droit à l'avortement n'allège qu'*a minima* le poids des rôles traditionnels de genre qui façonnent les choix reproductifs des femmes. Ici cautionnés par l'inaction du gouvernement, ces rôles sont encore largement encouragés par un ensemble de pressions et d'attentes sociales qui contraignent leur maternité non moins que leur sexualité[78]. En quoi la GPA contribuerait-elle à les déstabiliser ? En invalidant le principe selon lequel la mère est celle qui accouche, elle renforce manifestement le « désordre » d'ores et déjà introduit, par l'avortement,

[77] N. Ehrenreich, « Surrogacy as resistance ? The misplaced focus on choice in the surrogacy and abortion funding contexts », *DePaul Law Review*, vol. 41, n°4, 1992, pp. 1369-1409, 1391-1393.

[78] Voir Anne-Françoise Praz, Marianne Modak et Françoise Messant, « “Produire des enfants” aujourd'hui : un défi pour l'analyse féministe », *Nouvelles Questions Féministes*, vol 30, n°1, 2011, pp. 4-10.

dans « l'ordre reproductif [79]» : la grossesse n'emporte pas la maternité même lorsqu'elle est menée à terme, et cela publiquement plutôt que sous le secret de l'accouchement sous X. C'est là un argument crucial dans la défense féministe de cette pratique : ce que la GPA confirme pour toutes les femmes, c'est l'idée chèrement conquise que la biologie n'est pas un destin, ni pour celles dont l'utérus est absent ou dysfonctionnel mais qui peuvent néanmoins réaliser un désir de maternité, ni pour celles qui mettent leur utérus au service de ce désir de maternité chez d'autres qu'elles-mêmes et qui portent ce faisant un coup définitif au mythe de l'instinct maternel. Pour reprendre une formule d'Adrienne Rich, la « condition de la femme en tant que porteuse d'enfant[80]» est interrogée d'autant plus radicalement qu'elle peut devenir mère en confiant ce « portage » à une autre femme, et réciproquement que l'enfant porté par cette dernière ne sera *a priori* pas le sien. Dans cette perspective, c'est bien une pratique émancipatrice et pas seulement « moralement neutre », en soi ni bonne ni mauvaise[81].

On dénonce, pourtant, « l'injonction à la maternité » qui serait son « noyau dur », tant pour les femmes infertiles que pour les femmes porteuses[82]. Si l'argument permet aujourd'hui d'accuser, du côté des mères d'intention, la survalorisation d'une « vision biologique de la filiation[83]», il s'en dispensait parfaitement à l'époque de la GPA

---

[79] La formule est de M.-J. Dhavernas, « Du non-usage des palliatifs médicaux de la stérilité », in MFPF (dir.), *Colloque L'ovaire-dose. Les nouvelles méthodes de procréation*, Paris, Syros-Alternatives, 1989, cité in Engeli, art. cité, p. 203. Il faut rappeler que l'invalidation de ce principe juridique (et non biologique, inscrit à même la « nature » humaine) a un précédent en la pratique de l'adoption.

[80] A. Rich, *Naître d'une femme*, *op. cit.*

[81] Voir Guillaume Durand, « Pour une conception neutre de la gestation pour autrui », *La Vie des idées*, 11 septembre 2018 : https://laviedesidees.fr/Pour-une-conception-neutre-de-la-Gestation-Pour-Autrui.html. Reconnaître cette dimension émancipatrice n'implique pas pour autant d'encourager l'engagement des femmes dans une GPA au motif qu'il s'agirait d'une action « vertueuse ». La littérature anglophone n'emploie d'ailleurs guère l'expression « GPA éthique », qui comme le souligne G. Durand suggère inopportunément que de la reconnaissance d'une liberté on pourrait passer à celle d'un devoir, fût-il surérogatoire.

[82] D. Roman, « La gestation pour autrui, un débat féministe ? », art. cité, p. 195 *sq*.

[83] *Id.* Roman accuse en réalité la survalorisation de la vision *génétique* de la filiation, qui serait supportée par la GPA complète en l'absence, encore faut-il le préciser, de recours à un don d'ovocytes. Cette réduction de la biologie à la génétique, au demeurant courante, n'est pas seulement prisonnière de la vision qu'elle dénonce, scientifiquement fautive : elle est aussi préjudiciable aux femmes porteuses puisqu'elle revient à nier tout ou partie de leur contribution.

partielle : dans la mesure où les contrats de GPA « sous-entendent que les femmes ressentent un désir irrépressible de materner même ces enfants qu'elles ne produisent pas biologiquement, [ils] *diffusent* l'idée que les femmes sont des mères instinctives plutôt qu'ils ne l'éliminent[84]». Autrement dit, ces contrats contribuent à défaire ce que le droit à l'avortement, en dissociant le sujet « femme » du sujet « mère », a ou plutôt aurait dû faire, à savoir consacrer la construction sociale de la maternité non moins que de la paternité[85], et donc sa contingence. Mais le risque que la GPA n'aggrave plutôt qu'elle n'allège la domination structurelle de genre ainsi naturalisée vaut aussi voire surtout pour les femmes porteuses, puisque comme le rappelle Stéphanie Hennette-Vauchez « historiquement, les femmes ont eu le *devoir* (et non le droit) de faire des enfants ». Dans la mesure où « par hypothèse légale » la GPA repose « sur cette idée qu'il en va là d'une fonction première des femmes », ses effets idéologiques sur la résorption de cette domination seraient donc contraires à ceux de la légalisation de l'avortement[86]. L'argument a également été avancé par la philosophe Debra Satz dans sa défense de la « thèse de l'asymétrie » entre le travail reproductif des femmes et d'autres formes de travail, mais comprise cette fois dans sa version externaliste par contraste avec la version essentialiste présentée plus haut[87]. Si la GPA doit être interdite ce n'est pas parce qu'elle porterait intrinsèquement atteinte à l'autonomie ou à la dignité des femmes porteuses, mais parce que dans le monde tel qu'il est, structuré par de profondes inégalités et hiérarchies de genre, cette pratique sociale ne peut que renforcer symboliquement et matériellement le schéma d'une division du travail historiquement défavorable aux femmes, dans lequel leur corps est assigné à une finalité, la reproduction humaine, et contrôlé à cette fin par d'autres qu'elles-mêmes.

Cette discussion montre indéniablement que la GPA est l'occasion d'une résurgence des dissensions féministes sur l'expérience et l'institution de la maternité, que la mobilisation pour l'avortement – le

[84] N. Ehrenreich, art. cité, p. 1376.

[85] Voir Nicole-Claude Mathieu, « Paternité biologique, maternité sociale... De l'avortement et de l'infanticide comme signes non reconnus du caractère culturel de la maternité » (1977), in *L'anatomie politique. Catégorisations et idéologies du sexe* (1991), Paris, Éditions iXe, 2013, pp. 59-68.

[86] S. Hennette-Vauchez, « La gestation pour autrui : comment penser une "bioéthique" de gauche », in P. Weil (dir.), *80 propositions qui ne coûtent pas 80 milliards*, Paris, Grasset, 2012, pp. 200-206, 204.

[87] D. Satz, art. cité, p. 123 *sq.*

« libre choix de la non-maternité » – avait un temps laissées à l'arrière-plan[88]. De fait cette pratique contribue, depuis plus de trente ans, à reconfigurer les théorisations conflictuelles des rapports certes légalement encadrés et socialement déterminés, mais toujours aussi subjectivement appropriés, entre corps reproducteur, corps féminin et corps maternel[89]. Dans ce contexte un élément, sur lequel Élodie Bertrand a récemment attiré l'attention, contribue certainement à expliquer l'anomalie que constitue la femme porteuse pour une grande partie des féministes, même lorsqu'elles nient franchement la normativité du biologique. D'après ce que l'on sait de leurs motivations qui, dans la pratique de la GPA commerciale, ne sont jamais purement financières, et dans la GPA altruiste, jamais purement désintéressées non plus, les femmes porteuses sont en effet la preuve que « certaines femmes désirent, seulement, être enceintes », autrement dit elles révèlent « un intérêt à la grossesse pour elle-même et non pour l'enfant », « un intérêt intéressé à être enceinte » en l'absence du désir d'être mère[90]. Ce dévoilement, celui du désir de grossesse comme « désir de puissance » immanente aux transformations physiques, psychiques et sociales impliquées dans une expérience que seules des femmes peuvent traverser, confirme l'exigence féministe d'une conception incarnée de l'autonomie personnelle ; mais il complique aussi singulièrement l'idée selon laquelle la pratique de la GPA ne ferait que « capitalise[r] sur les vertus traditionnellement féminines du sacrifice de soi et du dévouement

[88] Voir I. Engeli, art. cité, pp. 203-204. Reste que dans les faits, la légalisation de l'avortement a davantage autorisé la modulation relative du choix de la maternité dans le temps (un enfant « quand je veux ») qu'il n'a rendu légitime le refus absolu de la maternité (un enfant « si je veux ») : voir Diana T. Meyers, « The rush to motherhood : pronatalist discourse and women's autonomy », *Signs*, vol. 26, n°3, 2001, pp. 735-773. Cette option toujours socialement condamnée fait aujourd'hui l'objet de revendications de libération individuelle et/ou collective : voir Anne Gotman, « Le choix de ne pas avoir d'enfant, ultime libération ? », *Travail, genre et sociétés*, n°37, 2017, pp. 37-52.

[89] Voir notamment Francine Descarries et Christine Corbeille, « La maternité : un défi pour les féministes », *International Review of Community Development*, n°18, 1987, pp. 141-152 ; des mêmes auteures, « La maternité au cœur des débats féministes », in *Espaces et temps de la maternité*, Montréal, Éditions du Remue-Ménage, 2002, pp. 23-50 ; Coline Cardi, Lorraine Odier, Michela Villani et Anne-Sophie Vozari, « Penser les maternités d'un point de vue féministe », *Genre, sexualité & société*, n°16, 2016 : https://journals.openedition.org/gss/3917.

[90] É. Bertrand, « Don ou marchandise : les deux fictions de la GPA », in M.-X. Catto et K. Martin-Chenut (dir.), *Procréation assistée et filiation. AMP et GPA au prisme du droit, des sciences sociales et de la philosophie*, Paris, Mare & Martin, 2019, pp. 213-244, 235-237.

aux autres[91] ». Face à la situation économique et sociale dans laquelle se trouvent aujourd'hui la plupart des femmes porteuses qui s'engagent dans une GPA commerciale, dans l'absolu mais aussi relativement à celle des parents d'intention, les limites d'une telle explication sont toutefois évidentes.

C'était le second point mis en avant par Ehrenreich dans son parallèle entre le droit simplement formel à l'avortement et la GPA commerciale : la défense féministe libérale de cette pratique méconnaîtrait l'impact, sur le choix des femmes porteuses, de leurs ressources économiques limitées, et encouragerait ainsi une extension du domaine dans lequel ces faibles ressources peuvent affecter négativement leur autonomie reproductive[92]. Couplée avec la précédente sur la perpétuation de la domination de genre, l'objection est typique du troisième fil argumentatif repéré par Sintomer dans la mobilisation féministe pour l'avortement : celui du « pouvoir des femmes », pour qui il n'y a de ce point de vue pas de différence significative entre la justification du droit à l'avortement qui fait appel à la propriété de soi et celle qui convoque la *privacy*[93]. Dans les deux cas en effet, le « sujet normatif », moral et juridique, écrase le « sujet empirique », psychologique et sociologique. Autrement dit : la focalisation exclusive sur le respect des droits est aveugle aux inégalités socio-économiques qui contraignent les choix que les femmes peuvent faire, en matière reproductive non moins que dans d'autres domaines, dans la sphère privée non moins que dans la sphère publique. Cet argument a été largement déployé par les théoriciennes féministes de l'autonomie dite « relationnelle », conçue comme une alternative aux notions individualistes d'autonomie qui dominent tant les analyses les plus abstraites de la philosophie morale que ses applications plus concrètes dans le champ de l'éthique de la santé par exemple[94]. Partiellement inspirée par l'éthique du *care*, l'idée générale est simple : de même que l'autonomie se construit et se maintient à l'appui de conditions et de relations sociales positives, elle est menacée ou compromise par des conditions et des relations sociales négatives. Il en

---

[91] A. Allen, art. cité, p. 148.

[92] N. Ehrenreich, art. cité, pp. 1379-1392.

[93] Y. Sintomer, art. cité, p. 226 *sq*.

[94] Catriona Mackenzie et Nathalie Stoljar (eds.), *Relational Autonomy. Feminist Perspectives on Autonomy, Agency, and the Social Self*, New York, Oxford University Press, 2000 ; *cf.* Susan Sherwin (coord.), *The Politics of Women's Health : Exploring Agency and Autonomy*, Philadelphia, Temple University Press, 1998.

ressort une forte critique des conceptions d'après lesquelles l'autonomie des personnes se mesure à la quantité des choix dont elles disposent, notamment quant à l'usage de leur corps, de sorte que plus de choix signifierait nécessairement plus d'autonomie. L'implication est fausse pour deux raisons : d'une part elle tient toutes les options pour moralement équivalentes, et ignore ce faisant que certaines d'entre elles augmentent les possibilités d'exploitation des individus ; d'autre part elle réduit l'autonomie à l'expression des préférences subjectives, faisant ainsi fi des constructions institutionnelles et sociales des choix individuels[95]. On ne peut qu'approuver le raisonnement, mais doit-il nécessairement conduire à une condamnation de la GPA ?

IV. Reproduction et pouvoir des femmes

Soulignons d'abord à quel point critiquer la maximisation du choix *sui generis* est pertinent pour comprendre que la GPA oblige à repolitiser non seulement la maternité dans l'absolu, par contraste avec la non-maternité, mais aussi la « bonne » maternité par contraste avec la « mauvaise » maternité. L'affaire *Baby M* puis, quelques années plus tard, l'affaire *Johnson v. Calvert* furent ainsi l'occasion, pour les féministes américaines, de dénoncer tour à tour la discrimination sociale et la racisation de la maternité légitime[96]. Le prisme de l'analyse de genre est donc très tôt apparu comme insuffisant pour penser les rapports de pouvoir à l'œuvre dans la pratique de la GPA, comme il l'était déjà au moment de la lutte féministe pour l'avortement. On sait en effet que cette lutte ne constituait pas une priorité pour toutes les femmes : elle ne répondait guère aux besoins et aux aspirations de celles qui, issues des classes populaires, manquaient de revenus pour élever leurs enfants comme ceux qu'elles auraient éventuellement désiré avoir, ou dont la maternité était socialement et médicalement stigmatisée pour cause de « mauvaises mœurs ». En outre, son importance ne pouvait être que relative pour les femmes noires et de couleur qui furent privées de

[95] C. Mackenzie, art. cité, p. 82.

[96] Pour une comparaison des deux affaires sous cet aspect (entre autres), voir Valerie Hartouni, *Cultural Conceptions. On Reproductive Technologies and the Remaking of Life*, Minneapolis/Londres, University of Minnesota Press, 1997, chap. 4 et 5 ; ainsi que Heather E. Dillaway, « Mothers for others : a race, class, and gender analysis of surrogacy », *International Journal of Sociology of the Family*, vol. 34, n°2, 2008, pp. 301-326.

leurs enfants pendant l'esclavage, avant d'être la cible de stérilisations forcées dans le cadre des programmes eugénistes développés aux États-Unis dans les deux premiers tiers du XXe siècle, ou d'avortements sans consentement sous les politiques néo-malthusiennes menées dans les post-colonies françaises dans les années 1960-1980[97]. Étant donné la place majeure de l'Inde sur le marché mondial de la GPA jusqu'aux fortes restrictions intervenues en 2014 puis 2016, il est difficile de ne pas mentionner également les stérilisations en masse que connurent hommes et femmes lors du programme de planning familial mis en place de 1975 à 1977, sachant que des campagnes de stérilisation « volontaire » visant essentiellement les femmes y sont aujourd'hui encore régulièrement organisées. Comme l'ont initialement montré Anita Allen, Angela Davis puis Dorothy Roberts, il est ainsi impossible d'analyser en féministe la pratique actuelle de la GPA commerciale, domestique et transnationale, sans prendre en compte l'« archive » raciste et néo-coloniale qui distribue très inégalement le problème de l'infertilité, le bien-fondé du désir d'enfant ainsi que les ressources matérielles pour les élever[98].

Il paraît impossible, par conséquent, d'intervenir en féministe dans le débat sur la seule base du droit des femmes à disposer de leur corps, qui était et reste un fondement essentiel de leur droit à l'avortement mais qui ne peut prendre en charge à lui seul ce que l'anthropologue Shellee Colen a désigné sous le titre de « reproduction

---

[97] Voir respectivement Angela Y. Davis, *Femmes, race et classe* (1981), Paris, Éditions des femmes, 1983, chap. 12, ainsi que Rickie Solinger, *Pregnancy and Power. A History of Reproductive Rights in the United States* (2005), New York, New York University Press, 2019 ; et Françoise Vergès, *Le ventre des femmes. Capitalisme, racialisation, féminisme*, Paris, Albin Michel, 2017. Ce ne sont là que deux exemples parmi d'autres, y compris en Europe : voir Véronique Mottier, « Reproductive rights », in G. Waylen, K. Celis, J. Kantola, L. Weldon Laurel (eds.), *The Oxford Handbook of Gender and Politics*, Oxford, Oxford Press University, 2013, pp. 214-235, 218-223.

[98] A. L. Allen, « The Black surrogate mother », *Harvard Blackletter Journal*, n°8, 1991, pp. 17-31 ; A. Y. Davis, « Surrogates and outcast mothers : racism and reproductive politics in the nineties » (1994), in *The Angela Y. Davis Reader*, ed. Joy James, Malden/Oxford, Blackwell, 1998, p. 213-221 ; D. Roberts, *Killing the Black Body. Race, Reproduction, and the Meaning of Liberty*, New York, Vintage Books, 1997. Voir aussi Daisy Deomampo, *Race, Kinship, and Commercial Surrogacy in India*, New York, New York University Press, 2016 ; et Laura Harrison, *Brown Babies, White Babies. The Politics of Cross-Racial Surrogacy*, New York, New York University Press, 2016.

stratifiée[99] », à savoir les structures et relations de pouvoir qui habilitent certaines catégories de personnes plus que d'autres à avoir des enfants, et qui mettent ainsi des femmes dans la position de servir les aspirations reproductives des autres plutôt que de réaliser les leurs. À cet égard, le paradigme qui semble le plus à même d'éviter de répéter à l'endroit de la GPA les points aveugles de la mobilisation féministe pour l'avortement est aujourd'hui celui de la « justice reproductive ». Par là, il faut entendre une notion de justice centrée sur les hiérarchies reproductives entre populations marginalisées et populations privilégiées, hiérarchies qui concernent « aussi bien le droit de ne pas avoir d'enfants que le droit d'avoir des enfants, le droit d'élever des enfants dans la dignité ainsi que les moyens d'exercer ces droits » au-delà de leur institutionnalisation juridique[100]. Encore peu familier en France pour ne pas dire franchement méconnu[101], ce paradigme intersectionnel va donc bien au-delà de l'alternative pro-choix/pro-vie qui a dominé le débat sur la contraception et l'avortement et invisibilisé les injustices reproductives subies par les femmes considérées comme des mères illégitimes. Initialement porté par le *Black feminism*, il problématise d'emblée les droits reproductifs en termes de justice sociale : la question du contrôle individuel par chaque femme de ses capacités sexuelles et procréatives se trouve non seulement articulée à des enjeux reproductifs plus larges de santé et d'éducation, mais aussi pleinement rattachée aux structures collectives de l'oppression reproductive c'est-à-dire au statut social, économique et politique des femmes comme de leurs familles et de leurs communautés de vie[102].

---

[99] S. Colen, « "Like a mother to them" : stratified reproduction and West Indian childcare workers and employers in New York », in F. D. Ginsburg et R. Rapp (eds), *op. cit.*, pp. 78-121.

[100] Zakiya Luna et Kristin Luker, « Reproductive Justice », *Annual Review of Law and Social Science*, vol. 9, 2013, pp. 327-352, 343.

[101] Voir cependant L. Brunet et Alexandrine Guyard-Nedelec dans leur introduction à *« Mon corps, mes droits ! » L'avortement menacé ?*, *op. cit.*, pp. 22-23.

[102] Sur le *Black feminism*, voir Elsa Dorlin (dir.), *Black feminism. Anthologie du féminisme africain-américain, 1975-2000*, Paris, L'Harmattan, 2008, Introduction. Le concept de justice reproductive a été introduit par un groupe de femmes africaines-américaines lors de la Conférence Internationale sur la Population et le Développement qui s'est tenue au Caire en 1994, avant d'être développé dans les années suivantes par le collectif SisterSong. Pour une brève présentation voir Loretta Ross, « Understanding reproductive justice : transforming the pro-choice movement », *Off our backs*, vol. 36, n°4, 2006, pp. 14-19 ; et pour une introduction plus substantielle, L. Ross et Rickie

Parfois mobilisé pour soutenir une position abolitionniste sur la GPA[103], le cadre multidimensionnel de la justice reproductive est pourtant davantage une invitation à sortir du régime contradictoire du débat. On en trouve un exemple à l'issue de l'enquête sur les femmes porteuses indiennes menée par Sharmila Rudrappa, initialement guidée par l'alternative suivante : le développement du marché de la GPA est-il « une illustration radicale du vampire capitaliste grâce auquel les plus privilégiés obtiennent la vie en aspirant l'existence même de femmes dépossédées de tout pouvoir » ? Ou bien promeut-il « une redistribution par laquelle des couples sans enfants reçoivent des bébés dont ils prennent soin pour la vie, et les femmes porteuses des salaires qui les sortent de la précarité pour la vie ?[104] » L'alternative se révélant intenable, le paradigme de la justice reproductive permet *a contrario* de dénoncer les conditions actuelles de la pratique de la GPA, à savoir les inégalités endémiques que cette pratique exhibe, exploite et renforce tout à la fois, mais aussi d'imaginer les conditions, contre-factuelles, dans lesquelles elle pourrait se dérouler au bénéfice des femmes porteuses et pas seulement des parents d'intention, si bien que les besoins des unes et les désirs des autres cesseraient de s'opposer terme à terme sans non plus faussement s'accorder dans l'intérêt premier de l'industrie transnationale de la reproduction. Le paradigme de la justice reproductive soutient donc les nouvelles orientations épistémologiques présentées dans la première section de ce chapitre. Mais il apporte dans le même temps un correctif à l'« abstentionnisme moral[105] » que le rejet de l'évaluation normative *a priori* au profit d'analyses contextuellement

---

Solinger, *Reproductive Justice : An Introduction*, Oakland, University of California Press, 2017.

[103] Voir Greta Gaard, « Reproductive technology, or reproductive justice ? An environmental justice perspective on the rhetoric of choice », *Ethics and the Environment*, vol 15, n°2, 2010, pp. 103-129 ; Jyotsna Agnihotri Gupta, « Reproductive biocrossings : Indian egg donors and surrogates in the globalized fertility markets », *The International Journal of Feminist Approaches to Bioethics*, vol. 5, n°1, 2012, pp. 25-51 ; et Sheela Saravanan, « "Humanitarian" threshold of the fundamental feminist ideologies : evidence from surrogacy arrangements in India », *Analize*, n°6, 2016, pp. 66-88. À ma connaissance, ce dernier article fournit à ce jour la seule mention du concept de justice reproductive dans la littérature française sur (et contre) la GPA : Martine Segalen, « Pourquoi la gestation pour autrui dite "éthique" ne peut être », *Travail, genre et sociétés*, n°38, 2017, pp. 53-73, 69.

[104] S. Rudrappa, *Discounted Life. The Price of Global Surrogacy in India*, New York, New York University Press, 2015, p. 19 ; *cf.* pp. 173-175.

[105] A. Bailey, art. cité, p. 24.

situées pourrait légitimement faire craindre. Tout en restituant la puissance d'agir et de résistance des femmes les plus vulnérables en lieu et place de leur confinement dans un statut de victimes passives et impuissantes à la merci de forces extérieures, la justice reproductive s'oppose en effet résolument à la promotion d'un « féminisme du choix[106]». Au nom même des conquêtes du mouvement féministe pour le droit des femmes à disposer d'elles-mêmes, un tel féminisme renonce en effet à la critique politique des injustices en vertu desquelles leurs choix sont aussi l'expression de préférences adaptatives, celles que les individus forment pour s'ajuster aux circonstances sociales et économiques défavorables dans lesquelles ils se trouvent et aux attentes symboliques qui les confirment dans leur identité. Sans considérer que de telles préférences sont incompatibles avec la moindre autonomie et donc avec une libération des femmes par elles-mêmes en lieu et place d'une protection contre elles-mêmes, la justice reproductive entend au contraire redonner toute sa radicalité au célèbre slogan de Carol Hanisch : « le personnel est politique ». Elle porte en ce sens un projet émancipateur pour toutes les femmes, qui n'est pas en soi incompatible avec la pratique de la GPA mais qui exige une transformation profonde non seulement des dispositifs législatifs qui protègent éventuellement les droits des unes et des autres sur la base de leur mise en concurrence, mais aussi de l'organisation sociale et politique de la reproduction qui, qu'elle recoure ou non aux nouvelles technologies, requiert toujours et essentiellement d'être assistée.

Une question doit néanmoins encore être soulevée : la GPA ne pourrait-elle pas contribuer en elle-même à une telle transformation, précisément parce qu'elle porte cette assistance, habituellement contenue dans les coulisses des interventions médicales, sur le devant la scène sociale et économique ? L'hypothèse est aujourd'hui défendue par une partie des féministes qui caractérisent cette activité comme un travail reproductif, dont il a été question plusieurs fois dans ce chapitre

---

[106] Voir Linda Hirschman, « Homeward bound », *The American Prospect*, 21 novembre 2005 : https://prospect.org/article/homeward-bound-d2/ ; et *Get to Work : A Manifesto for Women of the World*, New York, Viking, 2006. L'expression dénonce initialement l'idée que puisque les femmes, en particulier les plus diplômées, ont désormais la possibilité de travailler et de faire carrière, la décision de celles qui préfèrent rester au foyer pour s'occuper de leur famille est strictement personnelle et n'a pas à faire l'objet d'un jugement moral. Sa portée a ensuite été considérablement élargie, voir par exemple Michaele L. Ferguson, « Choice feminism and the fear of politics », *Perspective Politics*, vol. 8, n°1, 2010, pp. 247-253.

mais sans que les enjeux de cette caractérisation n'aient encore été soulevés. Initialement, elle est imputable à la défense féministe libérale de la GPA commerciale : on a affaire à une activité de service comparable à bien d'autres activités exercées par les femmes sur le marché du travail, qui plus est une activité dont le paiement, dans une société capitaliste, vient reconnaître la valeur économique, et enfin une activité qui élargit indéniablement la palette restreinte des emplois auxquels les femmes les plus pauvres peuvent accéder. À l'aune de cet argument, partagé par Laurie Shrage et Martha Nussbaum à propos de la prostitution[107], l'idée que des services corporels ne devraient pas être échangés contre de l'argent mais seulement donnés est tributaire de préjugés moraux qui portent tant sur la signification qu'est censée revêtir la grossesse pour toutes les femmes que sur le caractère intrinsèquement corrupteur du marché, d'autant plus corrupteur que ces services sont majoritairement ou exclusivement exercés par des femmes[108]. L'argument selon lequel le travail reproductif qu'est la GPA devrait être rémunéré renforce ainsi les deux arguments de la libre disposition de soi et de la dénaturalisation de genre. Inversement, l'idée que seule une GPA gratuite serait moralement acceptable non seulement n'en tire pas toutes les implications mais sape en grande partie leur portée : elle oublie que c'est précisément au nom de l'altruisme que l'activité reproductive des femmes est rapatriée dans le registre de leur nature et de la nature plutôt que reconnue comme un travail potentiellement doté d'une valeur économique, et à ce titre comme un « vrai » travail.

On sait toutefois que c'est à la tradition du féminisme marxiste que l'on doit d'avoir mis au jour le rôle central du travail reproductif des femmes dans l'analyse de leur subordination. La revendication du « salaire au travail ménager » portée par les autonomistes italiennes en est issue, et face aux accusations d'économicisme dont elle a pu faire l'objet, il faut insister sur sa visée première qui était de politiser le concept même de travail, c'est-à-dire de signaler sa fonction de

---

107 L. Shrage, « Prostitution and the case for decriminalization », *Dissent*, n°43, printemps 1996, pp. 41-45 ; M. Nussbaum, « "Whether from reason or prejudice": taking money for bodily services », *Journal of Legal Studies*, vol. 27, 1998, pp. 692-724.

108 Pour un examen critique de la thèse selon laquelle la GPA est à prohiber parce qu'elle implique une marchandisation du corps des femmes, voir M. Jouan, « La critique de la marchandisation dans le débat sur la GPA : évaluation des arguments et propositions alternatives », in M.-X. Catto et K. Martin-Chenut (dir.), *Procréation assistée et filiation*, *op. cit.*, pp. 185-212.

reproduction mais aussi de transformation des rapports sociaux, y compris de genre et pas seulement de classe[109]. Ce n'est donc pas tant, dans cette tradition, l'exclusion des femmes hors du marché du travail qui est à dénoncer que l'invisibilisation du travail qui leur est d'ores et déjà assigné dans l'institution « privée » de la famille, ainsi que l'exploitation de leurs capacités productives et reproductives qui s'y déroule d'autant plus impunément que ce travail n'est pas reconnu comme tel. Danièle Kergoat a ainsi rappelé que le mouvement de libération des femmes avait moins débuté avec l'avortement qu'avec la « prise de conscience [de l'] *oppression* spécifique » ancrée dans cette invisibilisation et cette exploitation de leur travail, sublimé « au nom de la nature, de l'amour ou du devoir maternel[110]». Historiquement, les femmes n'ont en effet pas seulement eu le devoir de faire des enfants mais aussi celui de les élever et de les nourrir, de les soigner et de les éduquer, et plus largement de prendre en charge l'ensemble des besoins matériels et affectifs des membres de la famille, que l'apport de revenus gagnés en dehors de la sphère domestique ne permet pas magiquement de satisfaire. Dans cette perspective, que la lutte pour l'avortement peut et même devrait intégrer[111], il n'est pas étonnant que l'identification de

[109] Voir Alexis Cukier, « De la centralité politique du travail : les apports du féminisme matérialiste », in A. Bidet, E. Galerand, D. Kergoat (coord.), « Analyse critique et féminismes matérialistes », *Cahiers du genre*, HS n°4, 2016, pp. 151-173 ; et Claude Simonet, *Le travail gratuit : la nouvelle exploitation ?*, Paris, Textuel, 2019, chap. 1. Pour une application de cette politisation du concept de travail au cas de la GPA voir M. Jouan, « Ce qui compte comme travail : la distinction entre travail productif et travail reproductif au prisme de la circulation transnationale de la gestation pour autrui », in A. Cukier, K. Genel et D. Rolo (dir.), *Travail, psychanalyse et théorie critique*, Rennes, PUR, à paraître.

[110] D. Kergoat, « Division sexuelle du travail et rapports sociaux de sexe » (2000), in *Se battre, disent-elles...*, Paris, La Dispute, 2013, pp. 213-223, 215.

[111] On peut en effet revendiquer, avec Rosalind Petchesky, la complémentarité des deux luttes : une défense pleinement féministe de l'avortement ne saurait s'appuyer seulement sur le principe de la libre disposition de soi et du contrôle de son propre corps mais doit aussi mobiliser un « argument historique et moral ». D'après cet argument, si les décisions relatives à la procréation doivent être confiées aux femmes c'est certes parce qu'à travers la grossesse, leur corps est biologiquement engagé dans la reproduction d'une façon spécifique. Mais c'est aussi parce qu'en raison des responsabilités de soin et d'éducation des enfants qui leur échoient, elles sont les plus affectées par les conséquences de la grossesse. Les dimensions sociales et collectives de la reproduction, plutôt que biologiques et individuelles, sont alors au premier plan, et le cadre conceptuel des droits naturels s'articule à celui des « besoins socialement déterminés » par une division genrée du travail qui distribue inégalement les conditions de leur expression, de leur prise en charge et de leur satisfaction. Voir R. Petchesky,

la GPA comme un travail soit aujourd'hui revendiquée par des théoriciennes qui s'inscrivent explicitement dans la tradition du féminisme marxiste, à l'exemple de Kalindia Vora déjà citée, de Melinda Cooper et Catherine Waldby, ou plus récemment de Sophie Lewis[112].

Il ne s'agit alors pas de célébrer ou même simplement tolérer l'existence d'une pratique qui offre à certaines femmes une nouvelle façon de gagner une place ou une meilleure place sur le marché du travail. Il n'est pas davantage question de sous-estimer les rapports d'exploitation sur lesquels prospère aujourd'hui le secteur de la bioéconomie ni d'écarter la complicité implicite des parents d'intention dans le maintien du *statu quo* à l'endroit de ces rapports[113]. Reste que formulé à l'appui d'une interdiction de la GPA, cet argument de l'exploitation – des inégalités de genre, de classe et de race – n'atteint l'argument de la *privacy* formulé en faveur de cette pratique qu'à la marge et non en son cœur ou dans ses fondamentaux, à savoir la dichotomie même entre sphère privée et sphère publique et celles, qui l'accompagnent, entre famille et marché ainsi qu'entre intimité et travail, des dichotomies dont la pratique de la GPA commerciale révèle aujourd'hui, plus que toute autre, le caractère factice. En transformant les dispositions, les aptitudes et les processus constitutifs de la fertilité et de la maternité, qui s'exercent traditionnellement au sein de la famille, en ressources négociables et échangeables sur un « marché des ventres », elle réunit en effet deux types d'activité que l'on tient pour « distincts, et même mutuellement opposés, dans l'économie politique conventionnelle [114]», dont on estime généralement qu'ils sont régis par

Abortion and Women's Choice. The State, Sexuality and Reproductive Freedom (1984), Boston, Northeastern University Press, 1990, Introduction, p. 2 *sq.*

[112] K. Vora, *Life Support. Biocapital and the new history of outsourced labor*, Minneapolis, University of Minnesota Press, 2015, et « After the housewife. Surrogacy, labour and human reproduction », *Radical Philosophy*, 2.04, printemps 2019 : https://www.radicalphilosophy.com/article/after-the-housewife ; M. Cooper et C. Waldby, *Clinical labor : tissue donors and research subjects in the global bioeconomy*, Durham, Duke University Press, 2014 ; C. Waldby et M. Cooper, *Sie nennen es Leben, wir nennen es Arbeit. Globale Bioökonomie im 21. Jahrhundert*, Münster, Edition Assemblage, 2015 ; S. Lewis, *Full Surrogacy Now*, Londres, Verso, 2019.

[113] Voir M. Gaille, art. cité, p. 298 ; ainsi que, sur la responsabilité politique qui découle de cette complicité, M. Jouan, « L'acceptabilité morale de la gestation pour autrui », art. cité, p. 49.

[114] C. Waldby, « Reproductive labour arbitrage. Trading fertility across European borders », in M. Gunnarson et F. Svenaeus (eds.), *The body as gift, resource, and*

des normes et des valeurs antagonistes, et qui se distribuent selon un ordre du genre dont la naturalité paraît d'autant plus incontestable qu'il est question de reproduction biologique. Qualifier la GPA de travail ce n'est alors pas seulement assumer, à des fins d'encadrement ou de régulation juridique, son inscription effective dans les rapports économiques qui caractérisent typiquement le marché du travail salarié, que ce soit à l'échelle nationale ou à celle, largement féminisée et informelle, des « contre-géographies de la mondialisation » dépliées par Saskia Sassen[115]. C'est aussi dévoiler, face aux dispositifs genrés et racialisés de naturalisation et de stigmatisation de l'activité accomplie, les efforts physiques et psychiques qui sont investis par les femmes porteuses, dont la valeur monétaire est largement captée par l'industrie de la reproduction mais dont la valeur sociale ne leur revient pas davantage puisqu'elles n'ont aucune place assurée dans les familles et les communautés qu'elles contribuent à produire et à reproduire.

Ce dévoilement est en soi porteur d'au moins trois subversions susceptibles de nourrir une critique féministe de la société capitaliste. En premier lieu, il invite nécessairement à s'interroger sur la pertinence d'une description de la gestation pour soi, et pas seulement pour autrui, en termes de travail. Après tout, comme le demande Lewis, qu'est-ce qui distingue fondamentalement l'une de l'autre, si ce n'est que dans le second cas, les relations sociales qui sont générées sont généralement désavouées et que l'on peut produire du profit sur ce désaveu[116] ? L'idée n'est pas nouvelle, loin de là : on la trouve formulée dès les années 1980 par Mary O'Brien qui, en mobilisant une célèbre analogie de Marx, conteste la réduction du procès de la grossesse à la performance instinctive de l'abeille pour y inclure la part de conception et de création distinctive du travail de l'architecte ; elle est aussi déclinée par Paola Tabet chez qui la définition anthropologique du travail développée par Marx, par contraste avec la définition économique du travail « abstrait », permet de débouter la conception de l'activité reproductive humaine

---

commodity. Exchanging organs, tissues, and cells in the 21st century, Södertörn University, Center for Studies in Practical Knowledge, 2012, pp. 267- 295, 267.

[115] S. Sassen, « Women's burden : counter-geographies of globalization and the feminization of survival », *Journal of International Affairs*, vol. 53, n°2, 2000, pp. 503-524.

[116] S. Lewis, « Gestational labors : care politics and surrogates' struggle », in S. Hofmann et A. Moreno (eds.), *Intimate Economies. Bodies, Emotions, and Sexualities on the Global Market*, New York, Palgrave Macmillan, 2016, pp. 187-212, 205.

comme une activité naturelle[117]. Sauf à redoubler le discours des agences et des cliniques de fertilité qui cherche à déprécier la contribution des femmes porteuses, on ne peut en tout état de cause guère soutenir que « la grossesse n'engage évidemment aucun travail », cela au motif qu'il ne s'agirait pas d'un travail « au sens habituel » et que la catégorie du « faire » appliquée aux biens matériels ne s'applique donc pas plus à la gestation que celle de l'« avoir[118]». L'enjeu de reconnaissance qui est ici soulevé ne concerne toutefois pas seulement les femmes porteuses.

C'est la deuxième subversion proposée par la conceptualisation de la GPA comme travail : si celle-ci nous oblige à nous affranchir du « sens habituel » du travail c'est-à-dire à retrouver, derrière la catégorie reçue du travail productif salarié, son sens d'activité à la fois instrumentale et expressive, subjective et coopérative, source de réalisation de soi mais aussi d'aliénation, alors le refus que les femmes porteuses opposent à « la logique réductrice du capital et du travail capitaliste »[119] ne signale nulle exception. Au contraire, il aligne leur situation sur celle de bien des travailleuses et travailleurs. On pense bien sûr d'abord à celles et ceux qui se trouvent avec les femmes porteuses sur ce que Jules Falquet a appelé le *continuum* du « travail considéré comme féminin » et dévalorisé à ce titre[120] : un *continuum* qui comprend « le travail d'entretien (domestique et/ou communautaire), le travail sexuel et le travail de production-élevage des enfants », et qui englobe donc l'ensemble des activités qui relèvent du travail de reproduction sociale, compris au sens large comme celui qui permet à la vie humaine de durer comme à la force de travail de se renouveler, au quotidien et d'une génération à l'autre. Mais dans la mesure où ce refus est aussi, aujourd'hui comme hier, celui de travailleuses et travailleurs dans les secteurs les plus éloignés de la reproduction sociale, les femmes porteuses ne tendent-elles pas un miroir grossissant sur la signification et la reconnaissance de tout travail, qu'il soit reproductif ou productif ?

---

[117] M. O'Brien, *La dialectique de la reproduction* (1981), Montréal, Éditions du remue-ménage, 1987, pp. 57-58 ; P. Tabet, « Fertilité naturelle, reproduction forcée » (1985), in *op. cit.* ; *cf.* K. Marx, *Le Capital*, Livre I (1867), Paris, PUF, 1993, p. 199-200.
[118] S. Agacinski, *Corps en miettes*, *op. cit.*, p. 82.
[119] K. Vora, *Life Support*, *op. cit.*, p. 136.
[120] J. Falquet, « Repenser la co-formation des rapports sociaux de sexe, de classe et de "race" dans la mondialisation néolibérale », in E. Dorlin (dir.), *Sexe, race, classe. Pour une épistémologie de la domination*, Paris, PUF, 2009, pp. 70-90, 78-79.

L'indignation morale que suscite la GPA apparaît alors d'autant plus sélective qu'elle ne s'inscrit que trop rarement, y compris chez les féministes, dans une critique globale de l'économie politique du travail et de la distinction même entre ces deux formes de travail[121].

Enfin, une troisième subversion est bien entendu à chercher du côté du modèle familial qui est partie prenante de cette économie politique[122]. On sait déjà que le « trouble dans le genre » qu'alimente la GPA, célébré par les féministes libérales, est d'autant plus aigu qu'en permettant à des hommes d'assumer un rôle traditionnellement conçu comme exclusivement féminin, cette pratique contribue à la fois à dégenrer la parentalité, à déstabiliser la norme de la reproduction hétérosexuelle et à rendre le droit de fonder une famille plus inclusif. La GPA participe en ce sens d'une transformation de l'ordre reproductif et d'un élargissement de la justice reproductive[123]. Dans le même temps, nombreuses sont les féministes, particulièrement les féministes *queer*, à avoir souligné que la transformation n'était au mieux que partielle : les nouvelles parentés que le marché international de la GPA rend aujourd'hui possibles reproduisent largement la conception bionormative et hétéronormative de la famille nucléaire. Ce faisant, le sentiment d'appartenance à la société consolidé par la possibilité de faire famille renforce, du côté de celles et ceux qui possèdent le capital social et économique requis pour bénéficier des nouvelles opportunités reproductives, une logique de privatisation des liens de parenté et d'exclusion de celles qui fournissent le travail reproductif nécessaire pour que ces liens adviennent[124]. Là encore, la perspective offerte par le féminisme marxiste sur la reconnaissance de ce travail amène pourtant à envisager des configurations familiales élargies au-delà des connexions tant génétiques

---

[121] Voir M. Jouan et C. Clos, « Le privé est politique... et économique ! Pour une économie politique du travail de gestation pour autrui », *Nouvelles Questions Féministes*, vol. 39, n°2, oct. 2020.

[122] Voir M. Cooper, *Family Values : Between Neoliberalism and New Social Conservatism*, Cambridge (MA), MIT Press, 2017.

[123] Voir Kimberly M. Mutcherson, « Transformative reproduction », *The Journal of Gender, Race & Justice*, vol. 16, n°1, 2013, pp. 187-233.

[124] Voir Marcin Smietana, Charis Thomson et France Winddance Twine, « Making and breaking families – reading queer reproduction, stratified reproduction and reproductive justice together », *Reproductive BioMedicine & Society Online*, vol. 7, 2018, pp. 112-130. Dans ce même volume, voir aussi Laura Mamo, « Queering reproduction in transnational bio-economies », pp. 24-32 ; et Judith Stacey, « Queer reproductive justice ? », pp. 4-7.

que contractuelles. De même que le travail reproductif constitue historiquement ce que Nancy Fraser a appelé une « condition de possibilité d'arrière-fond » de l'économie capitaliste, qu'il faudrait remettre au premier plan politique pour diagnostiquer les crises qui la traversent aujourd'hui, de même les femmes porteuses pourraient-elles alors sortir de l'« antre secret » des familles qui dépendent d'elles[125].

Conclusion

Le débat féministe sur la GPA présente toutes les apparences d'un clivage irréductible entre « pour » et « contre », qui d'une part contraste fortement avec le consensus d'hier et d'aujourd'hui sur l'avortement et qui, d'autre part, n'est pas facilement soluble dans les oppositions théoriques et stratégiques entre les principaux courants du féminisme. J'ai pris le parti d'en tirer une invitation à revenir sur ce consensus, qui recouvre des problématisations conflictuelles de l'émancipation des femmes, ainsi qu'à dépasser ces oppositions, qui sont mises à mal par d'autres courants plus minoritaires, mais avant tout par les récits des femmes porteuses elles-mêmes, dans toute leur diversité. *In fine*, ce chapitre défend clairement une position favorable à la légalisation d'une GPA rémunérée, position dont j'ai essayé de montrer qu'elle était non seulement compatible avec ce qu'Yves Sintomer a appelé la thèse du « pouvoir des femmes », mais qu'elle pouvait aussi nouer l'affirmation et la revendication de ce pouvoir à la levée des oppressions de race et de classe. Je voudrais insister, en conclusion, sur le fait que cette position ne relève pas simplement d'un féminisme « pragmatique » qui prônerait, comme un moindre mal, le recours au droit afin de minimiser les torts faits aux femmes porteuses.

Certes, ce recours n'est pas non plus anecdotique : il s'agit bien de garantir aux femmes porteuses le plus de protections juridiques possibles, face aux risques avérés d'un marché dérégulé et contre la bonne conscience que nous offre leur relégation hors de nos frontières. On pourrait alors en déduire qu'il s'agit essentiellement de composer avec les inégalités et les injustices à l'œuvre, et qu'on a par conséquent

125 N. Fraser, « Derrière "l'antre secret" de Marx. Pour une conception élargie du capitalisme », *Les Temps Modernes*, n°699, 2018, pp. 2-24. Le même parallèle est proposé par Ingvill Stuvøy, « Troublesome reproduction : surrogacy under scrutiny », *Reproductive BioMedicine & Society Online*, vol. 7, 2018, pp. 33-43.

renoncé à leur disparition pour se résigner au fait accompli et à la nécessité inéluctable des choses. Ainsi compris, un féminisme pragmatique tombe sous le portrait du réaliste dressé par Simone de Beauvoir : « Le réaliste méprise l'utopiste qui méconnaît les résistances du monde, et l'idéaliste qui, par ses vains scrupules, introduit dans ce monde des résistances superflues ; il prétend, quant à lui, avoir des choses une connaissance exacte et répondre à leur appel sans hésiter sur le choix des moyens[126]». Cependant, Beauvoir ne s'en tient pas à cette opposition brutale entre le réalisme et l'utopie ou l'idéalisme, qui est aussi une opposition entre politique et morale. Elle distingue ensuite deux espèces de réalisme, dont seule la première correspond au portrait précédent : « un réalisme conservateur dont une certaine bourgeoisie se sert comme d'une arme défensive ; un réalisme révolutionnaire qui essaie, au contraire, de capter et d'utiliser avec une exacte économie les forces capables de construire l'avenir[127]». Cette distinction, élaborée dans un contexte et dans des termes qui peuvent nous sembler datés, en rencontre une autre, formulée plus récemment par Margaret Jane Radin, entre deux conceptions de la justice ou « deux façons de penser la justice[128]».

La première consiste à «penser la justice dans un monde idéal, le meilleur que nous puissions aujourd'hui concevoir » : de ce point de vue, il faut purement et simplement tenter d'éliminer les structures conceptuelles, économiques et politiques de l'oppression et de la domination, de genre comme de classe et de race. La seconde approche part au contraire de la situation présente, du monde réel et non-idéal de l'oppression et de la domination, en posant la question suivante : « là où nous trouvons maintenant, quelle est la meilleure décision ? » Cette question ne se détourne pas pour autant de l'idéal, mais elle prête une attention particulière à ce que Radin appelle le « problème de la transition » : nous devons en effet nous demander quelles sont les décisions qui seraient contre-productives au sens où elles nous empêcheraient, à l'avenir, de nous rapprocher de la justice idéale, mais aussi parce qu'elles sont susceptibles de modifier notre idéal même de justice et ainsi de nous amener à réviser nos exigences de justice à la

[126] S. de Beauvoir, « Idéalisme moral et réalisme politique » (1945), in *Idéalisme moral et réalisme politique*, Paris, Gallimard, 2017, pp. 64-65.
[127] *Ibid.*, pp. 71-72.
[128] M. J. Radin, « The pragmatist and the feminist », *Southern California Law Review*, vol. 63, 1990, pp. 1699-1726, 1700-1701.

baisse plutôt qu'à la hausse. C'est cette seconde conception que Radin qualifie de « pragmatique » et qu'elle recommande aux féministes d'adopter. Radin est elle-même opposée à la GPA, dont elle ne sauve éventuellement que la version altruiste et donc gratuite[129]. Les arguments présentés dans ce chapitre, en particulier ceux relatifs à la justice reproductive et au travail reproductif des femmes, auront peut-être permis de montrer qu'une position au contraire favorable à la GPA n'implique pas nécessairement de céder sur l'idéal : elle peut non seulement participer d'une critique radicale de la situation actuelle, mais aussi nourrir l'imagination féministe des scénarios de l'émancipation pour toutes et tous.

---

129 M. J. Radin, *Contested Commodities*, *op. cit.*, chap. 10.

La propriété de soi, concept incontournable du XXIe siècle

Gaspard Koenig

Sur le plan théorique, la question centrale de la GPA est celle de la propriété de soi. En effet, si je peux être considéré comme « propriétaire de moi-même », tous les arguments liés à l'indisponibilité du corps ou à la dignité humaine s'effondrent d'eux-mêmes. Si la propriété de soi n'est aujourd'hui reconnue par aucun système légal, elle fait l'objet d'un important débat philosophique.

Dans son *Histoire de la sexualité*, Michel Foucault analyse la morale stoïcienne comme un cheminement vers la possession de soi : la *conversio ad se*. La souveraineté de l'individu sur lui-même, au fondement de l'ordre politique moderne, s'élargit à une expérience sensible, une jouissance concrète du soi. Mais Foucault ajoute elliptiquement : « Ce rapport à soi est pensé souvent sur le modèle juridique de la possession : on est “à soi”, on est “sien” ; on ne relève que de soi-même, on est *sui juris* ; on exerce sur soi un pouvoir que rien ne limite ni ne menace ; on détient la *potestas sui*[1] ». Quel est donc ce modèle juridique ? S'agit-il d'une simple métaphore, ou y aurait-il un lien plus profond entre la propriété de soi et la propriété des biens telle qu'elle fut conçue par le droit romain ? Pour être puissant, faut-il alors être propriétaire, et de quoi ? Quel rapport à soi, aux autres et au monde pourrait justifier ce pouvoir « que rien ne limite » ? La *proprietas* doit-elle être conçue d'un côté comme l'émanation d'une morale du soi, et de l'autre comme le soubassement d'un contrat social fondé sur l'individu ?

[1] Michel Foucault, *Histoire de la sexualité*, vol. 3 « Le souci de soi » (éd. Gallimard, 1984), p. 90.

Foucault nous laisse sur notre faim. Or, ces questions revêtent une urgence nouvelle à l'heure du dataïsme et des biotechnologies[2]. Que reste-t-il du soi quand le réseau envahit notre existence et préempte nos décisions ? Est-on condamné à devenir un « dividuel » soumis au capitalisme de surveillance ? À qui appartient ce corps qui peut être sectionné, augmenté, recomposé, copié, congelé et annihilé ? Émetteur de données et de cellules, fournisseur de matière première pour l'économie numérique comme pour les biotechnologies, le soi n'a jamais été autant sollicité. Il est temps de comprendre à qui il appartient.

*

Il faut tout d'abord rappeler, face aux attaques qu'elle subit aujourd'hui, que la propriété privée en tant que telle est indispensable à l'émancipation individuelle. Étonnamment, c'est Proudhon qui en livre l'apologie la plus complète dans sa *Théorie de la propriété*, publiée à titre posthume et fort éloignée de ses foucades de jeunesse que l'histoire a hélas retenues (« la propriété, c'est le vol »). Pour le penseur anarchiste, la propriété est « la plus grande force révolutionnaire qui existe » : elle coupe le lien de dépendance vis-à-vis du pouvoir politique et permet ainsi à chacun de développer, dans la sécurité de ses quatre murs, une personnalité propre, y compris en opposition à l'esprit du temps. Posséder des biens matériels, c'est asseoir ses droits formels au sein d'une substance concrète. « Pour que le citoyen soit quelque chose dans l'État, écrit Proudhon, il ne suffit donc pas qu'il soit libre de sa personne ; il faut que sa personnalité s'appuie, comme celle de l'État, sur une portion de matière qu'il possède en toute souveraineté. » Seul le propriétaire peut véritablement résister aux injonctions venues d'une instance centrale, quelque quoi la légitimité de celle-ci. En disposant librement de ses biens, en ayant la possibilité de les vendre mais aussi de les laisser en jachère ou même de les détruire, chacun peut se laisser aller à la créativité la plus débridée ou à la paresse la plus révoltante. « Pourquoi ne serait-il pas permis à celui-ci de cultiver la ronce, le chardon et l'épine ? » demande plaisamment Proudhon. Peut-être de ces

[2] Dans *Homo Deus,* l'historien Yuval Harari conçoit l'univers comme un flux de données, « la valeur de chaque phénomène ou entité étant déterminée par sa contribution au traitement des données ».

mauvaises herbes émergera une révolution horticole. Ou peut-être pas. La nouveauté suppose la déviance ; la déviance exige l'indépendance ; l'indépendance s'appuie sur la propriété. C'est le sens profond de l'*abusus*, le troisième et le plus fascinant pilier de la définition classique de la propriété.

Cet argument théorique est vérifié par l'histoire. La propriété n'a pu émerger qu'au prix de luttes acharnées contre les pouvoirs dominants. Au début du millénaire précédent, les serfs attachés à leur glèbe livraient au Seigneur l'essentiel de leur production en échange de « services gratuits » plus ou moins réels : la protection contre la guerre ou l'usage des banalités du village (four, moulin, pressoir...)[3]. Il fallut attendre bien longtemps pour que les paysans aient le droit de transmettre leurs terres en héritage, d'en vendre librement les fruits, et enfin de les aliéner en disposant d'un titre de propriété cessible. La Révolution française mettra définitivement fin au système féodal de la tenure et généralisera le cadastre : le serf devenait un homme libre. À chaque innovation technique, de semblables débats resurgissent. Quelques siècles après l'invention de l'imprimerie, Beaumarchais prit la tête d'une fronde des écrivains pour la reconnaissance du droit d'auteur. Lors de la révolution industrielle, les innovateurs obtinrent la création d'un véritable régime de brevets. Toujours, l'individu doit batailler pour pouvoir disposer librement de ses possessions et de ses créations, qu'elles soient matérielles ou intellectuelles.

La nouvelle frontière de la propriété, après la matière et l'esprit, ne serait-ce pas le soi lui-même ?

*

On pourrait pourtant croire que la question est réglée depuis longtemps. En France, il est tellement admis que « mon corps m'appartient » qu'une ministre de la Santé a pu se tatouer cette phrase sur l'avant-bras sans choquer personne[4]. Certes, les pays théocratiques peinent encore à admettre cette idée. En Tunisie, la jeune féministe

---

[3] cf. en particulier George Duby, *L'économie rurale et la vie des campagnes dans l'Occident médiéval.*

[4] Marisol Touraine, en octobre 2015, à l'occasion des quarante ans de la loi Veil.

Amina Sboui (ex-Femen) a subi les pires tourments, y compris juridiques, après avoir peint « mon corps m'appartient » sur son torse nu et posté la photo sur les réseaux sociaux. « J'ai imaginé cette phrase, explique-t-elle dans son livre témoignage[5], en réponse à ceux qui critiquaient mon action, mais plus généralement aux musulmans intégristes qui pensent et clament que le corps t'a été donné par Dieu et que tu dois le lui rendre comme il te l'a donné, propre, pur. » S'appartenir, c'est ne pas appartenir aux autres – ni à sa famille, ni à son pays, ni à sa religion. Dans l'Occident sécularisé, une telle formule semble devenue presque banale.

Pourtant, il reste de nombreux domaines où mon corps ne m'appartient pas, y compris dans nos pays de tradition libérale. Il existe des restrictions légales à l'usus, au fructus et à l'abusus. En voici quelques exemples.

Commençons par l'usus. Depuis une décision célèbre du Conseil d'État confirmant l'interdiction du lancer de nains[6], je n'ai pas le droit d'attenter à ma propre dignité, telle que définie par le juge. Je n'ai pas non plus le droit de définir librement mon genre, le changement de sexe étant toujours soumis à une décision du Tribunal de Grande Instance. Et je ne peux pas nommer librement mon corps, en changeant de nom de famille par exemple. Pour quelle mystérieuse raison est-on toujours tenu de respecter l'état civil et donc la contrainte de la filiation ?

Le fructus est encore plus délicat. Même si certaines parties du corps, comme les cheveux ou le sang, peuvent être objets de commerce aux États-Unis, la majorité des pays développés interdisent la Grossesse Pour Autrui (GPA). Par ailleurs, la prostitution est de plus en plus pénalisée sous la pression de l'idéal abolitionniste. Quant à la vente des organes, elle est partout illégale, ainsi que celle de la peau. On ne peut donc vendre un tatouage, même à sa mort : le contrat signé entre un Suisse au dos tatoué par Wim Delvoye et un collectionneur allemand a de grandes chances d'être caduc. On ne peut s'empêcher de penser au film de Denis de la Patellière, *Le Tatoué*, où Jean Gabin porte sur le dos un tatouage de Modigliani que Louis de Funès s'acharne à acheter. « Me prendriez-vous pour un saucisson ou un pied de porc, Monsieur l'épicier ? » tonne Gabin.

[5] Amina Sboui, *Mon corps m'appartient*, Plon, 2014.
[6] *Morsang-sur-Orge*, 1995.

Mais on peut s'étonner que le droit interdise ce que la morale réprouve, dans la mesure où personne ne serait lésé par une telle transaction.

Plus étonnante encore est la situation de l'abusus. Le suicide fut longtemps illégal, car l'Église ne pouvait tolérer que l'homme modifie les plans de Dieu (même si son châtiment est bien sûr délicat : à Toulouse en 1742, le cadavre d'un galérien trouvé pendu fut éventré en public...). Si les modernes admettent, au nom de la liberté individuelle, que l'on puisse terminer ses propres jours[7], le suicide reste encore hypocritement confiné à une exécution cachée et honteuse. On ne peut se faire aider contractuellement : l'euthanasie reste largement interdite. En 2001, l'Allemand Bernd Brandes avait posté une annonce sur internet demandant à être mangé. Son vœu fut exaucé, mais l'heureux anthropophage fut condamné à la réclusion à perpétuité pour homicide volontaire. Pour quelle raison ? Pourquoi aurait-on le droit de se tirer une balle dans la tête, mais pas d'être mangé ?

Pire encore, le cadavre lui-même ne peut être « abusé ». Ainsi en France, la cryogénisation, l'immersion en mer, l'insémination post mortem ou l'embaumement sont interdits, quand bien même ces pratiques ne font porter aucun risque à la salubrité ou la santé publique. Le pauvre docteur Martinot en fut une célèbre victime posthume : congelé à sa demande par son fils, le Conseil d'État (encore lui !) le condamna en 2006 à être incinéré au nom d'une définition bien subjective de l'ordre public.

Toutes ces restrictions peuvent paraître anecdotiques. Si je n'ai pas envie de vendre mon rein, de me faire manger ou d'embaumer mon cadavre, en quoi me concernent-elles ? C'est qu'elles traduisent un principe fondamental : en droit, le corps n'est pas patrimonial. L'article 16-5 du Code civil français est limpide à ce sujet : « Les conventions ayant pour effet de conférer une valeur patrimoniale au corps humain, à ses éléments ou à ses produits sont nulles. » La

---

[7] Dans un court essai, David Hume se fit l'avocat du suicide au nom d'une conception empiriste des lois naturelles, qui ne correspondent à nulle Providence : « Human life depends upon the general laws of matter and motion, and that 'tis no encroachment on the office of providence to disturb or alter these general laws. Has not every one, of consequence, the free disposal of his own life ? » Le Code pénal de 1810 supprima le suicide en tant qu'homicide volontaire.

personne est indisponible, et par conséquent le corps qui la supporte n'est pas aliénable.

Aucun pays au monde n'a osé contester ce principe. Même les États-Unis, traditionnellement attachés au libre choix individuel, ont reculé devant ce sacrilège. C'est la fameuse affaire John Moore, tranchée par la Cour Suprême de Californie en 1990[8]. John Moore était un patient atteint de leucémie. Son chirurgien remarqua que ses cellules sanguines surproduisaient de la lymphokine, une protéine stimulant les globules blancs. Il en préleva sur son patient et en fit une lignée cellulaire, surnommée Mo, qu'il breveta et revendit pour plusieurs centaines de milliers de dollars à un laboratoire pharmaceutique. Ayant survécu, John Moore apprit l'histoire et engagea une « action for conversion », accusant le chirurgien de s'être emparé de son bien sans autorisation. Il fallait donc caractériser sa cellule comme un bien matériel dont il était propriétaire. Les premiers jugements lui furent favorables : si la propriété se définit par le pouvoir d'exclure, alors de quoi suis-je davantage propriétaire que de mon propre corps, auquel je dois pouvoir refuser l'accès ? Mais la Cour Suprême emprunta une autre voie, attachant la propriété à la non-reproductibilité. Ses arguments furent multiples : d'une part, les lymphokines ne sont pas à l'image de Moore (leur code génétique est partagé par toute l'humanité) ; d'autre part et de manière plus pragmatique, un tel précédent découragerait les recherches en privant les médecins d'incitation économique (la lignée cellulaire étant paradoxalement couverte par le droit de la propriété intellectuelle !) ; mais surtout et plus fondamentalement, selon l'avis de Justice Arabian, la propriété du corps entraînerait une confusion entre le sacré et le profane. L'humain ne peut devenir une « commodité ». C'est un sujet métaphysique sur lequel le juge ne saurait s'exprimer.

L'arrêt John Moore pose bien les grandes questions de la patrimonialité du soi : quelle est la limite de la personne ? Pourquoi d'autres pourraient tirer profit d'une matière première qui n'est pas en tant que telle monétisable ? Peut-on restreindre le champ du marché au nom de valeurs transcendantes, comme le revendique le philosophe américain Michael Sandel ?

---

[8] *Moore v. Regents of the University of California*, 1990.

Justice Arabian met en lumière le caractère central du principe de non-patrimonialité dans notre vision du monde. Pourquoi ? D'où vient-il ?

*

Les grands monothéismes s'accordent au moins sur un point : le corps appartient à Dieu, qui peut le détruire mais aussi le ressusciter. Il faut tout l'humour baroque d'un Agrippa d'Aubigné pour imaginer concrètement la recomposition des corps dans un célèbre passage des *Tragiques* : « Les corps par les tyrans autrefois déchirés / Se sont en un moment en leurs corps asserrés / Bien qu'un bras ait vogué par la mer écumeuse / De l'Afrique brûlée en Tylé froiduleuse. » Qui peut maîtriser un processus aussi complexe, sinon un Dieu omnipotent ?

Le texte doctrinal qui me semble le plus explicite à ce sujet est la première *Épître aux Corinthiens* de Saint-Paul. Au chapitre six, Paul entreprend de justifier l'interdit de la prostitution. « Le corps n'est pas pour l'impudicité » car « il est pour le Seigneur, et le Seigneur pour le corps ». C'est donc parce que le Christ est en moi, parce que mon corps contient les membres du Christ, que je ne peux le mêler avec celui, impur, d'une prostituée. La prostitution n'est donc pas condamnée pour des raisons morales mais patrimoniales : je ne peux utiliser à ma guise ce qui ne m'appartient pas... Paul est explicite : « Ne savez-vous pas que votre corps est le temple du Saint-Esprit qui est en vous, que vous avez reçu de Dieu, et que *vous n'êtes plus à vous-mêmes* ? » Pourquoi « plus » ? A-t-on été un jour à soi-même, avant de recevoir Dieu en soi ? Il semble bien que oui. « Car vous avez été rachetés à prix. Glorifiez donc Dieu dans votre corps », conclut Paul. Comme si donc notre corps nous appartenait avant le péché originel, avant de consommer le fruit de la connaissance, avant d'exiger le sacrifice de Jésus pour nos fautes ! Si nous avons été « rachetés à prix », n'est-ce pas que, dans le marché pur et parfait du jardin d'Eden, notre corps était objet de commerce ? Voilà qui mériterait de plus amples investigations théologiques. Mais ce qu'il faut retenir pour le moment du texte de Paul, c'est la brutale expropriation de notre corps par Jésus qui vient s'y loger.

Cette conception est loin d'être obsolète. Elle ressurgit régulièrement dans la doctrine catholique. C'est en son nom que le Pape Pie XII, dans une allocution au Congrès international des médecins à Rome en 1954, avait condamné l'expérimentation sur des êtres humains vivants volontaires (y compris médecins ou infirmiers). Si la question était seulement celle du sacrifice, du don de soi au service d'autrui, une telle pratique serait tolérée et même encouragée par l'Église. Mais, précise Pie XII, « il ne s'agit pas d'engagement personnel. Dans cette démarche, il s'agit en fin de compte de disposer d'un bien non personnel, sans en avoir le droit. L'homme n'est que l'usufruitier, non le possesseur indépendant et le propriétaire de son corps, de sa vie et de tout ce que le Créateur lui a donné pour qu'il en use, et cela conformément aux fins de la nature. » De même qu'on ne peut forcer le Christ à s'unir à une prostituée, on ne saurait en faire un cobaye. Nous ne sommes que les locataires de nous-mêmes, et il faudra rendre ce corps en bonne condition lors de l'état des lieux, au Jugement dernier.

Pour contrôler les âmes, la religion a donc besoin de s'emparer des corps. On comprend mieux la réaction de Justice Arabian. Reprendre la propriété du corps, ce serait ébranler une tradition intellectuelle millénaire.

Je vais à présent me permettre un raccourci un peu périlleux. Je propose d'admettre avec Nietzsche que Dieu est mort, ou qu'à tout le moins il a renoncé à gérer notre vie en société. À qui revient désormais la propriété du corps ? Sans doute à la créature humaine ? Nullement. L'indisponibilité du sujet se traduit par la fiction d'une « maîtrise sans possession ». On est censé disposer de soi sans pour autant s'appartenir. Au nom de quoi se fait cette restriction ? Au nom de la dignité humaine, devenue une composante de l'ordre public dans l'arrêt déjà cité de *Morsang-sur-Orge*. Pourquoi ne pourrait-on consentir à sa propre dégradation ? Parce que l'État a le pouvoir et le devoir de protéger l'individu contre lui-même, au sens physique mais aussi moral[9]. Comment le juge définit-il la dignité ? Entre les lignes de l'arrêt, on comprend qu'elle consiste à ne pas devenir « un objet entre les mains des autres », comme le nain qui se fait lancer. Devenir un objet, c'est prendre le risque de s'approprier ou d'être approprié : le nain qui abandonne contractuellement un certain usage de son corps. C'est donc bien sur le fondement de la non-patrimonialité que le juge s'est

[9] Ce n'est pas un hasard si *Morsang-sur-Orge* se réfère à *Bouvet de la Maisonneuve*, qui établit ce principe à l'occasion d'un jugement sur l'obligation de porter une ceinture de sécurité.

prononcé. La dignité humaine, c'est le sacré sans Dieu. Le Conseil d'État est l'héritier de Paul. Les juges ont remplacé les saints pour définir la conception de la vie bonne et l'imposer à tous.

L'absence de patrimonialité de soi nous empêche de déterminer pour nous-mêmes nos propres valeurs. C'est un reliquat théologique dans notre droit et notre organisation sociale.

*

Je propose à l'inverse, au moins comme exercice de pensée, de faire l'hypothèse de la propriété de soi. Si l'on assume la logique de la modernité, de l'autonomie, du matérialisme philosophique, il faut affirmer que l'on se possède soi-même, car la chair n'est pas sacrée. Bien sûr, ce que l'on possède, on peut l'échanger, le louer, le vendre, le « marchandiser ». Mais ce n'est pas le but premier. La propriété permet d'entrer dans le marché... comme de le refuser. Elle donne la maîtrise pleine et entière, ainsi que l'avait bien perçu Proudhon. L'usus permettrait aux nains d'être lancés ; le fructus permettrait à John Moore de récupérer son dû ; l'abusus permettrait au docteur Martinot d'être cryogénisé.

Avant d'entrer plus avant dans les enjeux philosophiques, je remarque que ce sujet fait l'objet d'une attention grandissante. Les progrès de la médecine et de la technologie posent de manière urgente la question de savoir à qui appartiennent les cellules ou les data. Le droit européen évolue : sang et plasma humains ont été désignés comme « matières premières » en 1989, et donc soumis aux règles de la concurrence. De manière encore plus spectaculaire, l'arrêt Yearwork au Royaume-Uni, en 2009, a établi la propriété d'hommes traités pour un cancer sur leur propre sperme, mis à congeler et accidentellement détruit par un dysfonctionnement du système réfrigéré du Bristol Hospital. Le juge concluait que « les développements de la médecine impliquent aujourd'hui une réévaluation du traitement de la question de la propriété du corps humain en common law. » Récemment, Muireann Quigley, médecin et juriste, a publié une somme importante à Cambridge

University Press[10] défendant la propriété du corps comme le meilleur moyen de contrôle dans un marché en pleine expansion. On ne peut plus ignorer la question.

Le principe de la propriété de soi a de profondes racines historiques. Il est souvent attribué à John Locke, auteur de cette phrase révolutionnaire dans son *Second traité du gouvernement civil*, en pleine Glorieuse Révolution britannique : *« every individual man has a property in his own person; this is something that nobody else has any right to. »* Remarquons d'abord que la propriété est immédiatement assimilée au pouvoir d'exclure et non à l'unicité du bien. Locke avait débuté ce chapitre essentiel sur la propriété en réfutant à mots à peine couverts l'idée que nous soyons la propriété de Dieu : le refus de la transcendance s'accompagne d'une réappropriation de l'individu par lui-même, poussant à son terme la logique de la modernité. Notons enfin que Locke était médecin autant que philosophe, et que les événements du corps revêtaient pour lui une importance considérable : comme empiriste, il attribuait la formation des idées à la sensibilité ; comme pédagogue, il était intransigeant sur la discipline corporelle. Locke inaugure une nouvelle ère, affranchie des règles divines comme du dualisme entre le corps et l'esprit. Il cherche à penser, à travers la propriété de soi, l'autonomie de l'homme dans un monde immanent.

Plus essentielle encore, cette propriété première de l'homme par lui-même fonde la propriété des objets. C'est en « mixant » mon travail, donc mon corps, à la nature que je peux légitimement me l'approprier. Quand devient-on propriétaire du fruit que l'on mange en chemin ? Quand on le voit ? Quand on le cueille ? Quand on le digère ? Quand on le cueille, répond Locke, c'est-à-dire quand on effectue un travail. Il est fascinant de constater combien le raisonnement de Locke reflète celui de Saint Paul, mais en partant d'une prémisse opposée : mon corps diffuse dans son environnement l'empreinte de son propriétaire (Dieu dans le cas de la prostituée, moi-même dans celui de la création de valeur lockéenne). Qu'elle soit rejetée ou assumée, la propriété de soi crée la notion même d'appropriation et donc la possibilité de l'acquisition légitime.

Ce lien entre « self-ownership » et « ownership » est renouvelé aujourd'hui dans certaines doctrines juridiques. Ainsi Meir Dan-Cohen,

---

[10] Muireann Quigley, *Self Ownership, Property Rights, and the Human Body*, Cambridge University Press, 2018

professeur de droit à Berkeley, interprète-t-il la notion de soi à l'intersection entre ce que je suis et ce que je possède[11]. Le Je dépasse le corps, il s'incarne dans l'environnement que je m'approprie. Le patrimoine, conçu en un sens à la fois juridique et psychologique, recoupe l'identité : il implique durée, continuité et exclusivité. Dan-Cohen cite à l'appui de sa thèse des expressions courantes, comme « j'ai eu un accident de voiture » : n'est-ce pas plutôt la voiture qui a eu un accident ? J'en fais cependant à cette occasion une prolongation de moi-même, comme pour « mes vêtements » ou « mes idées ». L'expression française « chez moi » est encore plus troublante. Elle me paraît intraduisible (dit-on « I am with myself » ou « Ich bin bei mir » ?). Chez moi, c'est en moi-même et aussi entre les quatre murs de ma maison. À l'inverse, on ne supporte pas l'atteinte à sa propriété comme on rejette une incision dans son organisme : « no trespassing ». Dan-Cohen cite les travaux de la phénoménologie, et en effet il faudrait relire Merleau-Ponty à cette aune, pour comprendre comment le moi se constitue dans le monde en s'y projetant. On pourrait aussi emprunter des concepts de l'anthropologie pour analyser le « hau », l'âme qui reste dans nos possessions et que l'on transmet lorsqu'elles changent de mains[12]. Ou des notions de psychanalyse, comme cet « objet transitionnel » primordial pour le développement de la conscience chez l'enfant[13]. Mais il suffit de penser combien nous éprouvons de peine à nous séparer d'objets qui sont, selon l'expression courante, « une partie de nous-mêmes », ou combien, à l'inverse, nous valorisons ceux appartenant à des personnes chères, depuis le mouchoir de Desdémone jusqu'aux souvenirs amoureux chantés par Barbara[14]. L'être et l'avoir sont indissociablement mêlés. On ne possède des choses que pour autant que l'on se possède soi-même.

Ce caractère ontologiquement premier de la propriété de soi a l'avantage de faciliter le rapport du soi et du corps d'une manière qui gomme un certain nombre d'archaïsmes métaphysiques. En effet, la théorie de l'indisponibilité du sujet implique inéluctablement une forme de dualisme. Le corps est hors commerce parce qu'il « incarne » un sujet ; « substratum » de la personne, il est « porteur » de droits, comme

---

[11] cf. Meir Dan-Cohen, *Harmful Thoughts*, chap 9 « The Value Of Ownership ».

[12] cf. Marcel Mauss mais surtout son commentaire par Marshall D. Sahlins in *Stone Age Economics.*

[13] cf.. Donald Winnicott, *Playing and Reality.*

[14] cf. la chanson *Drouot* : « ce que vous vendez là, c'est mon passé à moi ».

si une âme mystérieuse et singulière imprégnait chacune de nos cellules. Dans cette perspective, le corps est à la fois sacralisé et réifié, intouchable parce que soumis aux diktats de l'esprit. Or, le soi et la conscience de soi se constituent de manière dynamique, dans une interaction continuelle avec le monde extérieur – c'est d'ailleurs toute la théorie lockéenne, sur le plan de la connaissance, des idées acquises (et non innées). La propriété de soi se refuse à séparer un possédant d'un possédé : on *se* possède de manière réflexive. C'est dans l'immanence et l'ambiguïté de ce rapport de soi à soi que se crée le droit. La propriété de soi fonde la propriété du corps, qui justifie à son tour la propriété des biens, selon un continuum phénoménologique.

*

Tâchons à présent d'imaginer l'incidence de la propriété de soi sur l'agencement du contrat social. Un tel concept aurait l'avantage insigne de répondre à l'effondrement du jusnaturalisme. Qui peut encore croire, comme l'affirme notre Déclaration des Droits de l'Homme, que les hommes sont « nés » libres et égaux en droits, ou comme le prétend le Déclaration d'Indépendance américaine que ces droits sont « self-evident » ? Homo Sapiens est-il l'élu de Dieu ? Son essence est-elle inscrite à l'encre sympathique dans son ADN ? L'historien Yuval Harari a osé dire que le roi était nu. Les découvertes de la biologie comme des neurosciences remettent en cause les fondements de notre droit, qui repose encore sur un ordre naturel empreint de téléologie où l'Homme aurait une place à part.

En revanche, la propriété de soi permet de penser le droit sous une forme radicalement immanente (et, on le verra, non exclusive à l'espèce humaine). Elle est en ce sens le meilleur fondement de l'égalité juridique, car elle donne d'emblée, avant même la constitution d'une société politique, une autonomie à chacun. Elle pose les prémisses des droits individuels : mon droit à disposer de mon poing s'arrête là où commence votre droit à disposer de votre nez. Sans surprise, la propriété de soi est liée à l'égalité dès la naissance du concept. Quelques décennies avant Locke, Richard Overton fut en effet le premier à concevoir une « self propriety ». Overton était la figure de proue des « Levellers », un mouvement égalitariste né en opposition à Cromwell.

Il posa dans son livre *An Arrow* les fondements du contractualisme : si je m'appartiens moi-même, alors autrui s'appartient lui-même ; de ce fait, les relations entre moi et autrui ne peuvent s'établir que sur la base du contrat, sous la forme d'un transfert de propriété. Je ne m'ouvre moi-même, je n'interagis avec les autres que sur le fondement d'un échange de droits de propriété. Volonté et consentement deviennent les formes appropriées des relations interpersonnelles. Le contrat social se résume donc, dans ce cadre, à la capacité de garantir ces échanges patrimoniaux. Overton plaide logiquement pour un gouvernement constitutionnel, restreint dans ses prérogatives dans la mesure même où les citoyens tirent leurs droits d'eux-mêmes et non d'une quelconque volonté générale. La propriété de soi ouvre la voie à une régulation par le droit, minorant le rôle de la délibération politique.

La conception d'Overton ouvrit la voie à deux traditions intellectuelles. D'un côté, la droite capitaliste a pu justifier les inégalités patrimoniales par cette propriété originaire, qui rend l'individu responsable de la rentabilité du capital qu'il est pour lui-même. Un tel raisonnement est assumé par Adolphe Thiers en pleine révolution industrielle[15]. Il se poursuit dans le néolibéralisme, dont l'idéal consiste à faire de chacun « l'entreprise de lui-même », abolissant ainsi la distinction entre travail et capital[16]. Il s'épanouit enfin dans la doctrine libertarienne, qui pose explicitement la self-ownership comme une prémisse de toute réflexion systémique[17], non sans prendre le risque de retomber dans les apories du droit naturel.

Mais le même concept s'est aussi frayé un chemin à gauche. On retrouve la propriété de soi de manière implicite chez Proudhon et explicite chez un marxiste comme Gerald Cohen[18], en passant par les théories des « libertariens de gauche » comme Peter Vallentyne. Tous pensent la self-ownership en l'articulant avec une forme de propriété collective[19]. Dans cette perspective, l'appropriation individuelle des

---

[15] Adolphe Thiers, dans son ouvrage *De la propriété* (1848), insiste sur le fait que « la première de mes propriétés, c'est moi, moi-même ». Ce fondement théorique lui permet de poser le travail comme seul moteur légitime de la production de valeur.

[16] C'est l'analyse que Michel Foucault fera du néolibéralisme de Gary Becker dans sa leçon au Collège de France du 14 mars 1979 (in *Naissance de la biopolitique*).

[17] Murray Rothbard a contribué à réhabiliter le passage de Locke sur la propriété de soi dans son *Ethics of Liberty*.

[18] cf. G.A. Cohen, *Self-Ownership, Freedom and Equality*.

[19] cf. Peter Vallentyne and Hillel Steiner, *The Origins of Left-Libertarianism*, 2000.

ressources est légitime à condition de dédommager les autres « co-propriétaires » de notre environnement commun[20] : d'où la référence fréquente au revenu universel, qui a par ailleurs la vertu de fonder la self-ownership de manière matérielle. Pour être libre, encore faut-il avoir les moyens de générer une propriété. On ne se possède pas pleinement... si on ne possède rien d'autre. D'où une exigence de redistribution égalitaire.

Il n'est pas question ici de trancher entre ces deux écoles, même si je me reconnais davantage dans la seconde. Je voudrais simplement exposer la diversité des doctrines politiques fondées sur la propriété de soi, tout en soulignant leur fondement commun, celui d'un individualisme égalitaire.

*

L'objection spontanée à la propriété de soi est celle de la vente de soi. Si je m'appartiens, je pourrais donc me vendre, en esclave par exemple ? Jusqu'où peut-on aller à l'encontre des normes morales ?

Il faut d'abord rappeler que, historiquement, la propriété de soi a été invoquée *contre* l'esclavage par les mouvements abolitionnistes. Aristote avait bien vu que l'esclave ne s'appartient pas lui-même[21]. Mais si chacun s'appartient à lui-même, et si cette loi s'applique à tous les êtres humains, alors par quel absurde paralogisme pourrait-on appartenir à un tiers ? Le prêtre congrégationniste Edward Tyler, figure de l'American Anti-Slavery Society, érigeait ainsi la self-ownership en un droit universel, fondement de tous les autres, par-delà les races et les relations économiques[22]. Ne parle-t-on dans toutes les langues du monde de « mes membres, mon corps, mon esprit » ? N'est-ce pas suffisant

[20] Ce qui pose des questions assez acrobatiques sur la distinction entre le soi et le monde : si par exemple on pense avec Hillel Steiner que notre patrimoine génétique est une ressource naturelle... alors il faudrait soumettre à l'impôt la part « innée » de nos talents !

[21] cf. La *Politique* d'Aristote : « celui qui, par une loi de nature, ne s'appartient pas à lui-même, mais qui, tout en étant homme, appartient à un autre, celui-là est naturellement esclave »

[22] cf. Edward Tyler, *Slaveholding Malum In Se* : « Self-ownership is an original endowment of every human being—the nucleus around which his other rights gather—the circumference within which they all lie. »

pour en interdire l'usage à tout autre être humain ? La propriété de soi est considérée comme inaliénable, et donc le propriétaire d'esclaves comme un voleur qui ne saurait être compensé[23].

Ce qui nous amène à une précision théorique fondamentale : pour disposer de soi, il faut être libre de le faire. Autrement dit, personne ne peut vendre le pouvoir de se vendre. La propriété de soi doit rester elle-même inaliénable pour que le corps et ses parties puissent devenir objets de contrat. C'est la logique de J.S. Mill lorsqu'il rejetait le contrat d'esclavage : comment pourrait-on consentir à l'abdication de notre capacité à consentir ? C'est aussi celle du juriste américain Peter Halewood lorsqu'il corrèle très habilement l'inaliénabilité de la self-ownership avec la commodification du soi[24]. Pour n'être l'esclave de personne, pour s'appartenir en fait et en droit, il faut se traiter soi-même comme une chose. Et qui dit chose, dit prix et marché. La propriété n'oblige pas au fructus, mais en ouvre la possibilité. D'où les débats légitimes à mes yeux sur le marché des organes[25], le prix de la vie (tel que défini au niveau fédéral aux États-Unis)[26], ou même les contrats des footballeurs qui permettaient d'investir dans un joueur en prenant des « parts »... sur son avenir. Ma dignité, c'est de pouvoir la définir moi-même, y compris sous des formes qui peuvent paraître repoussantes, mais que personne n'est obligé de suivre. Comme le résume le juriste Bernard Edelman : « Tout se passe comme si la meilleure façon d'être une personne serait d'accepter le statut de chose[27] ».

On comprend qu'une telle formule puisse choquer d'un point de vue moral. Le scrupuleux Emmanuel Kant ne s'y est pas trompé, puisqu'il écrit au début de son opuscule sur la *Religion dans les limites de la simple raison* : « Un membre du Parlement anglais proféra dans la chaleur des débats cette assertion : "tout homme a son prix pour lequel il se livre". Si cela est vrai... il se pourrait que ces paroles de l'apôtre soient vraies de l'homme de manière générale : il n'est ici aucune

---

[23] Ce qui s'opposait à l'époque au « gradualisme » d'un Abraham Lincoln.

[24] Peter Halewood, « On Commodification and Self-Ownership », 2013.

25 cf. Gary Becker, « Introducing Incentives in the Market for Live and Cadaveric Organ Donations », Journal of Economic Perspectives, summer 2007. Becker estime le prix d'équilibre d'un rein aux États-Unis à 15,200 $ et conclut de manière utilitariste à l'amélioration du bien-être global de la population.

[26] cf. François-Xavier Albouy, *Le prix d'un homme*, 2016.

[27] Bernard Edelman, *Ni chose ni personne*, un essai juridique très complet sur la question de la propriété de soi (et notamment de son propre cadavre).

différence, tous sont pécheurs également ». Autrement dit, s'il est vrai que « every man has his price » selon la formule de Robert Walpole, Premier ministre de George Ier puis de George II, alors le bien et le mal se confondent et tout l'édifice kantien se lézarde. Penseur du sujet comme fin en soi, Kant considère la possibilité du prix comme le début d'une réification contraire à l'universalité de la loi morale[28]. Mais n'oublions pas les conséquences terribles de cette morale de l'intentionnalité. Parce que le sujet ne peut être un objet, parce qu'aucun compromis n'est possible, aucune corruption tolérée, Kant justifie la délation par l'interdit du mensonge. *Fiat justitia, et pereat mundus* !

Sous les auspices de la propriété de soi, une autre morale est possible, davantage soucieuse de l'équilibre du soi comme de la société. Si l'on retourne à la citation initiale de Foucault, le stoïcisme propose un programme fondé sur la maîtrise progressive du soi comme objet (un processus) et non sur la sacralité du soi comme sujet (un donné). Foucault passe en revue les techniques stoïciennes pour assurer le contrôle de soi et donc l'avènement d'une personnalité libre. Il faut contrôler son corps à travers des pratiques qui vont du jeûne à l'austérité sexuelle, contrôler l'existence sociale par des expériences de pauvreté volontaire par exemple, contrôler son esprit dans l'exercice de la méditation, enfin contrôler sa vie en décidant soi-même du moment de la quitter. Le suicide, théorisé et pratiqué par Sénèque, représente la forme ultime de l'appropriation de soi. Pas besoin de transcendance : si la propriété de soi est une éthique autant qu'un impératif juridique, comme le pressentait Foucault, alors la maîtrise de soi représente le difficile achèvement d'une vie humaine, culminant dans sa suppression volontaire. *Conversio ad se.*

Cette morale déborde sur un ethos politique. Dans l'interprétation de Foucault, la maîtrise de soi est la condition de la délibération collective, le stoïcisme ouvrant ainsi la voie à l'organisation moderne de la Cité. Il existerait donc un lien profond entre morale personnelle, émergence d'un citoyen et propriété légale de soi. Aujourd'hui, il me semble qu'à l'inverse c'est la perte du soi, transformé en dividuel sur les réseaux, qui engendre l'intolérance et ruine le dialogue. Pour retrouver la maîtrise de nous-mêmes et donc une forme de rationalité politique, il faudrait

---

[28] Dans ses *Leçons d'Éthique*, Kant rejette la propriété de soi comme contradictoire et surtout réifiante. Il s'oppose à ce qu'on vende son doigt, même pour « 10 000 thalers »...

d'abord inventer un néostoïcisme. Comment s'appartenir au siècle numérique ? Peut-être en commençant par pratiquer la « *data detox* », la déconnexion volontaire, comme je le fais régulièrement... Il me semble apercevoir des signes de ce néostoïcisme dans la génération Z, à travers le rapport au corps (tatoué), à la sexualité (fluide) ou au travail (indépendant). Ce fantasme de création spontanée de soi ne constitue-t-il pas l'achèvement d'un long mouvement de la civilisation vers la maîtrise du corps et l'autocontrôle, à la fois face aux autres et vis-à-vis de soi-même[29] ? Se définir soi-même, n'est-ce pas philosophiquement le rêve de la modernité, et politiquement la condition pour la formation de véritables communautés choisies ?

*

Instaurer la propriété de soi aurait des conséquences éminemment concrètes. De manière évidente, les pratiques qui tombent aujourd'hui sous le couperet de la « dignité humaine », de la GPA à la cryogénisation, seraient légalisées. Évitant des débats sans issue sur l'éthique, le droit de propriété permet à chacun de choisir ses propres valeurs. Il pose également des limites, en ouvrant la voie à toutes les subtilités du contrat. En somme, il s'agit d'achever ce que Richard Overton avait commencé. À l'égalitarisme des droits entre êtres humains, on pourrait ajouter un embryon de droit des animaux, à travers la propriété pensée comme « trust » entre humain et animal[30], voire d'un droit des robots[31].

Mais au-delà de ces avancées sociétales, deux domaines extrêmement sensibles subiraient une véritable révolution : le numérique et les biotechnologies.

S'agissant du numérique, le Conseil d'État explique aujourd'hui que les données personnelles ne peuvent être soumises au droit de propriété parce qu'elles reflètent la personnalité du sujet et que celui-ci doit rester indisponible[32]. C'est un déni économique, puisque les données

---

[29] cf. Norbert Elias, *La civilisation des mœurs.*
[30] cf. David Favre, « Equitable Self-Ownership for Animals », Duke Law Journal, 2000.
[31] Alain Bensoussan, *Droit des robots*, 2015.
[32] cf. le rapport du Conseil d'État de 2014 sur *Le numérique et les droits fondamentaux.*

personnelles sont de fait agrégées par les plateformes ; sous cette forme retravaillée, elles peuvent alors être protégées par le droit de la propriété intellectuelle, de sorte que toute la rémunération revient aux plateformes au détriment des producteurs de la matière première : vous et moi, les utilisateurs du réseau, qui ne cessons de travailler gratuitement pour Facebook & Co. Cela nous laisse dans une forme de féodalisme numérique, où nous offrons l'ensemble de notre production de data au Seigneur en échange de services gratuits... J'ai eu l'occasion de fournir de nombreux arguments en faveur de la patrimonialité des data[33], un sujet aujourd'hui pris très au sérieux aux États-Unis[34]. Mais au-delà d'un débat qui peut devenir vite technique, j'aimerais souligner un point fondamental : pour que les data soient patrimoniales, il faut en bonne logique que le soi le devienne également. C'est toute l'économie du numérique qui en sortirait transformée, en redonnant argent et pouvoir aux citoyens numériques.

La question des biotechnologies se pose exactement dans les mêmes termes : alors que le champ de la brevetabilité du vivant s'étend jusqu'aux organismes génétiquement modifiés, la matière première humaine ne devrait-elle pas à son tour devenir patrimoniale ? Dans la jurisprudence John Moore, l'opinion dissidente de Justice Mosk[35] fournit des arguments en tous points équivalents à ceux que j'ai utilisés sur les data : pourquoi le chirurgien créant la lignée germinale (l'équivalent de la plateforme agrégatrice de données) pourrait-il s'enrichir sans inclure le « fournisseur de cellule » dans la chaîne de valeur ? Pourquoi n'aurait-on pas le droit de monétiser ses propres cellules alors que des tiers le font déjà légalement ? La reproductibilité des cellules comme celle des data est souvent invoquée contre la patrimonialité : mais en quoi la propriété se réduirait-elle à l'unicité ? Ne consiste-t-elle pas plutôt dans le pouvoir d'exclure ? Enfin, qui peut vendre peut aussi donner, et nul doute que la plupart d'entre nous accepteraient de fournir gratuitement cellules comme data à des fins

[33] cf. *Les Aventuriers de la Liberté*, chapitre sur les « hackers » ; ainsi que le rapport du think tank que j'ai fondé : GenerationLibre, « Mes data sont à moi », janvier 2018.
[34] cf. ce papier de recherche séminal : « Should We Treat Data as Labor ? Moving Beyond Free », in American Economic Association Papers, par Glen Wyel, Jaron Lanier et trois autres chercheurs de Stanford et Columbia.
[35] Il conclut logiquement : « Every individual has a legally protectible property interest in his own body and its products ».

d'intérêt général, depuis la recherche fondamentale jusqu'à l'amélioration du trafic urbain...

Tout ce qui émane du soi, cellules ou data, fait aujourd'hui l'objet d'une exploitation intensive. Il serait juste économiquement que l'émetteur premier reçoive son dû. Mais surtout, la patrimonialité du soi permettrait une pleine maîtrise sur les flux de données générés par chacun. En choisissant en amont, dans une « *smart wallet* », quelles données j'accepte de partager et à quelles conditions, je pourrais réinstaller une forme de libre arbitre dans l'univers du *nudge*.

Voici à mon sens l'argument définitif en faveur de la patrimonialité : redonner à l'individu la possibilité de se constituer comme tel dans un univers rhizomatique où son corps comme ses données sont de plus en plus éparpillés et exploités. À rebours du « dataisme » décrit par Yuval Harari, la propriété de soi doit nous fournir les moyens de retrouver la maîtrise de nous-mêmes et d'échapper à la tyrannie du réseau.

Bienvenue dans le stoïcisme 2.0.

PERSPECTIVES COMPARÉES SUR LA GPA

CLAIRE MARZO

La loi bioéthique française qui a été longuement débattue à l'Assemblée Nationale avant d'être portée au Sénat ne mentionne finalement pas la gestation pour autrui (GPA)[1]. Ce sujet avait d'abord été exclu de la loi, mais un amendement proposé par un député LREM et signé par douze élus de la majorité proposait une reconnaissance dans le droit français du lien de filiation entre les enfants nés de GPA à l'étranger et leurs parents d'intention. Il a finalement été supprimé à la demande du gouvernement par un vote fortement majoritaire, le gouvernement insistant sur l'idée que la gestation pour autrui reste un interdit absolu en France[2]. Pourtant, depuis les arrêts *Mennesson* et suivants de la Cour européenne des droits de l'homme, le gouvernement français doit prendre en compte l'intérêt de l'enfant et reconnaître ce lien de filiation. Les arrêts européens ont été appliqués par une circulaire et par une jurisprudence désormais constante du Tribunal de Paris et de la Cour de cassation[3].

---

[1] Nous n'avons à ce jour (novembre 2019) que le texte n° 63 (2019-2020) transmis au Sénat le 16 octobre 2019 et le texte n° 343 adopté par l'Assemblée nationale le 15 octobre 2019, voir http://www.senat.fr/dossier-legislatif/pjl19-063.html (consulté le 12/11/2019).

[2] À lire à la lumière de la Décision du 22 janvier 1988, Conseil d'État statuant au contentieux N° 80936 Assemblée Association « Les Cigognes ».

[3] Voir par exemple, en France de l'adoption plénière d'un enfant par l'époux du père biologique de deux petites filles nées de GPA au Canada, voir http://www.lefigaro.fr/actualite-france/2018/09/19/01016-20180919ARTFIG00354-enfants-nes-de-gpa-a-l-etranger-adoption-pleniere-accordee-a-l-epoux-du-pere-biologique.php ; Laurie Marguet, « Quand la Cour EDH et la Cour de cassation tissent

La dissension entre loi et pratique appelle à s'interroger sur la reconnaissance et les remises en question de cette pratique dans le monde. On trouve désormais un paysage international contrasté. Les règles en matière de GPA sont extrêmement variées et au-delà des débats éthiques, philosophiques ou médiatiques, il existe une grande diversité juridique. Chaque État transforme et affine chaque jour sa réponse à cette question controversée et polymorphe. Face à des pays qui interdisent la GPA[4], d'autres pays l'autorisent expressément[5]. Il faut encore compter des pays qui interdisent la GPA à des fins commerciales et un grand nombre de pays qui n'ont pas de cadre juridique explicite ou clair.

Cette diversité conduit à un mouvement. Bien que certaines GPA aient un contexte purement national, il est fréquent que l'interdiction posée dans un pays conduise des familles à traverser une frontière de façon à pouvoir réaliser leur désir d'enfant en se rendant dans un pays qui rend la procédure possible. La question est alors posée de permettre juridiquement le retour de l'enfant, ce qui implique de comprendre et comparer les législations. Au-delà de l'entrée légale d'un enfant né de GPA dans un pays donné, le juriste se pose aussi la question du standard de protection des enfants en général, des règles indérogeables d'un socle de droit commun de protection des droits de l'enfant ou/et des autres parties. La prise en compte pragmatique de la réalité sociale d'un nombre d'enfants toujours plus grand qui naissent par le biais d'une GPA appelle une organisation des rapports juridiques des différentes parties. Et bien souvent pour pallier le manque législatif, ce sont les Cours de justice qui se trouvent obligées de prendre position, au niveau national comme au niveau supranational.

Pour limiter le propos, par souci de cohérence, cette contribution sera limitée à la seule question du congé de maternité, d'adoption ou de

---

les liens : filiation, mère d'intention et enfant né d'une GPA à l'étranger », in Revue des droits de l'Homme, Actualités Droits-Libertés, 12 juin 2019.

[4] Par exemple France, Pologne, Roumanie. Voir L. Brunet, J. Carruthers, K. Davaki, D. King, C. Marzo, J. McCandless, A Comparative Study on the Regime of Surrogacy in EU Member States, Parliament, DG for Internal Policies, 2013, disponible sur http://www.europarl.europa.eu/thinktank/en/document.html?reference=IPOL-JURI_ET(2013)474403. Irina Munteanu, « Le référendum des interprétations, Le bilan de la volonté roumaine », La revue des droits de l'homme, octobre 2018, https://journals.openedition.org/revdh/4855.

[5] Par exemple Royaume-Uni, Grèce, certains États des États-Unis, Russie, Israël... Voir la note de bas de page *supra*.

parentalité qui pourrait être accordé aux mères commanditaires d'un enfant né par GPA. Le champ de la comparaison s'est imposé à la lecture de deux arrêts rendus par la Cour de Justice de l'Union européenne en 2014. Ces arrêts *CD contre ST* et *Z* répondaient à la même question de savoir si des mères d'intention pouvaient obtenir des congés de maternité ou d'adoption payés par leurs employeurs afin d'accueillir leurs nouveau-nés dans deux pays anglo-saxons : le Royaume-Uni et l'Irlande. Le Royaume-Uni a depuis amendé sa législation afin de prévoir un tel congé alors que l'Irlande ne l'a pas fait. Les choix législatifs dans le contexte des contraintes constitutionnelles et juridiques donnent une excuse au juriste pour creuser la question de la GPA et de ses conséquences. C'est une question qui est moins marginale que ce qu'on pourrait imaginer : elle envisage le commencement de l'élaboration d'un cadre juridique, en prenant en compte le point de vue de l'État dans une double acception : l'État régulateur ou souverain d'une part et l'État providence en situation d'accorder ou non un congé de maternité à la mère d'intention qui accueille un enfant né par GPA. Après avoir envisagé les deux arrêts rendus par la Cour de Justice de l'Union européenne (CJUE), seront examinés leurs effets à la fois en droit britannique et en droit irlandais, pour finalement s'interroger sur l'état d'avancement d'un cadre juridique et la reconnaissance de la primauté de l'intérêt de l'enfant en passant par une analyse des arrêts récents de la Cour européenne des droits de l'Homme (CEDH).

I. La position européenne

Les Cours nationales européennes sont partagées. La Cour de Justice de l'Union européenne note l'absence de consensus autour de la question de la GPA. Le Parlement européen condamne la GPA en 2015 dans son rapport annuel sur les droits de l'homme et la démocratie. Dans ce contexte, la Cour de Justice de l'Union européenne n'a pas voulu imposer une quelconque obligation aux États membres en matière de congé de maternité en cas de gestation pour autrui. Elle est cependant indirectement confrontée à ce sujet.

Dans les deux espèces *CD contre ST* et *Z*, deux familles ont, chacune, recouru à des conventions de mère porteuse pour obtenir un enfant par GPA. Dans les deux cas, les requérantes ont demandé à leur employeur de leur donner un congé de maternité. Dans les deux cas, les requérantes n'ont pas obtenu ce congé et dans les deux cas, les Cours (britannique et irlandaise) ont posé une question préjudicielle à la Cour de Justice de l'Union européenne. Une différence néanmoins : dans la première affaire, la mère d'intention a pu allaiter l'enfant quand elle l'a recueilli ; dans le deuxième cas, au contraire, la requérante ou mère d'intention souffrait d'un handicap, une absence congénitale d'utérus qui l'empêchait d'avoir des enfants et d'allaiter.

Dans l'affaire *C. D. contre S. T.*[6], la requérante Mme D. a conclu une convention de mère porteuse conforme à la loi de 2008 sur la fertilisation et l'embryologie humaine afin d'avoir un enfant[7]. Mme D. a présenté une demande de congés payés à son employeur, fondée sur le régime applicable en cas d'adoption ainsi qu'une demande formelle de congé de maternité de substitution. Les deux demandes ont été refusées[8]. Une requête a été déposée au tribunal, l'employeur est revenu sur sa décision au titre d'un « pouvoir discrétionnaire résiduel », mais le tribunal a finalement affirmé que « Mme D. n'était pas en droit de bénéficier de l'allocation de maternité, au motif que le droit à une telle allocation appartient à la mère biologique de l'enfant[9] ». L'enfant est né le 26 août 2011. Mme D. l'a allaité pendant trois mois. Mme D. et son compagnon ont obtenu une ordonnance leur conférant l'autorité parentale permanente et totale sur l'enfant sur le fondement de l'article 54 de la loi de 2008 sur la fertilisation et l'embryologie humaine. L'Employment Tribunal, Newcastle upon Tyne, a décidé de surseoir à statuer et de poser à la Cour la question préjudicielle pour savoir si une base juridique de droit de l'Union européenne accordait le droit à un congé payé de maternité à une mère d'intention ayant obtenu un enfant par GPA. La Cour de Justice de l'Union européenne prend en considération les différentes bases juridiques.

---

[6] CJEU (grande chambre), 18 mars 2014, C. D. contre S. T., C-167/12.

[7] Le sperme provenait du compagnon de Mme D., mais l'ovule n'était pas celui de cette dernière. À aucun moment, Mme D. n'a elle-même été enceinte, voir considérant 18.

[8] La première parce que Mme D. ne pouvait fournir un certificat de compatibilité (matching certificate), attestant de la compatibilité entre le futur parent adoptif et l'enfant adopté, délivré par une agence d'adoption ; la seconde parce qu'il n'existait « légalement aucun droit à un congé payé dans le cas d'une maternité de substitution » (considérants 19 et 21).

[9] Considérant 24.

D'abord l'article 8 de la directive 92/85[10] traite du congé de maternité et plus particulièrement des travailleuses enceintes, accouchées ou allaitantes qui sont considérées comme « un groupe — vulnérable — à risques spécifiques[11] ». Dans ce cadre, la directive 92/85 prévoit, à son article 8, paragraphe 1, que les États membres sont tenus de prendre les mesures nécessaires pour que les travailleuses bénéficient d'un congé de maternité d'au moins quatorze semaines continues, réparties avant et/ou après « l'accouchement », conformément aux législations et/ou aux pratiques nationales. Le congé de maternité est un « moyen de protection de droit social revêtant une importance particulière[12] ». La Cour affine son raisonnement de façon contradictoire en expliquant quel est l'objet de la protection accordée à l'employée : elle oscille entre « la protection de la condition biologique de la femme au cours de sa grossesse ainsi qu'à la suite de celle-ci et, d'autre part, la protection des rapports particuliers entre la femme et son enfant au cours de la période postérieure à la grossesse et à l'accouchement, en évitant que ces rapports ne soient troublés par le cumul des charges résultant de l'exercice simultané d'une activité professionnelle[13] » et le « but de protéger la santé de la mère de l'enfant dans la situation spécifique de vulnérabilité découlant de sa grossesse[14] ».

La Cour en déduit que la travailleuse qui n'a pas été enceinte et qui n'a pas accouché ne peut bénéficier de la protection entendue comme un soutien physique et non pas social. On aurait pu penser que la part sociétale, intellectuelle de l'établissement de la relation entre l'enfant et sa mère par le biais de soins aurait suffi à caractériser le besoin d'un congé. On aurait encore pu conclure, à la lumière du titre de la directive que l'allaitement était une raison suffisante d'accorder le congé. Une raison physique et non plus seulement morale s'il en fallait une. Cet

---

[10] Adoptée sur la base de l'article 118 A CE, auquel correspond l'article 153 TFUE, dont le but est de promouvoir l'amélioration de la sécurité et de la santé des travailleuses enceintes, accouchées ou allaitantes au travail (arrêts du 11 octobre 2007, Paquay, C-460/06, Rec. p. I -8511, point 27, et du 11 novembre 2010, Danosa, C-232/09, Rec. p. I -11405, point 58).

[11] Considérant 30.

[12] Considérant 51. Voir aussi arrêts du 20 septembre 2007, Kiiski, C 116/06, Rec. p. I 7643, point 49, et du 19 septembre 2013, Betriu Montull, C 5/12, point 48.

[13] Considérant 34, (voir, notamment, arrêts du 12 juillet 1984, Hofmann, 184/83, Rec. p. 3047, point 25 ; Kiiski, précité, point 46, et Betriu Montull, point 50).

[14] Considérant 35.

argument aurait néanmoins pu sembler problématique parce qu'il aurait impliqué qu'une mère d'intention procédant à une GPA, mais ne réussissant pas à allaiter alors même qu'elle aurait recueilli l'enfant, ne serait pas autorisée à obtenir un congé rémunéré de maternité. Cet écueil aurait pu sembler injuste, mais est-il si éloigné de l'interprétation consistant à exclure les femmes qui allaitent leurs nouveau-nés d'un congé payé de maternité ? On en conclut que l'exégèse juridique a ses limites et qu'il faut comprendre les intentions/motivations/objectifs qui sont cachés derrière les interprétations restrictives. La Cour conclut qu'« une travailleuse, en sa qualité de mère commanditaire ayant eu un enfant grâce à une convention de mère porteuse, n'entre pas dans le champ d'application de l'article 8 de la directive 92/85, y compris lorsqu'elle est susceptible d'allaiter cet enfant après la naissance ou qu'elle l'allaite effectivement. Par conséquent, les États membres ne sont pas tenus d'accorder à une telle travailleuse un droit à un congé de maternité en vertu de cet article[15] ». Mais les États qui le souhaitent peuvent procéder à cette évolution législative.

La Cour se tourne vers l'article 14[16] de la directive 2006/54, lu en combinaison avec l'article 2, paragraphes 1, sous a) et b), et 2, sous c), de cette directive pour rechercher une discrimination fondée sur le sexe dans le fait pour un employeur de refuser d'accorder un congé de maternité à une mère commanditaire ayant eu un enfant grâce à une convention de mère porteuse. Force est de noter qu'un père commanditaire ayant eu un enfant grâce à une convention de mère porteuse est traité de la même manière qu'une mère commanditaire dans une situation comparable, à savoir qu'il n'est pas non plus en droit de bénéficier d'un congé payé équivalent à un congé de maternité. Mais il faut se rappeler que, là encore, la Cour fait preuve d'un manque d'imagination remarquable. Dans l'arrêt *Coleman*, elle avait imaginé une discrimination collatérale[17]. La Cour annonce qu'« une mère commanditaire ayant eu un enfant grâce à une convention de mère porteuse ne peut, par définition, faire l'objet d'un traitement moins

---

[15] Considérant 40.

[16] L'article 14, paragraphe 1, de la directive 2006/54 énonce que toute discrimination directe ou indirecte fondée sur le sexe est proscrite dans les secteurs public ou privé, y compris les organismes publics, en ce qui concerne notamment les conditions d'emploi et de travail, y compris les conditions de licenciement ainsi que la rémunération.

[17] CJCE, n° C-303/06, Arrêt de la Cour, S. Coleman contre Attridge Law et Steve Law, 17 juillet 2008.

favorable lié à sa grossesse, étant donné qu'elle n'a pas été enceinte de cet enfant[18] ». On ne peut s'empêcher de noter que la discrimination indirecte aurait pu provenir de ce que la femme qui allaite doit être comparée à celle qui est enceinte. Ou la mère commanditaire, à partir du moment où elle est (ou sera) reconnue comme la mère juridique, peut être comparée à toute autre mère. Ce choix n'est pas fait. Encore une fois, il faut noter que l'analyse de la Cour aurait pu être tout à fait différente en particulier à la lumière de l'article 2 de la directive qui promeut l'idée que tout traitement moins favorable d'une femme liée à la grossesse ou au congé de maternité constitue une discrimination et étend le champ d'application de l'interdiction des discriminations. La Cour ne veut pas contraindre les États membres. Pourtant on aurait pu penser à l'influence de l'arrêt *Mennesson*[19] et envisager l'intérêt de l'enfant. L'enfant est né. Il a besoin d'être pris en charge. Comme le dit la Cour européenne des droits de l'homme dans l'un de ses arrêts, il a besoin de créer un lien affectif avec ses parents[20]. La même analyse est proposée concernant le congé d'adoption à la lumière de la discrimination fondée sur le sexe.

Dans l'autre arrêt[21], Mme Z. et son mari ont décidé de recourir à la gestation pour autrui en s'adressant à une agence spécialisée établie en Californie (États-Unis), État dans lequel la législation régit de manière détaillée les grossesses et les naissances intervenant dans le cadre d'une telle gestation. Mme Z. s'est rendue en Californie afin d'être présente à la naissance de l'enfant, une fille, le 28 avril 2010. Celle-ci est l'enfant génétique de Mme Z. et de son mari, étant donné qu'elle est issue de leurs gamètes. Du point de vue du droit californien, Mme Z. et son mari sont considérés comme les parents de cet enfant et l'identité de la mère porteuse ne figure pas sur le certificat de naissance. Mme Z., assistée de son mari, assure la garde effective dudit enfant depuis sa naissance. Le 18 mai 2010, Mme Z. et son mari sont rentrés avec leur enfant en Irlande, État membre dans lequel les conventions de mère porteuse ne sont pas réglementées. N'ayant pas été enceinte et ne pouvant donner naissance à un enfant, Mme Z. n'a pu satisfaire aux conditions requises par la loi de 1994 sur la protection de la maternité pour bénéficier d'un

---

[18] Considérant 52.

[19] Voir infra à la fin de cet article.

[20] En l'espèce, la mère prend un congé, mais celui-ci n'est pas rémunéré.

[21] CJUE (grande chambre), 18 mars 2014, Z. contre A Government department, *The Board of management of a community school* C-363/12.

congé de maternité. N'adoptant pas l'enfant issu de la gestation pour autrui, elle n'a pas non plus été en mesure de bénéficier du congé d'adoption dans les conditions prévues par la loi de 1995 relative au congé d'adoption. Ayant obtenu un congé sans solde pour la période au cours de laquelle elle se trouvait en Californie, avant la naissance de l'enfant, puis un congé parental légal, elle a finalement pris un congé maladie du fait de la situation de stress découlant des difficultés d'établissement de son congé. Elle a fait valoir qu'elle avait fait l'objet d'un traitement discriminatoire fondé sur le sexe, sur le statut familial et sur le handicap, que l'employeur avait omis de lui accorder des aménagements raisonnables en tant que personne handicapée et que celui-ci avait refusé de lui accorder un congé payé équivalent à un congé de maternité ou à un congé d'adoption, alors qu'elle avait suivi un traitement de fécondation *in vitro*[22]. La protection de l'égalité passe par l'article 3 TUE, des articles 8 TFUE et 157 TFUE ainsi que des articles 21, 23, 33 et 34 de la Charte. Ici encore, la Cour doit juger d'une discrimination fondée sur le sexe.

La Cour interprète la directive 2006/54 notamment ses articles 4[23] et 14[24] et 2[25] et interdit toute discrimination directe ou indirecte fondée sur le sexe pour conclure qu'un père commanditaire ayant eu un enfant grâce à une convention de mère porteuse est traité de la même manière qu'une mère commanditaire dans une situation comparable, à savoir qu'il n'est pas non plus en droit de bénéficier d'un congé payé équivalent à un congé de maternité[26]. Il n'y a donc pas de discrimination directe. Il n'y a pas non plus discrimination indirecte ou sens où l'application d'une mesure nationale, bien que formulée de façon neutre, ne désavantage pas « en fait un nombre beaucoup plus élevé de

[22] Considérant 44.

[23] L'article 4 de cette directive énonce que, pour un même travail ou pour un travail auquel est attribuée une valeur égale, la discrimination directe ou indirecte fondée sur le sexe est éliminée dans l'ensemble des éléments et des conditions de rémunération.

[24] Aux termes de l'article 14 de ladite directive, toute discrimination directe ou indirecte fondée sur le sexe est proscrite dans les secteurs public ou privé, y compris les organismes publics, en ce qui concerne notamment les conditions d'emploi et de travail, y compris les conditions de licenciement ainsi que la rémunération.

[25] L'article 2, paragraphes 1, sous a) et b), et 2, sous c) donne la définition d'une discrimination.

[26] Considérant 52, voir aussi point 63 des conclusions.

travailleurs d'un sexe par rapport à l'autre[27] ». La Cour reprend la définition de l'article 2, paragraphe 2, sous c), de cette directive selon laquelle tout traitement moins favorable d'une femme lié à la grossesse ou au congé de maternité au sens de la directive 92/85 constitue une discrimination au sens de la directive 2006/54[28]. Elle refuse d'y inclure une mère commanditaire ayant eu un enfant grâce à une convention de mère porteuse au motif qu'elle ne peut pas faire l'objet d'un traitement moins favorable lié à sa grossesse puisqu'elle n'a pas été enceinte de cet enfant[29]. Comme précédemment, la Cour vérifie si le fait de refuser un congé payé, équivalent à un congé d'adoption, à une mère commanditaire telle que Mme Z., constitue une discrimination fondée sur le sexe, au sens de la directive 2006/54[30]. En vertu de l'article 16 de la directive 2006/54[31], « les États membres peuvent reconnaître des droits distincts au congé de paternité et/ou d'adoption. Ils prennent les mesures nécessaires pour protéger les travailleurs et les travailleuses du licenciement résultant de l'exercice de ces droits et pour veiller à ce que, à l'issue de ce congé, ils aient le droit de retrouver leur emploi ou un emploi équivalent à des conditions qui ne leur soient pas moins favorables et de bénéficier de toute amélioration des conditions de travail à laquelle ils auraient eu droit durant leur absence ». Cette directive préserve la liberté des États membres d'accorder, ou non, un congé d'adoption[32].

[27] Considérant 53, voir aussi (voir, en ce sens, arrêts du 2 octobre 1997, Gerster, C-1/95, Rec. p. I-5253, point 30, du 20 octobre 2011, Brachner, C-123/10, Rec. p. I-10003, point 56, et du 20 juin 2013, Riežniece, C-7/12, point 39).
[28] Considérant 56.
[29] Considération 57.
[30] Considération 61.
[31] Article 16. Congé de paternité ou d'adoption La présente directive est aussi sans préjudice de la faculté dont disposent les États membres de reconnaître des droits distincts au congé de paternité et/ou d'adoption. Les États membres qui reconnaissent de tels droits prennent les mesures nécessaires pour protéger les travailleurs et travailleuses du licenciement résultant de l'exercice de ces droits et pour veiller à ce que, à l'issue de ce congé, ils aient le droit de retrouver leur emploi ou un emploi équivalent à des conditions qui ne leur soient pas moins favorables et de bénéficier de toute amélioration des conditions de travail à laquelle ils auraient eu droit durant leur absence.
[32] Considérant 62 et 63.

Le texte suivant est la directive 2000/78, interprétée le cas échéant à la lumière de la convention de l'ONU[33]. La notion de « handicap », au sens de la directive 2000/78, devait être entendue comme visant une limitation, résultant notamment d'atteintes physiques, mentales ou psychiques durables, dont l'interaction avec diverses barrières peut faire obstacle à la pleine et effective participation de la personne concernée à la vie professionnelle sur la base de l'égalité avec les autres travailleurs[34]. En l'occurrence, Mme Z. ne peut donner naissance à un enfant en raison du fait qu'elle souffre d'une affection rare, à savoir une absence d'utérus. Pour la Cour, cette difficulté ne fait pas obstacle à sa pleine et effective participation à la vie professionnelle sur la base de l'égalité avec les autres travailleurs et ne constitue par conséquent pas un handicap[35]. Dans cette affaire, il ne s'agit pas de vie professionnelle parce qu'il s'agit pour la requérante d'avoir un enfant, ce qui ressort de sa vie familiale. Par conséquent, l'argument est écarté. Là encore on aurait pu choisir une interprétation extensive en s'appuyant par exemple sur l'arrêt *Coleman* qui proposait une interprétation extensive de la discrimination[36].

Finalement chaque base juridique et chaque argument donné par la Cour aurait pu être interprété de façon opposée dans les deux domaines distincts du droit de l'Union. En droit social, l'analyse du congé de maternité aurait pu reposer sur la protection sociétale qui tient aux rapports particuliers entre la femme et son enfant plus que sur la condition biologique ou physique de la femme. En droit de l'égalité, la Cour aurait pu choisir de donner une interprétation large du principe de non-discrimination qu'il soit fondé sur le genre ou sur le handicap. C'est donc une analyse très littérale que la Cour propose. On trouve ici, une volonté de la Cour de laisser le choix aux États membres d'étendre le congé de maternité aux femmes qui ont eu recours à la GPA ou non. À la suite de ces deux arrêts qui ne contraignent pas les États, les deux États en cause vont choisir deux attitudes tout à fait opposées qu'il faut envisager : le Royaume-Uni d'un côté et l'Irlande de l'autre.

---

[33] La convention de l'ONU peut être invoquée aux fins d'interpréter la directive 2000/78, laquelle doit faire l'objet, dans la mesure du possible, d'une interprétation conforme à cette convention (voir 11 avril 2013, HK Danmark, C-335/11 et C-337/11, point 32).

[34] Voir arrêt HK Danmark, précité, points 37 à 39.

[35] Considérants 87 à 82.

[36] Voir *supra.*

II. La position britannique

Le Royaume-Uni est un pays qui ne pose pas d'interdiction systématique de la GPA. Deux lois, le *Surrogacy Act 1995* et *Human Fertilisation and Embryology Act de 2008,* permettent et organisent le transfert de parentalité sous certaines conditions. La question se pose aujourd'hui de savoir si une personne seule peut procéder à la reconnaissance d'un enfant né par GPA[37]. À ce titre, la loi de 2008 prévoit, à son article 54, qu'une juridiction peut, sur demande présentée par deux personnes, adopter une ordonnance leur conférant l'autorité parentale sur un enfant (« parental order »), afin que ce dernier soit considéré juridiquement comme étant celui des demandeurs si :

1) cet enfant a été porté par une femme qui n'est pas l'un des demandeurs, à la suite soit de l'implantation, chez cette femme, d'un embryon ou de sperme et d'ovules, soit d'une insémination artificielle ;
2) les gamètes d'au moins l'un des demandeurs ont été utilisées pour donner naissance à l'embryon, et
3) certaines autres conditions sont satisfaites, parmi lesquelles figure le fait que les demandeurs soient mari et femme ou qu'ils entretiennent une relation similaire.

Surtout un projet devrait encore transformer la loi britannique sur la GPA. Il a fait l'objet d'une consultation au printemps 2019[38]. Ce projet a pour ambition de répondre à des problèmes pratiques avec la loi actuelle : par exemple les parents d'un enfant GPA ne peuvent pas

---

[37] High Court declaration of incompatibility with the *Human Rights Act* 1998 in the case of Re Z (A Child) (No 2) [2016] EWHC 1191 (Fam); see also law commission questions on reforms on https://www.lawcom.gov.uk/surrogacy/. Z (A Child) (Surrogate Father: Parental Order), Re Family Division 20 May 2016 Case Analysis Where Reported [2016] EWHC 1191 (Fam); [2017] Fam. 25 ; [2016] 3 W.L.R. 1369 ; [2016] 2 F.L.R. 327 ; [2016] H.R.L.R. 15 ; [2016] Fam. Law 958 ; The *Human Fertilisation and Embryology Act* 2008 s.54(1) and s.54(2) were incompatible with the rights of a father and his child under ECHR art.14 taken with art.8 insofar as they prevented the father from obtaining a parental order on the sole ground of his status as a single person as opposed to being part of a couple.

[38] The project will consider the legal parentage of children born via surrogacy, the regulation of surrogacy more widely, and the international context of surrogacy. It will take into account the rights of all involved, including the question of a child's right to access information about their origin and the prevention of exploitation of children and adults; see https://www.lawcom.gov.uk/project/surrogacy/.

prendre de décisions d'ordre médical avant qu'une décision de justice ne leur donne l'autorité parentale, ce qui prend un minimum de six semaines après la naissance. Il s'agit encore de réguler, clarifier et monitorer les GPA[39] dans un projet de loi prévu pour 2021[40].

Qu'en est-il du congé de maternité en droit britannique ? Une évolution a eu lieu à la suite des décisions européennes[41]. L'article 47C de la loi de 1996 sur les droits des travailleurs (*Employment Rights Act 1996*) énonce qu'une salariée bénéficie du droit de ne pas subir un préjudice en raison d'une action, ou d'une abstention délibérée, de son employeur résultant d'un « motif prévu ». Un « motif prévu » est un motif défini par les dispositions adoptées par le Secretary of State et qui concerne, notamment, la grossesse, la naissance ou la maternité, le congé de maternité ordinaire, obligatoire ou prolongé ainsi que le congé d'adoption ordinaire ou prolongé. Conformément au règlement de 1999 relatif aux congés de maternité et aux congés parentaux[42], une salariée peut bénéficier d'un congé de maternité ordinaire et d'un congé de maternité prolongé lorsque certaines conditions sont remplies, ainsi que d'une protection de son contrat de travail pendant le congé de maternité. Ce règlement confère également à la salariée le droit de réintégrer ses fonctions après le congé de maternité ainsi qu'une protection contre un licenciement abusif. En vertu de l'article 19 dudit règlement, une salariée bénéficie du droit, en application de l'article 47C de la loi de 1996 sur les droits des travailleurs, de ne pas subir un préjudice en raison d'une action ou d'une abstention délibérée de son employeur résultant notamment du fait que la salariée a bénéficié, a cherché à bénéficier ou s'est prévalu du bénéfice d'un congé de maternité ordinaire ou d'un congé de maternité prolongé. Depuis 2014, le *Children and Families Act* de 2014 accorde une protection, un congé et une allocation équivalents à un congé de maternité ordinaire aux parents britanniques dont les enfants sont nés par GPA. Les nouveaux droits consistent en une sorte de congé d'adoption, ce qui signifie que les

---

[39] Voir aussi la commission écossaise sur la circulation de ce document joint de consultation, Building Families through Surrogacy : a new law. https://www.scotlawcom.gov.uk/law-reform/law-reform-projects/joint-projects/surrogacy/ (consulté le 15/11/2019).

[40] Voir le projet de la commission britannique de réforme du droit, https://www.lawcom.gov.uk/project/surrogacy/ (consulté le 15/11/19).

[41] https://www.brilliantbeginnings.co.uk/blog/uk-law-gives-maternity-leave-for-surrogacy-while-europe-lags-behind.

[42] Maternity and Parental Leave etc. Regulations 1999.

parents d'intention peuvent choisir lequel d'entre eux a un congé secondaire (équivalent du congé de paternité). Les droits sont les mêmes que ceux de nouveaux parents et il est aussi possible de partager le congé (comme c'est désormais le cas pour les autres parents). Le changement a eu lieu en 2014 au moment où les arrêts de la CJUE étaient rendus[43]. Il consiste à ajouter la catégorie suivante aux personnes susceptibles d'accéder au congé de maternité : « une personne qui a initié ou qui a l'intention d'initier, avec une autre personne, une demande de reconnaissance d'autorité parentale au titre de la section 54 de la loi de 2008 (*Human Fertilisation and Embryology Act* 2008)[44] ».

---

[43] http://www.legislation.gov.uk/ukpga/2014/6/section/122.

[44] (3)In section 75D of the *Employment Rights Act* 1996 (supplemental provision about adoption leave), after subsection (1) there is inserted— "(1A)Where section 75A or 75B has effect in relation to such cases as are described in section 75A(8) or 75B(9), regulations under section 75A or 75B about evidence to be produced may require statutory declarations as to— (a)eligibility to apply for a parental order; (b)intention to apply for such an order."

(4)In section 80B of the *Employment Rights Act* 1996 (entitlement to ordinary paternity leave: adoption), after subsection (8) there is inserted— "(9)The Secretary of State may by regulations provide for this section to have effect in relation to cases which involve an employee who has applied, or intends to apply, with another person for a parental order under section 54 of the *Human Fertilisation and Embryology Act* 2008 and a child who is, or will be, the subject of the order, with such modifications as the regulations may prescribe."

(5)In section 171ZK of the *Social Security Contributions and Benefits Act* 1992 (power to apply Part 12ZA, statutory paternity pay, to adoption cases not involving placement)— (a)in the title, the words "to adoption cases not involving placement" are repealed; (b)the existing text becomes subsection (1); (c)after that subsection there is inserted— "(2)The Secretary of State may by regulations provide for this Part to have effect in relation to cases which involve a person who has applied, or intends to apply, with another person for a parental order under section 54 of the *Human Fertilisation and Embryology Act* 2008 and a child who is, or will be, the subject of the order, with such modifications as the regulations may prescribe."

(6)In section 171ZT of the *Social Security Contributions and Benefits Act* 1992 (power to apply Part 12ZB, statutory adoption pay, to adoption cases not involving placement)— (a)in the title, the words "to adoption cases not involving placement" are repealed; (b)the existing text becomes subsection (1); (c)after that subsection there is inserted— "(2)The Secretary of State may by regulations provide for this Part to have effect in relation to cases which involve a person who has applied, or intends to apply, with another person for a parental order under section 54 of the *Human Fertilisation and Embryology Act* 2008 and a child who is, or will be, the subject of the order, with such modifications as the regulations may prescribe. (3) Regulations under subsection (2) may modify section 171ZL(8)(c) so as to enable regulations to impose requirements

Cette loi s'applique aux couples hétérosexuels et homosexuels qui ont eu un enfant par GPA, sous condition d'indiquer une intention de demander une attestation d'autorité parentalité (« parental order »)[45]. Ceci n'entravera pas le droit des mères porteuses d'obtenir un congé de maternité comme c'était déjà le cas avant cette loi. Cette loi est entrée en vigueur la semaine où les jugements de la Cour de Justice de l'Union européenne étaient rendus. Le Royaume-Uni a donc clairement fait le choix d'accorder un congé aux mères d'intention et potentiellement aussi aux pères d'intention. Il rejoint ainsi la ligue des pays favorables à la reconnaissance complète de la GPA aux côtés de l'Espagne[46] ou de Chypre[47].

Il faut encore accessoirement mentionner la situation de l'Irlande du Nord qui fait partie du Royaume-Uni. Bien que cette partie de l'île soit britannique et relève par conséquent du droit britannique, il faut noter que certaines compétences sont déléguées à l'Assemblée d'Irlande du Nord. La GPA et les deux lois bioéthiques mentionnées *supra* ne font

---

to make statutory declarations as to— (a)eligibility to apply for a parental order; (b)intention to apply for such an order."

[45] La loi est applicable aux enfants nés après le 5 avril 2015.

[46] Tribunal Superior de Justicia del Principado de Asturias, Sala de lo Social, Sentence of the 20th of September 2012, appeal 1604/2012 (Regional Superior Tribunal equivalent to a Court of Appeal) Right to maternity leave and maternity indemnities for surrogacy. The right to maternity leave on the supposition of surrogacy confirmed.

[47] La nouvelle loi chypriote de 2017 reconnaît le concept de GPA et l'introduit dans le droit du travail. Voir la loi sur l'assurance sociale de 2017 (Protection of Maternity (Amendment) Law of 2017 (116(I)/2017). https://theword.iuslaboris.com/hrlaw/insights/recent-developments-in-cypriot-employment-law-paternity-leave-surrogacy-redundancy-and-smoking-at-work/. Une mère porteuse est une employée qui tombe enceinte et donne naissance [après FIV et transfert d'embryon en utilisant un matériel génétique étranger] pour le compte d'un couple désirant un enfant mais dans l'impossibilité d'en avoir un pour des raisons médicales, telles que définies par la loi sur la reproduction médicalement assistée de 2015. Aussi bien l'employée qui fait appel à une mère porteuse que la mère porteuse ont un droit à un congé de maternité en vertu de cette loi. Elles ont aussi une protection spécifique contre un licenciement. La loi sur l'assurance sociale de 2017 accorde des allocations de maternité aux femmes qui ont fait appel à une mère porteuse sous condition qu'elles remplissent certains critères d'assurance sociale. Ces femmes ont droit à des allocations pendant 18 semaines consécutives suivant la période commençant deux semaines ou une semaine avant la semaine durant laquelle la naissance est attendue à son choix. Quant aux mères porteuses, elles peuvent recevoir des allocations pendant 14 semaines consécutives qui peuvent commencer deux semaines avant la naissance.

pas partie de ces compétences, mais ce procédé est néanmoins légèrement différent en Irlande du Nord du fait de légères spécificités[48]. On notera encore que la tendance est à l'heure actuelle à l'uniformisation puisque la loi sur l'avortement et la loi sur le mariage pour tous, qui n'avaient jamais été appliquées en Irlande du Nord (contrairement au pays de Galles, à l'Écosse et l'Angleterre) et qui étaient restées des compétences de l'assemblée d'Irlande du Nord, viennent d'être étendues à cette région par le Parlement britannique[49].

III. La position irlandaise

En République d'Irlande, à l'inverse, la gestation pour autrui n'est pas réglementée. La Constitution irlandaise fait mention de la religion chrétienne[50] et rappelle le statut spécial de la famille mariée en tant qu'« unité primaire, naturelle et fondamentale du groupe sociétal » en reconnaissant les « droits naturels de ses membres[51] ». Une commission s'est réunie en 2014 dans un contexte controversé à l'époque de l'arrêt pour analyser les droits de l'homme et plus particulièrement les droits de l'enfant à naître[52]. La commission a confronté le droit à la vie

---

[48] Voir https://www.health-ni.gov.uk/articles/surrogacy-pathway-northern-ireland.

[49] The 1967 *Abortion Act*, which was introduced in England, Scotland and Wales, was never extended to Northern Ireland. Until 21 October 2019. Voir https://www.bbc.co.uk/news/uk-northern-ireland-49965339. https://www.theguardian.com/uk-news/2019/oct/21/northern-ireland-set-to-legalise-abortion-and-same-sex-marriage.

[50] Report of The Commission on Assisted Human Reproduction, 2004, https://health.gov.ie/wp-content/uploads/2014/03/Report-of-The-Commission-on-Assisted-Human-Reproduction.pdf.

[51] Traduction de l'auteur de ces lignes, « Our Constitution both acknowledges the special status of the married family as "the natural primary and fundamental unit group of society" and recognises the natural rights of its members ». Voir Report of the Commission on Assisted Human Reproduction, 2004, https://health.gov.ie/wp-content/uploads/2014/03/Report-of-The-Commission-on-Assisted-Human-Reproduction.pdf.

[52] "Legal Considerations Article 40.3.3 of the Irish Constitution provides constitutional protection for the 'unborn'. It is not clear whether protection applies from fertilisation or from some subsequent point in the process. This lack of clarity has implications for the provision of AHR services in Ireland. Clarification can only be sought in two ways: either from the Supreme Court or by way of constitutional referendum. Moreover, the further issue of whether a gamete provider has ownership or property rights in respect of his/her gametes has not been decided by any Irish court to date. Further legal

privée d'une femme qui porterait l'enfant et le droit à la vie familiale avec la GPA : faut-il interpréter ces droits comme conduisant à une reconnaissance de la liberté d'une femme de porter un enfant né de GPA et de celle d'une famille d'adopter cet enfant ? Ou au contraire ces droits s'opposent-ils à ce processus au motif que l'interprétation constitutionnelle du mariage et l'emphase sur les droits naturels conduiraient à considérer que la GPA s'oppose à l'établissement d'un lien de parentalité entre un parent et un enfant qui ne serait pas inclus dans la définition restreinte de la famille ? La commission soulève les interrogations et ne tranche pas. Elle note seulement que, dans l'hypothèse d'une interprétation permissive de la Constitution, il faudrait encore une intervention législative pour intégrer l'enfant né de GPA à la famille telle qu'elle est définie aujourd'hui. Il est finalement conclu dans le rapport que la GPA devrait être autorisée et que l'enfant devrait avoir le droit de connaître ses origines biologiques tout en étant reconnu comme l'enfant des parents d'intention[53]. Il précise que les donneurs ne devraient pas attacher de conditions au don de gamètes sauf exception[54]. Cette commission ne s'est pas intéressée à la question du congé de maternité des parents d'intention et son rapport n'a, dans tous les cas, pas été suivi d'un amendement constitutionnel ou d'une action législative.

La gestation pour autrui n'étant pas réglementée en Irlande, la loi sur le congé de maternité permet aux femmes enceintes d'obtenir un congé

---

considerations arise in the context of donor programmes and surrogacy". Voir Report, *supra.*

[53] « The involvement of third parties as donors of gametes/embryos to assist infertile people to conceive raises a range of ethical, legal and social issues. All necessary steps must be taken in the selection of donors so as to ensure that donated sperm/ova are free from the risk of transmitting disease. Appropriate counselling should be provided for all donors as a pre-requisite of informed consent but, in general, donors should not be allowed to lay down conditions for the use of their gametes nor should they be paid for donations. Children born through donated gametes should be entitled to know the identity of their genetic parents. Parental rights and responsibilities should be conferred on the recipient(s) of donations rather than on the donor(s) ». « The Commission gave lengthy consideration to the arguments for and against surrogacy and concluded, with one member dissenting, that surrogacy should be permitted subject to regulation. The majority of the Commission also considered that the child born through surrogacy should be presumed to be the child of the commissioning couple ». Voir Report, *supra.*

[54] « The Commission recommends that in general, donors should not be permitted to attach conditions to donation, except in situations of intra-familial donation or the use of donated gametes/embryos for research ». Voir Report, *supra.*

de maternité à la naissance de leur enfant, mais ne s'étend pas aux femmes qui ont recouru à la GPA. Une fiche d'information mise en ligne pour les citoyens[55] explique que la loi ne prend pas en compte la GPA. Le congé de maternité n'est par conséquent pas accordé aux mères d'intention puisque la mère reste traditionnellement celle qui accouche[56]. Le congé d'adoption non plus, à moins que les parties n'aient recours à une adoption classique, ce qui est possible et même recommandé par cette fiche[57]. L'article 8 de la loi de 1994 sur la protection de la maternité (*Maternity Protection Act* 1994) prévoit qu'une salariée enceinte a droit à un congé de maternité pour une période ne pouvant pas être inférieure à 14 semaines[58]. Cette loi a connu deux évolutions législatives : l'extension du congé de maternité à 26 semaines en 2004 et 2006, puis la prise en compte des naissances prématurées en 2017[59]. Mais aucune référence n'a été faite à la GPA. On notera encore que le congé de paternité a été introduit en 2016[60], mais le congé de maternité reste réservé à la femme enceinte[61]. L'article 9 de

---

[55]http://www.citizensinformation.ie/en/birth_family_relationships/adoption_and_fostering/surrogacy.html

[56] Traditionally, the surrogate mother is considered the legal mother of the child and the child's guardian, because she has given birth to the child. Legal maternity is important for birth registration, domicile and citizenship provisions, succession, childcare provisions, adoption, social welfare and educational provisions as many of these services and rights depend on the consent of the legal mother.

If the surrogate mother is married, then under Section 46 of the *Status of Children Act* 1987, the surrogate mother's husband is presumed by law to be the father of the child, unless the contrary is proven. If she is not married, she is the sole guardian.

[57] It would be necessary for the commissioning person(s) to adopt the child in order to have a legal relationship with him/her. If the child is being adopted, this must be done through the Adoption Authority of Ireland, and there is no guarantee that the child of a surrogate mother would be placed with the biological mother and/or father. Private adoptions are not allowed, and the parent of a child is prohibited from receiving any payment for giving away the child for adoption. An adoptive mother (or a sole male adopter) is entitled to avail of ? adoptive leave from employment. They may also be entitled to Adoptive Benefit.

[58] (1) Subject to this Part, a pregnant employee shall be entitled to leave, to be known (and referred to in this Act) as "maternity leave", from her employment for a period (in this Part referred to as "the minimum period of maternity leave") of not less than 14 consecutive weeks. Version jusqu'en 2004.

[59] Voir http://revisedacts.lawreform.ie/eli/1994/act/34/section/8/revised/en/html (consulté le 19/10/18).

[60] *Paternity Leave and Benefit Act* 2016 (11/2016), 34(a), S.I. No. 435 of 2016.

[61] 'Paternity leave ' and ' transferred paternity leave ' have the same meanings as they have in the *Paternity Leave and Benefit Act 2016*; "pregnant employee" means an

cette loi énonce que l'une des conditions nécessaires à l'octroi du congé de maternité est la remise par la salariée à son employeur d'un certificat médical ou de tout autre certificat approprié confirmant la grossesse et indiquant la semaine présumée de l'accouchement[62]. L'article 6 de la loi de 1995 relative au congé d'adoption (*Adoptive Leave Act* 1995) accorde le droit à une mère adoptante salariée ou à un adoptant célibataire de sexe masculin salarié à un congé d'adoption d'une durée minimale de 24 semaines à compter de la date de placement de l'enfant adopté[63]. L'article 7 de cette loi prévoit aussi la notification préalable à l'employeur de l'adoption et la remise à celui-ci d'un certificat de placement ou, dans le cas d'une adoption à l'étranger, d'un certificat d'éligibilité et d'aptitude[64]. Cette loi a elle aussi été profondément

---

employee who is pregnant and who has informed her employer of her condition; " premature birth period" has the meaning assigned to it by the *Social Welfare Consolidation Act* 2005.

[62] 9.— (1) Entitlement to the minimum period of maternity leave shall be subject to a pregnant employee—

(a) having, as soon as reasonably practicable but not later than four weeks before the commencement of maternity leave, notified in writing her employer (or caused her employer to be so notified) of her intention to take maternity leave; and

(b) having, at the time of the notification, given to her employer or produced for her employer's inspection a medical or other appropriate certificate confirming the pregnancy and specifying the expected week of confinement.

(2) A notification under this section may be revoked by a further notification in writing by the employee concerned to her employer.

[63] 16 semaines dans le texte : Entitlement of employed adopting mother (or sole male adopter) to minimum period of adoptive leave. 6. — (1) Subject to this Part, an employed adopting mother (or sole male adopter) shall be entitled to leave (to be known as ' adoptive leave ') from the employee ' s employment.

(2) Adoptive leave shall begin on the date of placement and be for a minimum period of 16 weeks.

(3) The minimum period may be extended by order made by the Minister with the consent of the Minister for Social and Family Affairs and the Minister for Finance.

[64] Notification of employer.

7.— (1) In the case of an adoption other than a foreign adoption, entitlement to the minimum period of adoptive leave shall be subject to an employed adopting mother (or sole male adopter)—

(a) having, as soon as is reasonably practicable but not later than 4 weeks before the expected day of placement, caused her employer to be notified in writing of her intention to take adoptive leave, and

(b) having, as soon as is reasonably practicable, caused her employer to be notified in writing of the expected day of placement, and

(c) causing her employer to be supplied with the certificate of placement as soon as is reasonably practicable but not later than 4 weeks after the day of placement.

modifiée[65]. Le dernier changement en date de ce texte consiste à intégrer les partenaires civils de même sexe[66]. Mais la mère d'intention ne peut

---

(2) In the case of a foreign adoption, entitlement to the minimum period of adoptive leave shall be subject to an employed adopting mother (or sole male adopter)—
(a) having, as soon as is reasonably practicable but not later than 4 weeks before the expected day of placement, caused her employer to be notified in writing of her intention to take adoptive leave, and
(b) having, as soon as is reasonably practicable, caused her employer to be notified in writing of the expected day of placement, and
F13 [(c) (i) having caused her employer to be supplied with a copy of an applicable ' declaration of eligibility and suitability ' (within the meaning of section 3 (1) of the *Adoption Act* 2010) before the expected day of placement, if not already supplied, and]
(ii) causing her employer to be supplied with particulars in writing of the placement as soon as is reasonably practicable after the day of placement.
(3) A notification under this section may be revoked by a further notification in writing by or on behalf of the employed adopting mother (or sole male adopter) to her employer.
(4) Where the day of placement is postponed, commencement of the period of adoptive leave shall also be postponed subject to the employed adopting mother (or sole male adopter) causing her employer to be notified of the expected new day of placement as soon as is reasonably practicable.

[65] Voir les lois : *Paternity Leave and Benefit Act* 2016 (11/2016), *Workplace Relations Act* 2015 (16/2015), *Children and Family Relationships Act* 2015 (9/2015), *Education and Training Boards Act* 2013 (11/2013), Adoption Act 2010 (21/2010), *Adoptive Leave Act* 2005 (25/2005), *Health Act* 2004 (42/2004), *Social Welfare (Miscellaneous Provisions) Act* 2004 (9/2004), *Employment Equality Act* 1998 (21/1998), *Pensions Act* 1990 (25/1990).

[66] F11 [(1A) (a) In this Act —
(i) a reference to ' adopting father ' shall be construed as including the civil partner or cohabitant of the qualifying adopter where the civil partner or cohabitant, as the case may be, is an employee in whose care a child has been placed or is to be placed with a view to the making of an adoption order, or to the effecting of a foreign adoption or following any such adoption, where the qualifying adopter has died,
(ii) a reference to ' adopting mother ' shall be construed as including the qualifying adopter in whose care a child (being a child in respect of whom neither the qualifying adopter, nor the civil partner or cohabitant of that qualifying adopter, is the natural mother) has been placed or is to be placed with a view to the making of an adoption order, or to the effecting of a foreign adoption or following any such adoption, and
(iii) a reference to 'employed adopting mother' shall be construed as including an employed qualifying adopter.
(b) For the purposes of this Act, where a couple are civil partners of each other or are a same sex cohabiting couple and the couple are jointly adopting a child, or have jointly adopted a child, the qualifying adopter is —
(i) where the couple are civil partners of each other, the civil partner chosen by that couple to be that qualifying adopter, or (ii) where the couple are a cohabiting couple, the cohabitant chosen by that couple to be that qualifying adopter.] Inserted by *Children*

pas se mouler dans la définition de la mère adoptive[67]. Enfin, les chapitres 9 et 11 de la loi codifiée de 2005 sur la sécurité sociale et les services sociaux (*Social Welfare Consolidation Act* 2005) fixent respectivement les règles relatives à l'octroi de l'allocation de maternité et de l'allocation d'adoption sans prendre en compte la GPA.

IV. L'absence de solution européenne

Finalement, à la lumière de ces situations tout à fait divergentes, la question se pose de savoir s'il est possible d'identifier un intérêt supérieur de l'enfant, si le congé de maternité pourrait constituer en soi, un élément d'un cadre juridique de base sur la GPA. La question n'a pas été posée à la CEDH mais il faut noter avec les arrêts *Mennesson, Labori* et encore *D* et *Paradiso*[68], que la Cour européenne des droits de l'homme vacille, ou du moins, n'a pas encore une jurisprudence claire en matière de standard et de protection des droits de l'enfant et des parents. C'est pourtant le point important. L'élément clef, qu'on a déjà aperçu au moins dans l'affaire *Mennesson*, est la prise en compte de l'intérêt supérieur de l'enfant.

L'intérêt supérieur de l'enfant, c'est la transcription de l'acte de l'état civil, c'est la reconnaissance de la filiation, cet enfant qui n'a pas demandé à naître et qui doit être reconnu et rattaché à la société. Est-ce que cet intérêt supérieur de l'enfant pourrait inclure aussi le congé de maternité de sa mère d'intention (ou même de son père d'intention) ? Les arguments sont nombreux. Au-delà de l'argument biologique

---

and Family Relationships Act 2015 (9/2015), s. 177(b), not commenced as of date of revision.

[67] "adopting father" means a male employee in whose care a child has been placed or is to be placed with a view to the making of an adoption order, or to the effecting of a foreign adoption or following any such adoption, where the adopting mother has died; "adopting mother" means a woman, including an employed adopting mother, in whose care a child (of whom she is not the natural mother) has been placed or is to be placed with a view to the making of an adoption order, or to the effecting of a foreign adoption or following any such adoption; "adopting parent" means employed adopting mother, adopting father or sole male adopter;
http://revisedacts.lawreform.ie/eli/1995/act/2/revised/en/html (consulté le 18/10/18).

[68] D v Belgium (29176/13) 11 September 2014 (ECHR) ; Mennesson v France (65192/11) 26 June 2014 (ECHR) ; Paradiso v Italy (25358/12) (2017) 65 E.H.R.R. 2 (ECHR)

(compris alors comme l'argument de l'allaitement), l'argument sociétal du lien à faire naître entre la mère et l'enfant semble de poids. Une relecture des arrêts en la matière donne des arguments dans les deux sens : l'article 8 (droit au respect de la vie privée et familiale) de la Convention européenne des droits de l'homme dispose que :

« *1. Toute personne a droit au respect de sa vie privée et familiale, de son domicile et de sa correspondance. 2. Il ne peut y avoir ingérence d'une autorité publique dans l'exercice de ce droit que pour autant que cette ingérence est prévue par la loi et qu'elle constitue une mesure qui, dans une société démocratique, est nécessaire à la sécurité nationale, à la sûreté publique, au bien-être économique du pays, à la défense de l'ordre et à la prévention des infractions pénales, à la protection de la santé ou de la morale, ou à la protection des droits et libertés d'autrui*[69] ».

Pour déterminer si l'ingérence des autorités dans la vie privée et familiale des requérants (qui peut être le refus de la filiation ou le refus d'accorder un congé de maternité) était nécessaire dans une société démocratique et si un juste équilibre a été ménagé entre les différents intérêts en présence, la Cour européenne des droits de l'homme recherche si cette ingérence était prévue par la loi, si elle poursuivait un/des but(s) légitime(s) et si elle était proportionnée à ces buts. L'article 8 s'applique dans ses volets « vie privée » et « vie familiale » au sens où les intéressés vivent ensemble d'une manière qui ne se distingue en rien de la « vie familiale » dans son acception habituelle et au sens où l'identité d'un enfant fait partie intégrante de sa vie privée. Cette qualification doit permettre à la Cour de constater que l'ingérence dans le droit au respect de la vie privée et familiale des requérants que constituait le refus des autorités d'accorder un congé de maternité était « prévue par la loi » au sens de l'article 8 de la Convention. On pourrait même ajouter que l'ingérence litigieuse vise même deux des buts légitimes énumérés dans l'article 8 : la « protection de la santé » et « la protection des droits et libertés d'autrui » au sens où le refus d'accorder un congé de maternité aux mères d'enfants nés par GPA pourrait procéder de la volonté de décourager les ressortissants de recourir à l'étranger à une méthode de procréation en partie prohibée sur le territoire des pays visés dans le but de préserver les enfants et la mère porteuse. Enfin, la Cour examinerait si cette ingérence était « nécessaire

---

[69] https://www.echr.coe.int/Documents/FS_Surrogacy_FRA.pdf.

dans une société démocratique ». La Cour a déjà souligné en particulier que les États doivent se voir accorder « une ample marge d'appréciation dans leurs choix liés à la gestation pour autrui, au regard des délicates interrogations éthiques qu'ils suscitent et de l'absence de consensus sur ces questions en Europe[70] ».

Cette marge d'appréciation doit néanmoins être réduite dès lors qu'il est question de la filiation, car cela met en jeu un aspect essentiel de l'identité des individus. Par ailleurs, il incombe à la Cour de rechercher si un juste équilibre a été ménagé entre les intérêts de l'État et ceux des individus directement touchés, eu égard notamment au principe essentiel selon lequel, chaque fois que la situation d'un enfant est en cause, l'intérêt supérieur de celui-ci doit primer. Dans les deux affaires *Mennesson* et *Labassee,* la Cour a conclu à la non-violation de l'article 8 de la Convention s'agissant du droit des requérants au respect de leur vie familiale et à la violation de l'article 8 de la Convention s'agissant du droit des enfants au respect de leur vie privée parce que le refus de la France de reconnaître la filiation établie aux États-Unis portait atteinte à l'identité des enfants au sein de la société française, ce qui allait au-delà de ce que permet l'ample marge d'appréciation que reconnaît la Cour aux États dans leurs décisions relatives à la gestation pour autrui[71]. L'octroi d'un congé de maternité n'a, quant à lui, pas d'effet sur l'identité de l'enfant et partant sur sa vie privée. Il constitue néanmoins un élément clef de la vie familiale tant du point de vue de l'enfant que du parent. Si on peut imaginer que la Cour ne reconnaisse pas un droit du parent à être avec son enfant, on pourrait néanmoins plaider pour un droit de l'enfant à être avec le parent lors de l'établissement des premiers contacts et liens familiaux. Reste l'obstacle de la marge d'appréciation de l'État au vu des « délicates interrogations éthiques que ce problème suscite en l'absence de consensus en Europe[72] ». Il faut encore noter que

---

[70] Mennesson v France (65192/11) 26 June 2014 (ECHR).

[71] Affaires similaires dans lesquelles, s'appuyant sur ses arrêts Mennesson et Labassee, la Cour a conclu à la non-violation de l'article 8 de la Convention s'agissant du droit des requérants au respect de leur vie familiale et à la violation de l'article 8 s'agissant du droit des enfants concernés au respect de leur vie privée : Foulon et Bouvet c. France, arrêt (chambre) du 21 juillet 2016 ; Laborie c. France, arrêt (comité) du 19 janvier 2017.

[72] Voir aussi Laurie Marguet, « Quand la Cour EDH et la Cour de cassation tissent les liens : filiation, mère d'intention et enfant né d'une GPA à l'étranger », in Revue des droits de l'Homme, Actualités Droits-Libertés, 12 juin 2019.

la CEDH oscille entre protection de l'intérêt de l'enfant et le refus de récompenser les parents qui agissent parfois hors la loi[73].

Un arrêt plus récent montre la prudence de la Cour quand il s'agit de reconnaître le lien entre des parents d'intention et un enfant né d'une GPA réalisée dans des conditions illégales qui ne permettaient pas d'établir un lien biologique entre les parents d'intention et l'enfant[74]. La Cour cherche avant tout à garantir un cadre juridique solide et juste autour de l'intérêt de l'enfant tout en reconnaissant la « volonté des autorités [...] de réaffirmer la compétence exclusive de l'État pour reconnaître un lien de filiation – uniquement en cas de lien biologique ou d'adoption régulière – dans le but de protéger les enfants ». Cette affaire concernait la prise en charge par les services sociaux italiens d'un enfant de neuf mois né en Russie à la suite d'un contrat de gestation pour autrui, conclu avec une femme russe par un couple italien, les requérants, dont il fut ultérieurement établi qu'ils n'avaient aucun lien biologique avec l'enfant. Compte tenu de l'absence de tout lien biologique entre l'enfant et les requérants, la courte durée de la relation avec l'enfant et la précarité juridique des liens entre eux, et malgré l'existence d'un projet parental et la qualité des liens affectifs, la Grande Chambre a conclu à l'absence de vie familiale entre les requérants et l'enfant. Elle a cependant considéré que les mesures litigieuses relevaient de la vie privée des requérants. La Cour a par ailleurs considéré que l'enfant ne subirait pas un préjudice grave ou irréparable en conséquence de la séparation, et que les autorités italiennes avaient ménagé un juste équilibre entre les différents intérêts en jeu, tout en demeurant dans les limites de la marge d'appréciation dont elles disposaient. La marge d'appréciation de l'État reste donc importante.

Il est d'autant plus probable que la Cour ne pencherait pas vers une violation de l'article 8 dans le cas d'un refus de congé de maternité à une mère d'intention qu'un arrêt D[75] est venu corroborer l'idée selon laquelle une séparation ou un éloignement entre l'enfant et parent pouvait être justifié dans certaines circonstances. En l'espèce, il s'agissait du refus initial des autorités belges d'autoriser la venue sur le

[73] Mennesson v France (65192/11) 26 June 2014 (ECHR).
[74] CEDH, Paradiso et Campanelli c. Italie 24 janvier 2017 (arrêt de Grande Chambre). Voir aussi CEDH, Laborie v. France (no. 44024/13) ; CEDH, Foulon c. France (no. 9063/14) and CEDH, Bouvet c. France (no. 10410/14).
[75] CEDH, D. et autres c. Belgique (n° 29176/13) 8 juillet 2014 (décision de chambre – partiellement rayée du rôle, partiellement irrecevable).

territoire national d'un enfant né d'une gestation pour autrui en Ukraine réalisée pour le compte de parents d'intention belges au motif que les autorités belges devaient procéder à des vérifications avant d'autoriser l'entrée de l'enfant en Belgique pour permettre d'établir l'apparence d'une filiation avec l'enfant même si cela engendrait une séparation effective entre l'enfant et les requérants qui pouvait constituer une ingérence dans leur droit au respect de leur vie familiale. La Cour a considéré que la Belgique avait agi dans les limites de la marge d'appréciation dont elle bénéficiait en la matière. Ainsi, tout en reconnaissant que la situation avait dû être difficile pour les requérants, la Cour a estimé que ni la procédure en référé, ni la période de séparation effective entre les requérants et l'enfant ne sauraient être considérées comme déraisonnablement longues[76].

A fortiori, le refus d'un congé de maternité n'empêche pas enfant et parent d'être ensemble. Il s'agira pour eux d'organiser une garde ou de prendre des congés sans soldes, ce qui est moins pratique, mais ne constitue certainement pas une violation d'un droit fondamental. La question est susceptible d'évoluer encore[77].

Conclusion

Les avancées biotechnologiques en matière de GPA et la remise en question des barrières et des souverainetés étatiques traditionnelles par une mondialisation économique et digitale transforment profondément les questionnements juridiques. Force est de constater que la GPA dans un cadre international montre les limites de l'interprétation juridique. Tant qu'il n'existe pas une législation claire et précise dans un domaine donné, les textes qui sont censés protéger les individus – et plus encore les droits fondamentaux – peuvent être interprétés dans un sens ou dans un autre et finalement n'apportent aucune sécurité juridique. Cette

[76] https://www.echr.coe.int/Documents/FS_Surrogacy_FRA.pdf.

[77] Requêtes pendantes Braun c. France (n° 1462/18), Requête communiquée au gouvernement français le 29 mars 2018 Saenz et Saenz Cortes c. France (n° 11288/18), Requête communiquée au gouvernement français le 29 mars 2018 Maillard et autres c. France (n° 17348/18), Requête communiquée au gouvernement français le 23 mai 2018, Schlittner-Hay c. Pologne (affaire communiquée) - 56846/15 et 56849/15, ECHR, A.M. against Norway lodged on 19 June 2018, Communicated on 6 September 2019 SECOND SECTION Application no. 30254/18.

difficulté laisse le juriste démuni face à la question de la GPA parce qu'il n'a pas encore les outils pour prendre en compte la réalité pragmatique de la multiplication des affaires, en particulier lorsqu'elles sont internationales[78].

[78] Voir aussi Lucia Serena Rossi, Droits fondamentaux, primauté et autonomie : la mise en balance entre les principes « constitutionnels » de l'Union européenne, RTD Eur. 2019 p.67.

QUAND LA GPA REND FOUS... LES JUGES OU LE CAS TOPIQUE DE LA TRANSCRIPTION DE L'ACTE DE NAISSANCE DE L'ENFANT CONÇU PAR GPA

CAROLINE MECARY

La GPA rend fou, elle rend fous les juges. L'affirmation a tout de la provocation mais pour la praticienne du droit que je suis, elle permet de souligner combien les magistrats sont mal à l'aise avec la gestation pour autrui (GPA) dès qu'elle commence à pointer son nez lors d'une demande de droit des justiciables. La GPA vient en quelque sorte heurter la conscience des magistrats et cela ouvre la boîte de pandore à des jugements de valeur, des motivations parfois très alambiquées qui sont très éloignées de l'application *« la plus neutre »* et la plus objective du droit positif. C'est-à-dire des présupposés qui sont des jugements de valeur ou des préjugés sur une situation.

Normalement les parents d'un enfant né par GPA devraient obtenir, comme pour n'importe quel enfant, les documents d'identité demandés puisque l'acte de naissance étranger d'un enfant né par GPA ou d'un enfant conçu charnellement est identique : les mentions portées sur l'acte sont exactement les mêmes ; pourtant la pratique montre que, souvent, dès qu'il y a une suspicion de GPA, les décisions prises par l'administration deviennent arbitraires, c'est-à-dire qu'elles sont prises en fonction du mode de conception de l'enfant, et non des règles de droit. Les parents n'ont pas d'autre choix que de saisir le juge compétent qui lui applique, sauf exception, les règles de droit applicables, qu'il s'agisse du retour en France de l'enfant, de la preuve de sa nationalité ou de la délivrance d'un passeport et/ou d'une carte d'identité française, qui en est la conséquence.

I. Un acte de naissance est un titre juridique qui établit l'identité et la filiation d'un sujet de droit

Il convient de rappeler que juridiquement, l'acte de naissance (étranger ou pas) est le seul document authentique qui établit l'identité de l'enfant et le lien de filiation juridique avec les personnes qui sont inscrites comme parents car « (...) l'acte d'état civil est plus qu'une preuve de fait ; il constitue le "titre", en tant qu'il est un mode d'établissement extrajudiciaire de la filiation qui ne peut être détruit que dans les conditions propres aux actions en justice relatives à la filiation. Le titre a les caractères et l'autorité des actes authentiques », comme le rappelle Madame Catherine Labrusse-Riou, professeure agrégée[1]. C'est aussi ce que rappelle l'article 310-3 du Code civil qui dispose que : « La filiation se prouve par l'acte de naissance de l'enfant ».

Lorsque l'acte de naissance a été rédigé par un officier d'état civil à l'étranger, il est valable lorsqu'il a été établi selon les règles du droit étranger. C'est ce que rappelle le § 488 de l'Instruction générale relative à l'état civil (Igréc), qui précise, en outre, que les parents peuvent aussi se prévaloir des règles de preuves du pays où a été rédigé l'acte, pour en démontrer la validité[2] ; cela signifie qu'un couple peut invoquer la loi grecque ou portugaise ou britannique pour démontrer, en cas de contestation par le procureur ou une administration, la validité de l'acte de naissance étranger. La Cour de cassation, elle-même, a jugé le 6 avril 2011, que la filiation est établie par l'acte de naissance étranger : « *qu'une telle annulation* (de la transcription), ***qui ne prive pas les enfants de la filiation maternelle et paternelle que le droit californien leur reconnaît*** *ni ne les empêche de vivre avec les époux X en France (...)*[3] ».

---

[1] Catherine Labrusse-Riou, *Rép. civ.*, v ° *Filiation : généralités*, n° 29-32.

[2] Igréc, § 488 : « La loi étrangère est seule compétente pour déterminer les formes dans lesquelles les actes de l'état civil sont rédigés » (Paris, 28 févr. 1881, journal *La Loi* du 6 mars) et pour préciser les modalités de leur publicité, la preuve de l'existence et du contenu des actes doit être rapportée en France, « selon les modes de preuve de la juridiction saisie sans préjudice du droit pour les parties de se prévaloir également des règles de preuve du lieu étranger de l'acte » (Civ. 1re, 25 nov. 1981, *Bull. civ.* n° 350, *RCDIP* 1982. 701) ».

[3] Cass. 6 avr. 2011, pourvois n° 10-19.053 ; 09-17130 et 09-66486.

Sur le plan de la forme, l'acte de naissance étranger est valable en France, s'il a été légalisé (ou apostillé)[4] et s'il est traduit en français lorsqu'il a été rédigé dans une langue étrangère[5]. En outre, contrairement à une idée reçue, cet acte de naissance étranger n'a pas besoin d'être transcrit sur le registre de l'état civil des Français de l'étranger pour être valable et donc utilisable en France. La transcription est une simple mesure de publicité de l'acte de naissance étranger, elle ne confère aucun droit ni devoir ; c'est une formalité qui est totalement facultative comme le rappelle l'Instruction générale de l'état civil[6]. Il s'agit d'une mesure pratique qui évite d'avoir à demander à la ville de naissance de l'enfant, par exemple San Diego (USA) ou Bombay (Inde) un acte de naissance étranger qu'il faudra ensuite faire apostiller et traduire ; avec un acte transcrit il suffit de demander au service central de l'état civil (SCEC) l'acte français et celui-ci est envoyé par la poste dans un délai de quelques jours.

Ainsi sur le plan des règles de droit applicable, on n'a pas besoin d'avoir un acte de naissance étranger transcrit sur le registre central de l'état civil des Français nés à l'étranger pour demander un passeport ou une carte d'identité[7] ou un certificat de nationalité française[8]. Cette règle

---

[4] Igréc, § 587 : « La légalisation de signature est une mesure administrative qui consiste à authentifier une signature et la qualité du signataire par l'apposition d'un contreseing officiel. Elle ne doit être donnée qu'aux pièces demandées par une autorité publique qui se fonde elle-même sur une règle de droit interne ou une convention internationale. La légalisation facilite donc dans les relations internationales la preuve de l'authenticité d'un acte ou d'un document établi conformément aux règles de droit interne et favorise leur production et leur admission à l'étranger. » Voir aussi la circulaire du 28 octobre 2011 relative aux règles particulières à divers actes de l'état civil relatifs à la naissance et à la filiation (NOR : JUSC1119808C), qui rappelle le caractère facultatif de la transcription d'un acte de naissance. Enfin une réponse ministérielle publiée au *JO* du 26 février 2019 (n ° 14345, p. 1920) rappelle le caractère facultatif de la transcription d'un acte de naissance établi à l'étranger.

[5] Cass. 28 nov.2012, n° 11-28.645.

[6] Igréc, § 509 : « En l'absence de texte prévoyant l'obligation de transcription, les officiers de l'état civil et les administrations ne peuvent exiger des Français dont les actes de l'état civil ont été dressés par des autorités étrangères qu'ils fassent procéder à la transcription de ces actes sur les registres consulaires français ; en effet, en application de l'article 47 du Code civil, la copie d'un acte de l'état civil étranger, traduite, et légalisée (voir n°s 586-1 s.) fait foi en France au même titre qu'une copie d'acte délivrée par une autorité française. C'est pourquoi la transcription est le plus souvent facultative et effectuée à la requête du ou des ressortissant(s) français ».

[7] Circulaire du 1er mars 2010 relative à la simplification de délivrance et renouvellement des cartes nationales d'identité et des passeports.

de droit parfaitement établie est régulièrement écartée en présence d'une simple suspicion de GPA[9].

Bien que la transcription de l'acte de naissance étranger sur le registre de l'état civil des Français nés à l'étranger soit facultative, de nombreux parents ont souhaité l'obtenir ne serait-ce que parce qu'il est pratique d'avoir un acte de naissance français plutôt que de devoir demander à la ville étrangère où l'enfant est né, un acte de naissance lorsqu'on en a besoin. C'est cette demande de transcription qui a fait la « notoriété » des enfants nés par GPA car le procureur de la République de Nantes – organe de contrôle du service central de l'état civil (SCEC)[10], s'est toujours opposé à la transcription, en présence d'une simple suspicion de GPA. Face à un tel barrage, des solutions alternatives ont été cherchées.

II. Qu'est-ce que la transcription de l'acte de naissance étranger de l'enfant né par GPA

Qu'est-ce que la transcription ? C'est l'acte matériel qui consiste à transcrire (recopier) les éléments qui figurent sur l'acte de naissance étranger sur le registre de l'état civil des Français nés à l'étranger, afin que l'enfant puisse avoir un acte de naissance français, ce qui est pratique. La transcription de l'acte de naissance étranger ne crée pas la filiation, elle ne donne pas de droit, c'est d'ailleurs pour cela qu'elle est

---

[8] Circulaire du 25 janvier 2013 (NOR JUSC1301528C).

[9] Il y a suspicion de GPA lorsqu'un couple réside et travaille en France et devient parent d'un enfant dans un pays étranger. L'administration n'a aucune preuve de la GPA, si le couple ne donne aucun élément sur la GPA (contrat, jugement) mais la situation de fait, entraîne une suspicion.

[10] Le SCEC étant situé à Nantes, c'est le procureur près du TGI de Nantes qui a compétence territoriale. Le procureur chargé de ces questions est resté en poste dix ans. Il a mené une véritable « croisade » contre la reconnaissance des actes de naissance des enfants nés par GPA ; de son côté le TGI de Nantes a depuis 2011, ordonné de manière constante la transcription complète des actes de naissance des enfants nés par GPA, indépendamment de l'orientation sexuelle des parents et y compris pour des parents célibataires (TGI Nantes, 10 juin 2010, 17 mars 2011, 13 mai 2015, 17 sept. 2015, 22 oct. 2015, 30 août 2016, 24 nov. 2016, 12 janv. 2017, 23 mars 2017, 29 sept. 2017, 14 déc. 2017, 8 févr. 2018, 8 mars 2018, 12 avr. 2018, 15 mai 2018, 8 nov. 2018, 30 janv. 2019, 22 févr. 2019, 14 mars 2019, 11 avr. 2019, 23 mai 2019) ; quant à la cour d'appel de Rennes, son positionnement a fluctué au gré des évolutions de la Cour de cassation, avec parfois des velléités de résistance.

facultative[11] ; elle permet simplement d'avoir un acte de naissance français, ce qui facilite la vie des enfants : pas besoin de demander à la mairie de Novossibirsk par exemple un nouvel acte de naissance, il suffit d'en faire la demande au service central de l'état civil (SCEC). La filiation est établie par l'acte de naissance, fût-il étranger : l'acte de naissance est, comme on l'a indiqué supra, un titre juridique qui crée l'identité de chacun de nous avec l'indication de la filiation juridique.

La transcription est une mesure de publicité de l'acte de naissance étranger ; c'est une formalité qui est totalement facultative comme le rappelle le paragraphe 509 de l'Instruction générale de l'état civil. Sur le plan des règles légales, on n'a pas besoin d'avoir un acte de naissance étranger transcrit sur le registre central de l'état civil pour demander un passeport ou une carte d'identité ou un certificat de nationalité française. Ces démarches peuvent normalement se faire avec l'acte de naissance étranger traduit et apostillé, du moins est-ce la règle sur le plan juridique, comme le rappelle la circulaire du 1er mars 2010 (passeport et carte d'identité) et la circulaire du 25 janvier 2013 (certificat de nationalité française) ainsi que la jurisprudence.

C'est l'article 47 du Code civil qui détermine les conditions de la transcription : « *Tout acte de l'état civil des Français et des étrangers fait en pays étranger et rédigé dans les formes usitées dans ce pays fait foi, sauf si d'autres actes ou pièces détenus, des données extérieures ou des éléments tirés de l'acte lui-même établissent, le cas échéant, après toute vérification utile, que cet acte est irrégulier, falsifié ou que les faits qui y sont déclarés ne correspondent pas à la réalité* ».

Cette question de la transcription, apparue au début des années 2000, n'est à ce jour, pas résolue de manière satisfaisante et ce malgré les différentes condamnations de la France par la Cour européenne des droits de l'Homme, en 2014 pour les familles Mennesson et Labassée[12], puis en 2016 pour les familles Foulon et Bouvet[13] et en janvier 2017 pour la famille Laborie [14], sans omettre l'avis rendu par la CEDH le

---

[11] En revanche le mariage de Français célébré à l'étranger faisant l'objet d'un acte d'état civil étranger DOIT être transcrit sur le registre de l'état civil des mariages des Français à l'étranger, pour que le mariage célébré à l'étranger soit reconnu en France.

[12] CEDH, *Labassée c/ France*, 26 juin 2014, req. n° 65941/11, § 78 à 81 ; CEDH, *Mennesson c/ France,* 26 juin 2014, req. n° 65192/11, § 99 à 102 ; « GPA, dans un état de droit, appliquer le droit », *Libération*, 17 juill. 2014.

[13] CEDH, *Foulon et Bouvet c/ France*, 21 juill. 2016, req. n° 9063/14 et n° 0410/14.

[14] CEDH, *Laborie c/France*, req. n° 44024/13.

10 avril 2019 et les derniers arrêts de la Cour de cassation du 4 octobre 2019, puis du 18 décembre 2019[15], puis des 18 mars[16] et le 18 novembre 2020[17].

III. La jurisprudence de la Cour de cassation avant la première condamnation de la France par la Cour européenne des droits de l'Homme

Le 6 avril 2011, la Cour de cassation a jugé, dans trois arrêts de principe, qu'est « contraire à l'indisponibilité de l'état des personnes, principe essentiel du droit français, de faire produire effet à une convention portant sur la gestation pour le compte d'autrui, nulle d'une nullité d'ordre public aux termes des articles 16-7 et 16-9 du Code civil[18] ». Se fondant, comme en 1989, puis en 1991, sur le principe de l'indisponibilité de l'état des personnes, la Cour de cassation a refusé la transcription de l'acte de naissance des enfants nés par GPA. C'est la raison pour laquelle deux des familles concernées, les familles Mennesson et Labassée, ont saisi la CEDH.

Deux ans et demi plus tard, le 13 septembre 2013, la Cour de cassation a estimé, dans une première affaire (famille Bouvet) que serait *« justifié le refus de transcription d'un acte de naissance fait en pays étranger et rédigé dans les formes usitées dans ce pays lorsque la naissance est l'aboutissement, en fraude à la loi française, d'un processus d'ensemble comportant une convention de gestation pour le compte d'autrui, convention qui, fût-elle licite à l'étranger, est nulle d'une nullité d'ordre public aux termes des articles 16-7 et 16-9 du Code civil[19] ».* Dans la seconde espèce (famille Foulon), elle a considéré de la même manière que le fait d'avoir eu recours à une GPA à l'étranger est une fraude à la loi ; et elle a été encore plus loin puisqu'elle a jugé qu'en présence d'une telle fraude *« Ni l'intérêt supérieur de l'enfant (...) ni le respect du droit à la vie privée (...) ne*

[15] Cass, 18 décembre 2019, pourvois n° 18/14751, 18/12327 et 18/11815
[16] Cass, 18 mars 2020, pourvoi n° 18/15368
[17] Cass 18 novembre 202, pourvoi n° 19/5043
[18] Cass. 6 avr. 2011, pourvois n° 09-17.130, n° 09-66.486 et n° 10-19.053.
[19] Cass. 13 sept. 2013, pourvoi n° 12-30.138.

sauraient être utilement invoqués[20] ». Les familles Bouvet et Foulon ont alors saisi la CEDH.

IV. Les arrêts *Mennesson* et *Labassée* du 26 juin 2014

La Cour de Strasbourg[21] a pris le soin de rappeler que la France – comme les autres États membres du Conseil de l'Europe – pouvait interdire la GPA, mais elle a, ensuite, considéré que le refus de transcription de l'acte de naissance des enfants conçus par GPA affectait significativement le droit au respect de la vie privée des enfants, droit « qui implique que chacun puisse établir la substance de son identité, y compris sa filiation » et que se posait « une question grave de compatibilité de cette situation avec l'intérêt supérieur des enfants, dont le respect doit guider toute décision les concernant ». Elle a conclu que le droit des enfants au respect de leur vie privée, protégé par l'article 8 de la Convention, avait été méconnu[22]. Cette condamnation de la France par la Cour de Strasbourg devait nécessairement conduire la Cour de cassation à revoir sa position.

V. Le repositionnement de la Cour de cassation le 3 juillet 2015, après la condamnation de la France par la CEDH

La Cour de cassation a, le 3 juillet 2015, abandonné la théorie de la fraude à la loi. Elle a jugé que l'acte de naissance étranger devait être transcrit dès lors qu'il est conforme aux dispositions de l'article 47 qui prévoit que : *« Tout acte de l'état civil des Français et des étrangers fait en pays étranger et rédigé dans les formes usitées dans ce pays fait foi, sauf si d'autres actes ou pièces détenus, des données extérieures ou des éléments tirés de l'acte lui-même établissent, le cas échéant, après toute vérification utile, que cet acte est irrégulier, falsifié ou que les faits qui y sont déclarés ne correspondent pas à la réalité. »* En d'autres termes, lorsque l'acte de naissance étranger est régulier, non falsifié et que les

---

[20] Cass. 13 sept. 2013, pourvoi n° 12-18.315.

[21] On dit de la Cour européenne des droits de l'Homme est la Cour de Strasbourg car son siège est à Strasbourg.

[22] CEDH, *Labassée c/ France,* 26 juin 2014, req. n° 65941/11, § 78 et 80 ; CEDH, *Mennesson c/ France,* 26 juin 2014, req. n° 65192/11, § 99 et 101.

faits qui y sont déclarés correspondent à la réalité, il doit être transcrit complètement[23].

Le procureur de Nantes, prenant appui sur le fait que la Cour de cassation a jugé que l'acte de naissance étranger devrait correspondre à la réalité, a continué à refuser la transcription complète, lorsque la mère inscrite sur l'acte de naissance étranger était suspectée de ne pas avoir accouché ou lorsque l'acte de naissance portait la mention de deux pères. Or la « réalité » de l'article 47 du Code civil ne peut être qu'une réalité juridique et non pas une « réalité » factuelle de nature biologique ou génétique. En effet, c'est la réalité juridique qui permet, par exemple, de transcrire l'acte de naissance étranger d'un enfant adopté par un couple de Français qui figurent sur l'acte de naissance étranger de l'enfant, après adoption : ils ne sont jamais les parents biologiques, c'est donc bien la réalité juridique qui permet la transcription et non la réalité factuelle.

Le TGI de Nantes a continué, au nom de l'intérêt supérieur de l'enfant, à accepter la transcription complète de l'acte de naissance, quelle que soit la situation (couple hétéro, couple d'hommes, femmes ou homme célibataire), tandis que la cour d'appel de Rennes a fait de même, uniquement lorsque l'acte de naissance portait la mention du père et de la femme étrangère qui a accouché[24]. C'est dans ce contexte que la France a, de nouveau, été condamnée par la CEDH.

VI. L'arrêt *Foulon et Bouvet* du 21 juillet 2016 et l'arrêt *Laborie* du 19 janvier 2017

La situation française n'étant pas satisfaisante du point de vue du respect du droit à la vie privée des enfants, la CEDH a condamné de nouveau la France pour la violation du droit au respect de la vie privée des enfants le 21 juillet 2016[25], puis le 19 janvier 2017[26]. En revanche la CEDH n'a pas condamné l'Italie dans une affaire *Paradisio et Campanelli*[27] sans doute parce que dans cette affaire, les enfants

[23] Cass., Ass. plén., 3 juill. 2015, pourvois n° 14-21323 et n° 15-50002.
[24] CA Rennes, 30 nov. 2015, RG n° 14/0143.
[25] CEDH, *Foulon et Bouvet c/ France*, 21 juill. 2016, req. n° 9063/14 et n° 10410/14.
[26] CEDH, *Laborie c/France*, req. n° 44024/13.
[27] CEDH, *Paradisio et Campanelli*, req. n° 25358/12.

n'étaient pas représentés devant la CEDH, de sorte que cette dernière pouvait difficilement constater que leur droit à la vie privée avait été violé par l'Italie.

Dans ce contexte, il était impératif que la Cour de cassation fasse de nouveau évoluer son positionnement du 3 juillet 2015, celui-ci donnant lieu à des interprétations divergentes entre le procureur de Nantes et les juridictions compétentes. Ajoutons pour le plaisir de la complexité que la Cour d'appel de Rennes a, elle aussi, évolué et jugé le 12 décembre 2016 que la transcription devait être complète y compris en présence d'une mère d'intention, allant beaucoup plus loin que la Cour de cassation[28]. Une telle solution pouvant être étendue, par analogie, à la situation du second père (qualifié lui aussi de père d'intention) pour les couples d'hommes.

VII. Le repositionnement de la Cour de cassation le 5 juillet 2017

Le 5 juillet 2017, la Cour de cassation a refusé la transcription complète de l'acte de naissance étranger. Elle a admis une transcription partielle dudit acte de naissance à l'égard du seul et supposé père « biologique[29] ». Elle a refusé la transcription du nom de la mère qui figure sur l'acte de naissance étranger, car elle affirme « Que, concernant la désignation de la mère dans les actes de naissance, la réalité au sens de ce texte, est la réalité de l'accouchement ; ».

Cette position de la Cour de cassation est pour le moins paradoxale pour deux raisons. La première c'est que d'un point de vue juridique, le supposé père est légalement le père parce qu'il est le mari de la femme qui a accouché – il est père par la présomption de paternité et non par test génétique – or cette femme, son épouse, n'est pas, elle, reconnue comme mère puisqu'elle n'a pas accouché ; question : Comment cet homme peut-il être reconnu père d'un enfant dont sa femme n'a pas accouché ? La seconde, c'est que la position de la Cour de cassation est une régression car elle fonde la question de la filiation entre l'enfant et la mère sur la biologie. Or cette conception de la maternité est contraire

[28] CA Rennes, 12 déc. 2016, RG n° 15/08549.
[29] Cass. 5 juill. 2017, pourvois n° 16-16901 et n° 16.50025 ; « N'est pas Salomon qui veut : quand la Cour de cassation prive l'enfant de sa mère », Huffingtonpost.fr, 7 juill. 2017.

aux droits des pays qui ont rédigé l'acte de naissance étranger dont il est demandé la transcription. Cette conception de la maternité est aussi contraire à notre propre droit de la filiation pour lequel la maternité n'est pas le fait d'accoucher, mais une institution par le droit que traduit l'article 311-25 du Code civil qui dispose : « *La filiation est établie, à l'égard de la mère, par la désignation de celle-ci dans l'acte de naissance de l'enfant*[30] ». C'est aussi cette institution par le droit de la qualité de mère qui permet par exemple, l'adoption ou l'accouchement sous X : deux cas où le droit se moque bien de savoir qui a accouché, pour instituer, dans l'adoption, une mère légale qui n'a jamais accouché de l'enfant adopté et dans l'accouchement sous X, l'effacement de la femme qui a accouché, qui ne sera jamais légalement la mère de l'enfant. En droit cette mère n'existe pas.

Comment comprendre la position de la Cour de cassation ? C'est l'un des attendus de l'arrêt qui donne la clef : « *Attendu que le refus de transcription de la filiation maternelle d'intention, lorsque l'enfant est né à l'étranger à l'issue d'une convention de gestation pour autrui, résulte de la loi et poursuit un but légitime en ce qu'il tend à la protection de l'enfant et de la mère porteuse et vise à décourager cette pratique, prohibée par les articles 16-7 et 16-9 du Code civil*[31] ». Ainsi la Cour affirme qu'elle recherche la « protection de l'enfant », cependant on comprend mal comment la protection de l'enfant peut passer par une transcription partielle de son acte de naissance étranger, effaçant l'indication du nom de sa mère, et non par une transcription complète avec la mention de sa mère. En quoi l'escamotage de la mère protège mieux l'enfant et de quoi ? Ensuite la Cour de cassation prétend vouloir protéger « la mère porteuse ». Or, il faut rappeler que la femme porteuse n'a rien demandé, elle n'est même pas une partie au procès et elle a renoncé volontairement à tout droit et devoir sur l'enfant qu'elle a porté, conformément à sa loi nationale, de sorte qu'elle n'a même jamais été – le plus souvent – sur l'acte de naissance de l'enfant. C'est *in fine* que l'on découvre l'objectif de la Cour de cassation : « décourager cette pratique (celle de la GPA) prohibée » ; or le rôle de la Cour de cassation est de dire le droit, pas de définir des choix politiques pour décourager une ou des pratiques et de créer *ex nihilo* une nouvelle règle de droit en violation de l'article 5 du Code civil. « Décourager cette pratique

---

30 Il faut d'ailleurs souligner ici qu'aucun procureur n'a jamais agi en contestation de maternité contre une mère d'intention, alors que la voie de droit lui est ouverte.
31 Cass. 5 juill. 2017, pourvois n° 16-16901 et n° 16.50025.

prohibée » est un choix politique qui appartient au législateur lequel a toute latitude pour définir de nouvelles règles pour atteindre ce but. Avec pour unique boussole, non pas l'intérêt supérieur de l'enfant, mais la protection d'une femme porteuse qui n'est pas dans la cause et la lutte contre une pratique prohibée en France mais légale ailleurs, la Cour a préféré une morale obsolète contraire à la réalité juridique et concrète d'un enfant dont la seule existence impose une protection et non une punition pour une naissance qu'il n'a pas choisie.

Ceci est d'autant plus surprenant que dans d'autres situations, les juridictions françaises font prévaloir sur une institution française, comme l'adoption, une institution étrangère, inconnue du droit français comme la Kafala, alors même que cette dernière est moins protectrice de l'enfant que l'institution de l'adoption. La Kafala est une institution du droit musulman qui permet de confier un enfant à une personne ou un couple qui exerceront une tutelle sur l'enfant, sans qu'une adoption dudit enfant par cette personne ou ce couple ne soit possible. La Cour de cassation refuse qu'un enfant confié dans le cadre d'une Kafala puisse faire l'objet d'une adoption[32]. Donc la Kafala, institution étrangère issue d'une religion, est respectée par le juge français, en revanche, en présence d'une loi civile étrangère qui permet qu'un enfant né grâce à la GPA ait légalement deux parents, c'est-à-dire bénéficie d'une double protection juridique, le juge français en écarte l'application...

On peut dire que la Cour de cassation a dénaturé le sens de l'article 47 du Code civil. Les travaux préparatoires de la loi du 26 novembre 2003 dont résulte l'actuelle rédaction de ce texte montrent que le législateur n'entendait pas gouverner l'établissement de la filiation à l'étranger ou restreindre les conditions de reconnaissance, en France, d'actes d'état civil étrangers établissant un lien de filiation. Comme le souligne le rapporteur public dans l'affaire du 31 juillet 2019, le Conseil d'État « *a interprété la notion d'absence de correspondance à la réalité comme renvoyant simplement à l'inexactitude de l'acte (voir 26 avr. 2018, avis, M. C., n° 416550, inédit au Recueil) – c'est-à-dire au fait qu'il déclare à tort, par exemple, qu'un lien de filiation a été établi conformément à la loi étrangère. En d'autres termes, l'article 47 n'a pas été conçu pour écarter la loi étrangère, mais simplement pour écarter des actes étrangers qui ne sont pas conformes en fait à la loi dont ils relèvent – sa deuxième partie, qui s'ouvre par "sauf si", n'est*

[32] Cass. 10 oct. 2006, pourvois n° 15-15264 et n° 06-15265.

rien d'autre, en somme, qu'une disposition de lutte contre la fraude documentaire. En y intégrant les principes du droit civil français qui régissent la filiation (réalité de l'accouchement, paternité biologique), la jurisprudence civile a donc fait de cette disposition relative à la force probante des constats de fait opérés par des actes étrangers selon leur droit, une disposition relative à la conformité des actes étrangers aux principes essentiels du droit français[33] *»*.

En tout état de cause, le choix de la Cour de cassation n'a pas réglé de manière satisfaisante les situations des enfants nés grâce à la GPA. C'est la raison pour laquelle au début de l'année 2018, trois couples hétérosexuels ont saisi, à nouveau, la CEDH qui devra – encore – se prononcer [34] sur une question dont on peut dire qu'elle empoisonne les juges depuis bientôt vingt ans, alors même que la transcription de l'acte de naissance n'est qu'une mesure de publicité, soit une formalité facultative.

La Cour de cassation, sentant sans doute la fragilité de sa position a, le 5 octobre 2018, à l'occasion d'une procédure de révision de la situation des jumelles Mennesson, demandé à la CEDH son avis pour savoir si elle devait/pouvait transcrire à l'égard du « parent d'intention » figurant dans l'acte de naissance[35].

VIII. L'avis de la Cour européenne du 10 avril 2019

Dans ce contexte, le 10 avril 2019, la CEDH a rendu un avis, tenant compte de la position des 47 pays membres du Conseil de l'Europe – auquel ses décisions et avis s'imposent – et de l'absence de consensus. En voici les termes :

« Dans la situation où, comme dans l'hypothèse formulée dans les questions de la Cour de cassation, un enfant est né à l'étranger par gestation pour autrui et est issu des gamètes du père d'intention et d'une tierce donneuse, et où le lien de filiation entre l'enfant et le père d'intention a été reconnu en droit interne :

---

[33] Guillaume Oudinet, rapporteur public, conclusions dans l'affaire n° 411984 du 31 juill. 2019, p. 5.

[34] *Braun c/ France*, req. n° 1462/18 ; *Saenz c / France*, req. 11288/18 et *Maillard c/France*, req. 17348/18.

[35] Cass. 5 oct. 2018, pourvoi n° 10-19053.

1. le droit au respect de la vie privée de l'enfant, au sens de l'article 8 de la Convention, requiert que le droit interne offre une possibilité de reconnaissance d'un lien de filiation entre cet enfant et la mère d'intention, désignée dans l'acte de naissance légalement établi à l'étranger comme étant la "mère légale" ;

2. le droit au respect de la vie privée de l'enfant, au sens de l'article 8 de la Convention, ne requiert pas que cette reconnaissance se fasse par la transcription sur les registres de l'état civil de l'acte de naissance légalement établi à l'étranger ; elle peut se faire par une autre voie, telle que l'adoption de l'enfant par la mère d'intention, ***à la condition que les modalités prévues par le droit interne garantissent l'effectivité et la célérité de sa mise en œuvre, conformément à l'intérêt supérieur de l'enfant*** *».*

La Cour européenne réaffirme que les droits internes des États membres du Conseil de l'Europe doivent permettre une reconnaissance de la filiation établie à l'étranger entre l'enfant et sa mère d'intention (ceci est transposable au second père d'intention pour les couples d'hommes), même si cela ne passe pas par une transcription complète l'acte de naissance étranger de l'enfant.

Cependant, la CEDH prend le soin de souligner que les modalités prévues par le droit interne doivent garantir l'effectivité et la célérité du mécanisme de reconnaissance du lien de filiation établi à l'étranger[36]. Comme le souligne un commentateur : il appartient alors au juge interne de se prononcer sur *« l'adéquation du droit français de l'adoption avec ces critères »*. De l'effet boomerang de la demande d'avis...[37] et lorsque l'on sait qu'en France l'adoption de l'enfant du conjoint peut prendre jusqu'à trois ans entre le refus du tribunal de première instance et l'examen par la Cour d'appel, on peut légitimement s'interroger sur l'effectivité et la célérité du processus et sa compatibilité avec l'avis de la CEDH.

On ne peut que regretter que la CEDH n'ait pas considéré qu'il faille effectuer la transcription complète de l'acte de naissance de l'enfant dans son intérêt supérieur et premier. Cette solution aurait eu le grand avantage de mettre fin aux procédures d'adoption de l'enfant du

---

[36] Avis, 10 avr. 2019 (demande n° P16-2018-001).

[37] « La reconnaissance du lien de filiation d'un enfant né d'une GPA avec la mère d'intention », *JCP G* 22 avr. 2019, p. 773, Frédéric Sudre.

conjoint, alors que l'adoptant est déjà sur l'acte de naissance étranger, et qui sont une manière de punition. Cela aurait mis fin aussi à toutes les procédures devant les juridictions administratives et juridictions judiciaires qu'il faut saisir pour combattre des décisions illégales de refus de pièces d'identité ou encore de CNF. Cela aurait fait cesser les demandes d'exequatur qui encombrent les TGI, qui n'ont pas besoin de cela. En d'autres termes cela aurait permis de clore ce débat qui depuis bientôt deux décennies accapare le temps et l'intelligence des familles concernées, des juges, des professeurs de droit et des avocats, uniquement pour que l'enfant né de GPA, ait un acte de naissance français, identique à son acte de naissance étranger et qu'il cesse ainsi d'être puni pour une situation dont il n'est pas responsable[38].

IX. Le nouveau positionnement de la Cour de cassation le 4 octobre 2019

C'est dans ce contexte que la Cour de cassation a été amenée à se prononcer de nouveau. Dans un arrêt du 4 octobre 2019, elle a jugé que la transcription de l'acte de naissance étranger devait être effectuée aussi bien pour le père que pour la mère car « *s'agissant d'un contentieux qui perdure depuis plus de quinze ans, en l'absence d'autre voie permettant de reconnaître la filiation dans des conditions qui ne porteraient pas une atteinte disproportionnée au droit au respect de la vie privée de Mmes A... et B... X... consacré par l'article 8 de la Convention de sauvegarde des droits de l'homme et des libertés fondamentales, et alors qu'il y a lieu de mettre fin à cette atteinte, la transcription sur les registres de l'état civil de Nantes des actes de naissance établis à l'étranger de A... et B... X... ne saurait être annulée.* »[39]. La situation de la famille Mennesson est donc réglée, mais nombreux sont les commentateurs qui considèrent que cet arrêt n'ouvre pas la voie à une transcription automatique de l'acte de naissance compte tenu du fait que la Cour a pris le soin de préciser qu'il s'agissait d'un cas particulier (contentieux de 15 ans, ce qui n'est évidemment pas la majorité des situations). Cependant cet arrêt est une avancée car il montre que la transcription peut être complète (c'est un choix possible du juge), il ne permet néanmoins pas de dégager une règle générale claire et précise,

---

[38] « Adoption, transcription et GPA », *Droit de la famille*, n° 11, nov. 2018, p 7 à 9.
[39] Cass. 4 octobre 2019, pourvoi n° 10-19053

sécurisante pour les enfants, puisque la situation de chaque famille devra être appréciée par un juge, or avec le juge on ne peut jamais exclure l'aléa.

X. L'anticipation de la Cour d'appel de Rennes

C'est la Cour d'appel de Rennes qui va anticiper une unification de la jurisprudence. Par quatre arrêts rendus le 18 et le 25 novembre 2019, elle a ordonné la transcription complète des actes de naissance des enfants des familles concernées. Il faut préciser que ces familles étaient en procédure depuis plusieurs années (entre 3 et 5 ans pour chacune de ces familles). De fait, il paraît difficile de refuser une transcription complète, dès lors que les couples sollicitant la transcription ont initié une procédure judiciaire qui prend nécessairement du temps, sachant en outre que les procédures d'adoption mettent selon les juridictions entre 6 à 18 mois avant d'aboutir à une décision d'adoption protégeant pleinement l'enfant, ce qui ne correspond pas à l'idée que l'on peut se faire de la célérité[40].

XI. Le revirement de jurisprudence de la Cour de cassation le 18 décembre 2019

La Cour de cassation va d'une certaine manière entériner le processus d'unification le 18 décembre 2019. Elle a ordonné la transcription complète dans des termes qui ne laissent planer aucun doute :

« 12. Au regard des mêmes impératifs et afin d'unifier le traitement des situations, il convient de faire évoluer la jurisprudence en retenant qu'en présence d'une action aux fins de transcription de l'acte de naissance étranger de l'enfant, qui n'est pas une action en reconnaissance ou en établissement de la filiation, ni la circonstance que l'enfant soit né à l'issue d'une convention de gestation pour autrui ni celle que cet acte désigne le père biologique de l'enfant et un deuxième homme comme père ne constituent des obstacles à la

---

[40] *Actualité juridique de la famille*, Janvier 2020, note A.Dionisi-Peyrusse, p. 71 *et Gazette du Palais*, 7 janvier 2020, commentaire P. Le Maigat.

transcription de l'acte sur les registres de l'état civil, lorsque celui-ci est probant au sens de l'article 47 du Code civil.

13. Pour ordonner la transcription partielle des actes de naissance de Derya et Daphné et rejeter la demande en ce que les actes désignent M. Yilmaz en qualité de parent, l'arrêt retient que ceux-ci ne sont pas conformes à la réalité et que la transcription partielle ne porte pas une atteinte disproportionnée au droit au respect de la vie privée des enfants dès lors que l'adoption permet, si les conditions légales en sont réunies et si elle est conforme à l'intérêt des enfants, de créer un lien de filiation entre ceux-ci et le compagnon de leur père.

14. En statuant ainsi, alors que, saisie d'une demande de transcription d'actes de l'état civil étrangers, elle constatait que ceux-ci étaient réguliers, exempts de fraude et avaient été établis conformément au droit de l'État de Californie, la cour d'appel a violé les textes susvisés (Cass. 18 décembre 2019, deux pourvois, n ° 18-11815 et 18-12327)[41].

Les magistrats ont, enfin, fait prévaloir l'intérêt supérieur de l'enfant sur la question de la lutte contre le recours de la gestation pour autrui à l'étranger. La Cour de cassation rappelle que la demande de transcription n'est pas une demande d'établissement du lien de filiation qui est établi par la loi étrangère qui aboutit à ce que l'enfant ait un acte de naissance avec la mention des deux parents qui l'ont désiré.

La Cour de cassation effectue ainsi un revirement de jurisprudence spectaculaire puisqu'elle ne considère plus que l'article 47 du Code civil - par une dénaturation qu'elle avait opérée, serait une règle de fond. L'article 47 redevient une règle de preuve et la question de la preuve du lien biologique devient sans objet (ce qu'elle aurait toujours dû rester). La Cour montre aussi qu'une Cour « suprême » peut toujours accepter de donner plus de droits aux justiciables que le seuil minimum fixé par la CEDH.

---

[41] V. ce site : https://www.dalloz-actualite.fr/flash/gpa-et-pma-cour-de-cassation-facilite-filiation-du-parent-d-intention#. XkwHwC17RBy. Il existe un 3eme arrêt rendu le même jour qui concerne la transcription de l'acte de naissance d'un enfant né par PMA avec la mention de deux mères dès la naissance conformément à la loi du pays de naissance de l'enfant, soit en l'espèce le Royaume-Uni (Cass., 18 décembre 2019, n° 18-14751) Voir *Revue juridique personne et famille,* février 2020, p. 20.

La Cour de cassation a réitéré sa position dans deux arrêts des 18 mars et 18 novembre 2020 [42].

Depuis le revirement de la Cour de cassation, la Cour d'appel de Rennes a réitéré sa position, dans 6 arrêts rendus le 27 janvier 2020 concernant les enfants de quatre familles hétérosexuelles (mariés, pacsés, concubins et divorcés) et deux couples d'hommes non mariés : elle a, dans tous les cas, ordonné la transcription complète avec la motivation suivante :

« Le juge, saisi d'une demande de transcription de l'acte de naissance sur les registres de l'état civil français, est tenu d'examiner la question à la lumière de l'article 8 de la Convention européenne de sauvegarde des droits de l'homme et des libertés fondamentales, garantissant à l'enfant, dont l'intérêt supérieur est une considération primordiale dans toutes les décisions le concernant en vertu de l'article 3§1 de la Convention internationale des droits de l'enfant, le droit au respect de sa vie privée et familiale.

En considération de l'intérêt supérieur de l'enfant, le fait que sa naissance résulte d'une convention de gestation pour autrui pratiquée dans un pays étranger, ne fait pas obstacle, à elle seule, sans porter une atteinte disproportionnée au droit au respect de la vie privée de cet enfant, à la transcription de son acte de naissance étranger sur les registres de l'état civil français, lorsque les conditions de l'article 47 du Code civil sont remplies. Il n'appartient pas dans ce cadre à la cour de s'opposer à la transcription de l'acte de naissance établi à l'étranger sur la seule considération qu'il y est mentionné un parent d'intention.

Il convient à cet égard de rappeler que cette action aux fins de transcription de l'acte de naissance étranger de l'enfant n'est pas une action en reconnaissance ou en établissement de la filiation et qu'il suffit donc à la cour au regard des dispositions susvisées de vérifier si l'acte de naissance établi à l'étranger est probant au sens de l'article 47 du Code civil, c'est-à-dire d'étudier si l'acte de naissance litigieux est régulier, exempt de fraude et a été établi conformément au droit du lieu de son établissement [43] ».

[42] Cass, 18 mars 2020, pourvoi n° 18/15368 et Cass 18 novembre 2020, pourvoi n° 19/50043

[43] CA Rennes 27 janvier 2020, 6 arrêts inédits obtenus par l'auteure de ce texte.

Il est remarquable de voir qu'en près de 20 ans, la Cour de cassation a d'abord refusé la transcription au motif d'une atteinte à l'ordre public en raison de la violation du principe de l'indisponibilité du corps humain et de l'indisponibilité de l'état civil, puis elle a utilisé la théorie de la fraude à la loi et l'interdiction d'invoquer les conventions internationales, pour finir par faire prévaloir l'intérêt supérieur de l'enfant.

Pourtant cette nouvelle position, tout à fait conforme aux règles de droit applicables, va vraisemblablement être remise en cause par un choix politique qui s'apparente non à un choix pour le bien commun, mais à un choix politicien, puisqu'il s'agit pour la majorité actuelle de se ménager les voix de la droite conservatrice et néo-réactionnaire.

Ainsi à l'occasion de l'examen par le Sénat du projet de loi de bioéthique, les Républicains ont souhaité adopter un amendement interdisant la transcription complète pour faire barrage à la jurisprudence du 18 décembre 2019, ainsi que l'exequatur de tout jugement étranger y compris les jugements d'adoption.

La garde des Sceaux a accepté un article 4 bis qui introduit avec un article 47-1 dans le Code civil, ainsi rédigé :

« *Tout acte de l'état civil ou jugement étranger, à l'exception des jugements d'adoption, établissant la filiation d'un enfant né à l'issue d'une convention de gestation pour le compte d'autrui ne peut être transcrit sur les registres en ce qu'il mentionne comme mère une femme autre que celle qui a accouché ou lorsqu'il mentionne deux pères.*

Les dispositions du premier alinéa ne font pas obstacle à une transcription partielle de cet acte ou de ce jugement, ni à l'établissement d'un second lieu de filiation dans les conditions du titre VIII du présent livre si celles-ci sont réunies [44] ».

À l'heure où ces lignes sont écrites, on ignore quel sera le sens du vote du texte par l'Assemblée nationale mais compte tenu des rapports de force en présence, on peut penser que le législateur va interdire la transcription complète de l'acte de naissance d'un enfant français né à l'étranger dans le cadre d'une GPA et permettre uniquement soit une procédure d'adoption sur le territoire français par le parent non biologique (SIC), soit l'exequatur des jugements étrangers, en limitant peut-être cette procédure aux seuls jugements d'adoption.

---

[44] Projet de loi N° 2658, modifié par le Sénat et transmis à l'Assemblée nationale, p 18.

La construction de l'interdiction juridictionnelle de la GPA dans les années quatre-vingt

Thomas Perroud

À partir des années quatre-vingt, il s'agira de mettre un frein aux réformes libérales qu'a connu le droit des personnes et de la famille depuis les années soixante. Ce sont essentiellement les juristes qui mèneront ce combat, à l'université d'une part, et dans les tribunaux d'autre part. Le combat contre la gestation pour autrui dans les années quatre-vingt est intéressant à étudier à cet égard car il se passe justement en dehors de l'arène démocratique : devant les tribunaux. Deux décisions de justice obtiendront l'interdiction de la GPA : l'une du Conseil d'État, l'arrêt Les cigognes[1] et l'autre de la Cour de cassation, l'arrêt Alma Mater[2], avant que le Parlement n'entre en scène, dans les années quatre-vingt-dix, pour définitivement bannir cette activité.

Il s'agit donc ici d'essayer de comprendre comment s'est organisée, comment s'est construite intellectuellement, l'interdiction juridictionnelle de la GPA en France. Ce sont en effet le Conseil d'État et la Cour de cassation, et non le législateur, qui ont chacun – pour des raisons que nous expliquerons – fondé juridiquement l'interdiction de la GPA, alors que la pratique commençait à se développer et que de nombreux couples stériles avaient eu recours à une mère de substitution pour mener à bien leur projet. Pour cela, les tribunaux vont participer à la construction, épaulée par une certaine doctrine, de nouvelles notions pour appréhender la réalité née des nouvelles techniques de procréation

---

[1] Conseil d'État, Ass., 22 janvier 1988, n° 80936.
[2] Cour de cassation, Ass. Plén., 31 mai 1991.

qui, en mettant la médecine au centre de ce processus, bouleverse les cadres de pensée traditionnels.

Au vrai, ces cadres avaient déjà été sérieusement ébranlés par l'essor du droit des femmes de disposer de leur corps, ainsi que par les transformations profondes de la famille. Face à ces évolutions, les juristes conservateurs, en majorité civilistes, comme Christian Atias[3] ou Alain Sériaux[4], vont tenter d'élaborer de nouvelles notions, plus neutres politiquement, autour de l'indisponibilité du corps humain et de la dignité pour servir leur projet paternaliste et surtout lutter résolument contre toute idée de pluralisme[5] dans la société française, idée que combat aussi Catherine Labrusse-Riou[6].

En même temps, ce courant participera, en droit, à la lutte contre la sociologie du droit et, de façon générale, contre l'approche du droit promue par Jean Carbonnier et qui imposait au juriste de regarder les mouvements de la société pour tenter d'adapter le droit[7]. Les juristes, à partir des années quatre-vingt, ne regarderont plus la société, l'échec du courant « critique du droit » l'atteste d'ailleurs très bien[8]. De même, participe de ce mouvement le rejet des droits de l'Homme par les civilistes, rejet qui explique l'inexistence en France du courant doctrinal du droit civil constitutionnel à la différence de l'Italie, de l'Espagne ou d'autres pays d'Amérique latine[9].

---

[3] C. Atias, D. Linotte, « Le mythe de l'adaptation du droit au fait », *Recueil Dalloz*, 1977, Chron. XXXIV, p. 41.

[4] A. Sériaux, « Droit naturel et procréation artificielle : quelle jurisprudence ? », D., 1985, chr., p. 55. V. sur ce sujet l'excellent article de M.— X. Catto, « La gestation pour autrui : d'un problème d'ordre public au conflit d'intérêts ? », *Revue des droits de l'Homme*, mars 2013 (Disponible ici : http://journals.openedition.org/revdh/201).

[5] C. Atias, « Éléments pour une mythologie juridique de notre temps : le mythe du pluralisme civil en législation », *Revue de la recherche juridique* — Droit prospectif, 1982, pp. 244-254.

[6] J.-L. Baudouin, C. Labrusse-Riou, *Produire l'homme de quel droit ? Étude juridique et éthique des procréations artificielles*, Paris, *PUF*, 1987.

[7] Sur cette histoire : C. Jamin, F. Melleray, Droit civil et droit administratif : dialogue(s) sur un modèle doctrinal, *Dalloz*, Coll. Méthodes du droit, 2018.

[8] X. Dupré de Boulois, M. Kaluszinski, *Le droit en révolution(s). Regards sur la critique du droit des années 1970 à nos jours, L.G.D.J*, Coll. Droit et société, Fondation Maison des Sciences de l'Homme, 2011.

[9] V. par ex. C. Atias, « La civilisation du droit constitutionnel », *R.F.D.C.*, 1991, p. 435.

Ce qui ressort en effet de la lecture des archives sur les affaires judiciaires concernant la gestation pour autrui[10], c'est que la société civile, dans les années quatre-vingt, avait organisé d'elle-même un mode de résolution de l'infertilité des couples hétérosexuels. Autrement dit, la société civile s'était organisée pour trouver un mode de résolution endogène de l'infertilité. Il faudra donc trouver un discours de justification pour faire rentrer l'État dans cette histoire qui ne le concerne pas, au départ.

On l'a dit, deux affaires vont donc permettre aux juridictions judiciaire et administrative de mettre fin à l'organisation sociale de la GPA en France : il s'agit, devant le juge administratif, de l'affaire concernant l'association « Les cigognes » et, devant le juge judiciaire, de l'affaire « Alma Mater », une autre association. L'État entre donc en scène dans des litiges qui posent une question relative à la liberté d'association. Dans les deux cas, l'enjeu juridique est le même : trouver un fondement pour la dissolution de ces associations. Il faut donc prouver que leur objet est illicite. Dans le Bas-Rhin, le préfet va user de ses prérogatives issues du droit local afin d'empêcher l'inscription de l'association « Les cigognes » au tribunal. C'est cette décision qui sera déférée au contrôle du juge. Tandis qu'à Marseille, le procureur engage une procédure pénale pour faire dissoudre l'association Alma Mater.

Comment s'organise juridiquement l'interdiction de ces associations ? Les tribunaux vont assez largement reprendre à leur compte une conception traditionnelle de la famille véhiculée par des juristes religieux, comme Alain Sériaux ou Christian Atias[11]. D'autres juristes, comme Catherine Labrusse-Riou, ont été influents mais ne peuvent être rangés dans la catégorie des juristes religieux, même si ses positions sont conservatrices. Alors que de grands civilistes comme Jean Carbonnier[12] ou François Terré[13] ne se sont pas opposés frontalement à cette nouvelle technique, leur voix ne sera pas entendue. Ce contentieux

---

[10] Nous avons consulté essentiellement les archives de la Chancellerie sur l'affaire Alma Mater (Cote : 20 040 271/126).

[11] Christian Atias fut directeur honoraire de l'Institut Portalis à l'Université d'Aix-Marseille, lequel est dirigé par Joël-Benoît d'Onorio, président de la Confédération des juristes catholiques de France. Il a aussi participé à de nombreux colloques de cette association.

[12] V. sa position mesurée dans l'ouvrage : Génétique, procréation et droit : actes du colloque tenu à la Maison de la Chimie à Paris, 18-19 janvier 1985, Actes Sud, 1985.

[13] F. Terré, *L'enfant de l'esclave : Génétique et droit*, Flammarion, 1992.

constitue le début d'une élaboration de nouvelles conceptions anthropologiques dans une société en perte de repères. Le retour à la Nation, qui prend corps dans les années quatre-vingt, la concurrence comme droit commun des rapports économiques, avec l'ordonnance de 1986, et une vision traditionaliste de la famille, sont les trois piliers sur laquelle la société néolibérale qui s'installe construit ses représentations.

On aimerait donc revenir sur le contexte de ces deux affaires, contexte qui nous amènera à étudier comment la société civile, dans les années quatre-vingt, a organisé, d'elle-même, la GPA, sur la base d'associations. Au moins soixante enfants seraient nés de GPA dans ces années. Et ils ont tous été adoptés par la mère d'intention.

Face à ce mouvement, la résistance va progressivement s'organiser et prendre les tribunaux comme leviers pour faire interdire cette pratique. Les juristes sont donc centraux dans ce mouvement. Alors que les opposants à la GPA se dressent volontiers en grands représentants de la morale, notamment pour la protection de la partie faible, on verra que le pouvoir et les juristes se désintéressent *in fine* du sort des enfants.

I. Comment était organisée la GPA dans le contexte des années quatre-vingt ?

Nous nous appuyons ici sur le dossier constitué par la Chancellerie sur l'affaire Alma Mater[14]. La personnalité centrale est ici le docteur Sacha Geller : c'est lui qui organise le système de GPA dès le début des années quatre-vingt. Pour mettre en place son projet, il va d'abord prendre appui sur un avis du 24 octobre 1984 du Conseil consultatif national d'éthique. Ce texte est plutôt négatif mais il prône le statu quo[15]. En d'autres termes, le Comité ne préconise pas l'adoption d'une loi pour interdire la GPA. Ensuite, le Docteur se rattache à un discours de Robert Badinter, alors garde des Sceaux, prononcé en introduction du colloque très important de 1985 *Génétique, procréation et droit*[16]. Celui-ci est assez libéral. C'est ce qu'énonce le Docteur Geller dans le procès-verbal de son audition avec la police (7 novembre 1987). Ce sont les deux fondements qu'il avance pour justifier de la légalité de son projet.

[14] Archives nationales : 20 040 271/126, C 78581984-1989 (525-7-G-17).
[15] Comité consultatif national d'éthique, 23 octobre 1984, avis n° 3.
[16] *Génétique, procréation et droit*, Actes Sud, 1985.

Il commence ses activités en 1983 avec une association dite « Mères d'accueil » avec laquelle il entreprend de mettre en place « une approche non commerciale du prêt d'utérus ». Celle-ci est présentée à la presse le 20 octobre 1983 mais elle déclenche une réaction assez hostile, ce qui le pousse à la mettre en sommeil. On trouve dans les archives des lettres du docteur Geller au ministre pour expliquer sa démarche. Il fait une demande pour obtenir le remboursement de la GPA au ministre de la Santé. Toutes ses lettres sont restées sans réponse. Il a même tenté de porter son projet au niveau européen.

Quel était le système Alma Mater ?

En fait, plus qu'une association, il s'agit d'un véritable réseau d'associations. On a d'abord l'association « Sainte Sarah » qui regroupe tous les couples qui veulent pratiquer des GPA, et qui est domiciliée à Mantes-la-Jolie. Les mères porteuses étaient, quant à elles, regroupées pour défendre leurs intérêts matériels et moraux dans l'association « Les cigognes ». Celle-ci était basée à Strasbourg d'où l'interdiction prononcée par le préfet du Bas-Rhin qui mènera jusqu'au Conseil d'État[17]. Enfin, Alma Mater va être créée par Sacha Geller à Marseille pour gérer l'ensemble des problèmes pratiques notamment les relations financières entre les couples et la mère porteuse.

Le système mis en place reposait sur une indemnisation forfaitaire de cinquante mille francs à l'époque, ce qui correspond aujourd'hui à 13 000 euros.

Les mères porteuses étaient recrutées par petites annonces. Une série d'entretiens avait ensuite lieu avec elles et, c'est important de l'affirmer, aucun engagement d'abandon n'était bien entendu souscrit. Il n'y avait aucun contrat, le docteur Geller sachant pertinent qu'il n'aurait aucune valeur. Le Docteur Geller était bien évidemment conscient de l'illégalité de cet éventuel contrat et des poursuites pénales qui auraient pu être engagées contre lui[18]. Rien n'était donc écrit, elles étaient averties, elles pouvaient garder l'enfant si elles le voulaient puisque de toute façon, elles étaient la mère, ce qu'elles pouvaient prouver très facilement. La mère porteuse accouchait dans une clinique associée : la clinique de la

[17] C'est la spécificité du droit local qui permet d'expliquer que l'interdiction de l'association est passée par une décision du préfet et non, comme pour Alma Mater, une décision de justice.

[18] L'ancien article 353-1 du Code pénal applicable à l'époque réprimait le délit de provocation à l'abandon ainsi que d'entremise à l'adoption

Renaissance à Marseille. Le nom de la mère porteuse ne figurait pas dans l'acte de naissance et, le père ayant de son côté reconnu immédiatement l'enfant, il devenait le père. Il ne restait alors plus qu'à la mère d'intention à engager une procédure d'adoption devant le juge civil, ce qui ne posa pas de problème à l'époque.

Dans une lettre du Procureur du TGI de Paris à la Chancellerie datée du 7 novembre 1987, le magistrat affirme que pour tous les cas qu'il a recensés depuis qu'il suit ce dossier, c'est-à-dire depuis quinze mois, il n'a eu connaissance d'aucune contestation. Le Procureur ajoute qu'il est confronté à deux requêtes en adoption plénière par les femmes qui ont adopté l'enfant de leur mari et qu'il lui « est difficile en l'état d'émettre un avis défavorable à ces requêtes, aucun texte ne l'y autorise[19] ». Les enfants étaient bien adoptés par les mères d'intention. Les archives contiennent aussi des jugements, à Lyon, portant adoption plénière des enfants issus de ce système[20]. Des arrêts de la Cour d'appel de Paris prononcent aussi l'adoption[21]. Il n'est pas inutile de reprendre ici le raisonnement de la Cour d'appel de Paris, dans une affaire de GPA internationale, pour mesurer pleinement le fossé intellectuel entre les juges de l'époque et les débats actuels sur la GPA au niveau de la Cour de cassation. Il a tout de même fallu aller jusqu'à la CEDH avec l'arrêt Mennesson[22] pour aboutir à un résultat auquel les tribunaux judiciaires étaient parvenus sans difficulté dans les années quatre-vingt.

---

[19] Lettre du Procureur de la République près le TGI de Marseille du 7 octobre 1987 au Procureur général près la Cour d'appel d'Aix-en-Provence.

[20] On trouve ainsi une lettre du Procureur près la Cour d'appel de Lyon au Garde des Sceaux et datée du 28 juin 1989 : « Comme suite à mon rapport cité en référence, j'ai l'honneur de vous rendre compte de ce qui suit, concernant l'adoption plénière des jumelles Anne-Laure et Marine Pouzet (nées le 22 février 1987 à Marseille) par Madame Pouzet née Lena. D'une part il résultat de l'enquête de police effectuée sur instructions de mon Substitut de Lyon que Patrick Pouzet, né le 27 mai 1950 à Bourg-de-Péage, époux de l'adoptante née Étoile Lena serait le père biologique des enfants (...). D'autre part, les renseignements obtenus (téléphoniquement) par mon Substitut de Lyon auprès du Parquet de Marseille, qui a connu en son temps du dossier de l'Association Alma Mater que l'identification de la mère naturelle apparaissait quasiment impossible. Je me propose donc, sauf avis contraire de votre part, de faire connaître à mon Substitut de Lyon que la poursuite de la procédure d'adoption des enfants Pouzet n'appelle aucune objection de ma part. » On trouve dans les archives un jugement similaire concernant un autre couple, les époux Piga.

[21] Cour d'appel de Paris, 1e ch., sect. C, 15 juin 1990, n° RG 89-18375.

[22] CEDH, 26 juin 2014, Mennesson c. France, aff. n° 65192/11. V. la contribution de Caroline Mécary dans cet ouvrage.

« Considérant que ces décisions étrangères[23], statuant en matière d'état des personnes, et conformément à la législation des États-Unis d'Amérique localement applicable – qui est la loi personnelle de la mère naturelle – ont autorité en France de plein droit ;

Considérant que l'abandon par la mère naturelle de ses droits sur l'enfant et leur transfert au père naturel à l'issue d'une procédure judiciaire ne heurte pas la conception française de l'ordre public international, s'agissant, de plus, de donner effet en France à des droits régulièrement acquis à l'étranger ;

Considérant qu'à supposer même – ce qui ne ressort pas à l'évidence des pièces produites – que l'enfant soit née d'une mère de substitution, ayant accepté de l'abandonner et de la remettre au père biologique, cette situation ne serait pas de nature à faire obstacle à l'adoption plénière, dès lors que l'enfant a été abandonné par la mère naturelle conformément à la loi applicable et que l'ordre public international, intervenant par son effet atténué, ne s'oppose pas aux effets en France d'une telle situation de fait et de droit ;

Considérant, en effet, que la maternité substituée, permettant à un couple atteint de stérilité du fait de la femme, d'obtenir la naissance d'un enfant pour l'exercice du droit naturel de fonder une famille par la procréation, ne heurte pas le principe d'ordre public de l'indisponibilité de l'état des personnes dès lors que :

— D'une part, la renonciation de la mère naturelle aux droits que la loi lui reconnaît à l'égard de l'enfant résulte d'un acte d'abandon volontaire et définitif ;

— D'autre part, cet abandon ne réalise pas une cession illicite par la mère des droits d'autorité parentale au père biologique, qui les possède au même titre que la mère et peut les faire consacrer par une reconnaissance volontaire dans le respect de la loi ;

— Enfin, le caractère artificiel de la filiation créée à l'égard de l'épouse du père biologique par l'effet de l'adoption ne distingue pas ce

[23] Il s'agit de la décision juridictionnelle du 17 décembre 1987 émanant du tribunal itinérant de Jefferson, constatant, conformément à la législation locale applicable, l'abandon par la mère porteuse de ses droits sur l'enfant et décidant, en conséquence, la suppression de ces droits et leur transfert au profit du père d'intention.

type de situation d'autres processus prévus par la loi ou autorisés par elle – tel l'abandon à la naissance suivi d'adoption, ou la reconnaissance purement formelle, mais non contestée, destinée également à donner à l'enfant un statut légal favorable indépendamment de sa véritable filiation, en créant des liens de filiation artificiels, mais cependant jugés par la loi conformes au bien commun ;

Considérant que la seule spécificité de la maternité de substitution réside dans son caractère volontaire, élément qui, lui encore, n'est pas étranger aux institutions et règles propres à la filiation ;

Considérant que pas davantage la maternité substituée ne heurte l'ordre public en tant que convention portant sur des choses qui ne sont pas dans le commerce ;

Considérant, en effet que :

— De telles conventions, portant sur le corps humain, sont désormais admises – tel le don d'organe – et que la maternité pour autrui – en tant que portant sur les capacités de gestation de la mère de substitution – librement consenti et assumée, appliquée avec la prudence et les garanties qui s'imposent, doit être admise au nom des dérogations apportées au principe, dès lors qu'il n'est pas démontré que, plus que d'autres modes de procréation artificielle ou de filiation de substitution, largement pratiqués et organisés, elle serait de nature à créer un danger social, pour la femme et l'enfant, ou qu'elle entraverait le libre exercice de leurs droits par les autres membres de la société ;

— L'accord conclu avec la mère naturelle ne consacre pas le don, ou la cession, d'une chose qui n'est pas dans le commerce, la faculté lui étant réservée d'exercer ses droits de mère en reconnaissant l'enfant, et le père biologique tenant ses droits, non de la promesse faite par la mère – qui ne crée à sa charge aucune obligation juridique – mais de l'abandon volontaire, librement consenti après la naissance.

Considérant, enfin, que l'adoption plénière demandée dans ces conditions apparaît conforme aux conventions internationales ; (...)

Considérant qu'en définitive, la maternité pour autrui, pratiquée dans des conditions exclusives de tout mercantilisme, ne heurte pas la conception française de l'ordre public international ».

L'adoption plénière est donc prononcée au profite de la mère d'intention. Les archives contiennent un autre arrêt du même jour qui va dans le même sens[24].

Que retirer de cet arrêt sur l'état d'esprit de certains juges ? On voit bien que les qualifications que certains juristes avaient opérées[25], notamment ceux du CCNE, sont contestables ou en tout cas qu'elles font débat encore en 1990, sachant que l'avis du CCNE date de 1984...

II. Alors comment peut-on expliquer le retournement ?

C'est en réalité la ministre de la Santé de l'époque, Michelle Barzach, qui saisit, en octobre 1987, ses collègues de l'Intérieur et de la Justice pour faire interdire ces associations. Celle-ci s'appuie sur des arguments commerciaux : marchandisation et commerce d'enfants. En réalité, la GPA réunit contre elle des arguments féministes[26] – l'exploitation du corps de la femme – de gauche – contre la marchandisation — et de droite d'inspiration paternaliste.

Dès lors, le contentieux va se nouer autour des deux ordres de juridiction pour faire interdire les deux associations : d'une part, dans l'ordre administratif, pour faire interdire l'association « Les cigognes » et qui va aboutir à un arrêt d'Assemblée du Conseil d'État rendu aux conclusions de Bernard Stirn, et, d'autre part, dans l'ordre judiciaire, par la saisine du Tribunal de Grande Instance de Marseille et qui ira ensuite à la Cour d'appel d'Aix-en-Provence et à la Cour de cassation, pour l'association « Alma Mater ».

Juridiquement, les arguments sont élaborés dès l'avis du CCNE de 1984 : « Le recours à une mère de substitution, en l'état du droit est illicite. Il réalise la cession d'un enfant. Un tel contrat ou engagement est nulle part son objet, et est contracté en fraude à la loi relative à l'adoption, puisque la décision du juge est subordonnée à l'intérêt de l'enfant et qu'il en apprécie l'opportunité, après enquête, dans sa pleine

---

[24] Cour d'appel de Paris, 1e ch., section C, 15 juin 1990, n° RG 89-18925.

[25] Le raisonnement tourne autour de deux arguments : la convention de mère porteuse est nulle comme étant contraire à l'indisponibilité du corps humain, l'activité d'intermédiaire tombe sous le coup du Code pénal.

[26] V. la contribution de Marlène Jouan dans cet ouvrage.

responsabilité. Il n'est donc pas tenu de faire droit à la demande d'adoption de la femme qui avait souhaité élever cet enfant. De plus, l'intermédiaire, médical ou non, que nécessite l'opération pourrait être coupable comme auteur ou complice du délit prévu par l'article 353-1 du Code pénal ». Le rapport ajoute : « Telle est la loi, et il ne faut pas, selon le comité, la changer ». C'est probablement dans ce paragraphe que toute l'idéologie des juristes est la plus visible car, contrairement à ce que sa lecture pourrait laisser entendre, ceci n'est encore qu'une opinion juridique puisque ni le législateur, ni un tribunal ne sont encore venus établir cette vérité et dire ce qu'était véritablement la loi. L'honnêteté intellectuelle aurait demandé aux rédacteurs de cette note d'utiliser au moins le conditionnel. On en veut d'ailleurs pour preuve que, assez peu de temps après, le garde des Sceaux Robert Badinter se prononcera en faveur de la gestation pour autrui, dans une conférence du Conseil de l'Europe, à Vienne, le 20 mars 1985. D'ailleurs, comme nous l'avons montré, des juges accepteront ce mécanisme. Présenter cette opinion comme étant la loi relève donc de la mauvaise foi. François Terré[27], plus tard, produira ainsi une analyse juridique qui permettrait de sauver le procédé :

« Qui dit accord dit, à première vue, contrat. Or des raisons décisives conduisent à écarter, en droit, le recours à ce concept. D'abord, du point de vue de la mère porteuse. On a vu que des substances corporelles – lait, sang, sperme, ovules... – peuvent faire l'objet d'un don, c'est-à-dire d'un contrat ; on admet aussi cette analyse au sujet du don d'organe. Mais le corps humain, en tant que tel, est "hors du commerce juridique". Ce qui exclut la validité d'un contrat, écrit ou verbal, par lequel la mère porteuse s'engagerait à fabriquer l'enfant et à le livrer. La grossesse l'affecte trop au profond d'elle-même pour qu'elle puisse être traitée et se traiter de la sorte. L'allergie au contrat se fonde aussi sur la considération de son objet. Bien que le contrat soit conclu avant la fécondation de l'embryon, à plus forte raison avant que cet embryon ait fait place au fœtus, l'enfant à venir est promis en tant qu'il sera une personne humaine. Il ne saurait donc être traité comme un objet à livrer. Raison de plus pour exclure l'idée de contrat. Les adversaires de la maternité pour autrui en tirent argument pour la condamner : le contrat est nul, donc il ne peut produire effet, donc il ne peut y avoir de maternité pour autrui. Mais les partisans de l'admission de celle-ci ne

[27] *L'enfant de l'esclave : Génétique et droit*, *Flammarion*, 1992, pp. 188-189.

sont pas désarmés. Ils trouvent dans le riche patrimoine juridique des modèles de référence. Précisément, il est des circonstances dans lesquelles la liberté de l'homme est si essentielle qu'elle ne peut se plier au régime des engagements contractuels, fussent-ils des plus révocables. Ainsi en est-il, chez nous, de la période des fiançailles : parce que la liberté de se marier ou de ne pas se marier, en se ravisant après avoir promis, est vraiment essentielle, notre droit refuse de considérer que les fiançailles constituent un contrat. L'absence de support contractuel renforce, à l'avantage – ou au désavantage – du promis ou de la promise, le droit inaliénable de dire non jusqu'à la dernière minute. Ce schéma peut inspirer le juriste soucieux de faire sa place à la maternité pour autrui. Le contrat que conclut la mère porteuse est nul et ne saurait, en tant que tel, produire effet. Il n'empêche que le comportement des intéressés n'est pas en lui-même illicite et que, sans avoir la force d'un engagement contractuel, des déclarations écrites ne seraient pas inutiles. » Il cite aussi le contrat de nourrice comme portant précisément sur un produit du corps[28]. En d'autres termes, l'analyse juridique du CCNE n'est en aucun cas la seule que l'on pouvait formuler.

Les opposants à la GPA reprendront ensuite les mêmes fondements que ceux avancés par le CCNE. D'une part, ils prennent argument de l'article du Code pénal sur l'abandon d'enfant – alors même que nous avons établi qu'il n'y a pas d'abandon dans le cas français – et de l'article du Code civil relatif à la nullité des conventions portant sur une chose hors commerce.

Sur l'arrêt du Conseil d'État et les conclusions de Bernard Stirn, il y a peu d'éléments à commenter. L'arrêt et les conclusions ne font pas état d'une conception particulière de la famille. L'arrêté du préfet est légal car la pratique de la GPA est, elle, illégale. Bernard Stirn se garde ici d'analyser les arguments pour ou contre la pratique de la GPA. Malgré tout, on peut formuler deux remarques.

Premièrement, le Commissaire du gouvernement souhaitait un arrêt plus clair prenant position sur les droits de la personne par une

---

[28] L'enfant de l'esclave : Génétique et droit, Flammarion, 1992, p. 180 : « L'entraide entre femmes s'est manifestée depuis longtemps au sujet de la maternité et de l'enfance. Depuis la nuit des temps, des nourrices ont vendu leur lait ; il fut une époque où elles figuraient en tant que telles et en bonne place parmi les créanciers auxquels le Code Napoléon reconnut une situation privilégiée face à un débiteur en difficulté ».

reconnaissance d'un nouveau principe : « Eu égard à la portée de cette affaire, vous pourriez être tentés de relever, outre l'objet délictueux de cette association, la méconnaissance par ses activités d'un principe fondamental. On peut notamment songer au principe d'indisponibilité du corps humain (...). Pas plus qu'aucun autre le principe d'indisponibilité du corps humain n'a certes un caractère absolu. Il ne fait, en particulier, obstacle ni au don du sang, ni même aux prélèvements d'organes en vue d'une greffe dans les conditions prévues par la loi du 22 décembre 1976. Mais la maternité de substitution est d'une autre nature. Qu'elle soit pratiquée par insémination directe de la mère porteuse, ou même par transfert chez celle-ci d'un ovule fécondé, elle conduit une mère, génitrice ou au moins gestatrice, à se séparer d'un enfant qu'elle a porté. Elle aliène ainsi le corps de la mère et dispose entièrement de celui de l'enfant. Tout engagement ayant un tel objet est contraire à des principes civils d'ordre public, en particulier au principe d'indisponibilité du corps humain. Reconnaître expressément ce principe imprimerait peut-être davantage votre marque au droit, en construction, de la procréation et de la bioéthique où, par nature, vous n'intervenez que rarement. » Le Commissaire juge cependant inopportun d'aller aussi loin, mais il entrouvre la porte. L'analyse de François Terré est suffisante pour manifester les limites du raisonnement de Bernard Stirn.

On perçoit cependant déjà, dans ces propos, un souci qui ne fera que grandir : étendre le droit administratif vers le droit des personnes. L'inquiétude de la société française à cette époque concernant le statut des personnes aura donc une résonance en droit administratif avec la consécration de la dignité de la personne humaine comme composante des pouvoirs de police du Maire[29]. L'affaire de la GPA constitue donc un jalon important de l'histoire du droit administratif.

On voudrait faire ici une seconde remarque. Le Conseil d'État allait publier un rapport, que mentionne Bernard Stirn, assez étonnant et très important, qui marque l'intérêt du Conseil pour les questions de bioéthique. Il s'agit du rapport Braibant du 5 février 1988 intitulé : *« Sciences de la vie : de l'éthique au droit*[30] *»* dans lequel on peut lire clairement qu'il est nécessaire « pour l'État de reprendre en main les

---

[29] Conseil d'État, 27 octobre 1995, Commune de Morsang-sur-Orge, Rec. Lebon p. 372 et le commentaire d'Aurélien Antoine dans *Les grands arrêts politiques de la jurisprudence administrative*, LGDJ, Coll. Grandes décisions, 2019.

[30] Conseil d'État, Sciences de la vie, De l'éthique au droit, La documentation française, Notes et Études documentaires, 1988.

questions de bioéthique ». Là, c'est écrit : il faut légiférer. On passe donc d'une période de non-droit à une reprise en main étatique.

Mais, plus intéressant encore, le rapport s'inspire clairement d'idées jusnaturalistes. Il développe la question de l'indivisibilité du corps et de l'esprit qui, selon le rapport, « sous-tend toute l'architecture de notre droit et inspire sa philosophie »[31], de la dignité et de l'indisponibilité du corps humain, qui seront en réalité la façon dont les juristes vont « laïciser » des notions d'inspirations chrétiennes. Le rapport énonce : « Ce travail a conduit la section du rapport et des études du Conseil d'État à traduire en prescriptions la morale commune ». Ces idées ne sont, pour le Conseil d'État, rien moins que la base d'un ordre public. Autrement dit, la police administrative rentre dans le droit des personnes à cette époque. À aucun moment la question de la liberté ou de la volonté n'est évoquée. Et, au surplus, il y a un titre de ce document qui affirme la nécessité de poser des valeurs sur « les structures naturelles (sic) de la parenté ». On peut lire notamment des slogans, qui plus est inexacts juridiquement, comme « deux parents pas un de plus, pas un de moins ». La diversité des familles est niée par le Conseil d'État. On connaît la fortune de cette expression au moment des débats sur le mariage des personnes de même sexe. On a donc une prise de position du Conseil d'État inspirée d'une conception naturelle de la famille et qui se traduit en réalité au niveau contentieux.

Maintenant, sur la décision judiciaire, on a les conclusions de l'Avocat général du Tribunal de Grande Instance de Marseille et les différentes correspondances qu'il a échangées. La seule source que cite le procureur de Marseille, c'est effectivement Alain Sériaux dans un article complètement religieux[32]. Alain Sériaux est un juriste qui assume

---

[31] V. p. 12 du rapport. Le rapport ajoute : « Le fondement premier et essentiel de cette idée est sans aucun doute le principe de base qui sous-tend toute l'architecture de notre droit et inspire sa philosophie : l'indivisibilité du corps et de l'esprit [souligné dans le rapport], constitutive de la personne humaine et de la personnalité juridique tout à la fois, entre lesquelles existe une relation d'identité. Tout être humain, tout être charnel est sujet de droit, non en vertu d'une sorte de grâce, de consécration accordée par l'État ou un autre pouvoir, mais de par sa naissance même. C'est ce qu'affirment les textes les plus fondamentaux, et tout d'abord la Déclaration des droits de l'homme et du citoyen du 26 août 1789 dont l'article premier proclame : "Les hommes naissent et demeurent libres et égaux en droit". Le droit est le corollaire de l'incarnation (*sic*). Les principes de liberté et d'égalité se fondent sur l'être juridique parce que physique. »

[32] « Droit naturel et procréation artificielle : quelle jurisprudence ? », Dalloz, 1985, Chron. X, p. 53.

complètement son inspiration religieuse, puisqu'il dédicace son livre d'introduction au droit au fondateur de l'Opus Dei[33]. Il cite aussi, le professeur Lejeune, de la fondation Lejeune, qui est bien connu pour ses positions et son combat contre l'IVG. L'inspiration de l'interdiction prend comme fondement certains des auteurs les plus conservateurs de la doctrine juridique. L'interdiction sera confirmée ensuite par la Cour de cassation[34].

III. Que deviendront les enfants ?

On connaît l'issue de ce contentieux : devant le juge judiciaire, comme devant le juge administratif, la dissolution des associations est retenue. Puisque c'est au nom de l'intérêt supérieur de l'enfant que la plupart des auteurs condamnent la gestation pour autrui, nous ne résistons pas à citer *in extenso* un rapport contenu dans les archives de la Chancellerie sur l'affaire Alma Mater.

Le sort des enfants ne préoccupe absolument pas les juges. Dans le rapport sur l'exécution de l'arrêt prononçant la dissolution de l'association Alma Mater, daté du 14 juillet 1988, on peut lire ceci : « J'ai l'honneur de vous faire parvenir un rapport de mon Substitut de Marseille relatif aux modalités d'exécution de l'arrêt du 29 avril 1988 (...) et ordonnant la dissolution de l'association Alma Mater. L'assemblée générale de cette association s'est réunie le 25 mai 1988 et a désigné le Dr Geller en qualité de liquidateur. (...) Le suivi médical des grossesses en cours devrait normalement être assuré à titre personnel par le Dr Geller ou le médecin qui a procédé à l'insémination. Quant au sort des enfants à leur naissance, il sera difficile à contrôler et dépendra du rapprochement qu'aura éventuellement effectué le Dr Geller entre la mère porteuse et la famille d'accueil ». Dans une lettre du procureur du TGI près le TGI de Marseille au Procureur général près la Cour d'appel d'Aix-en-Provence, on peut encore constater à quel point le sort des enfants n'est — certainement pas au fondement de la solution : « Il n'est pas précisé dans cette correspondance ce qu'il va advenir du sort des enfants à naître, étant en effet indiqué qu'il a été porté à ma connaissance que le Docteur Geller ou ses collaborateurs auraient, avant

---

[33] A. Sériaux, *Le Droit : Une introduction*, Ellipses, 1997.
[34] Cour de cassation, 1re civ. 13 décembre 1989, D. 1990. 273.

le prononcé de la dissolution, procédé à un certain nombre d'inséminations artificielles et qu'une vingtaine de femmes seraient, à plus ou moins longue échéance, sur le point d'accoucher. Or, le suivi médical de ces grossesses ressort de la seule responsabilité du médecin gynécologue qui est intervenu dans le processus d'insémination. En aucune manière il ne saurait être question que les liquidateurs prennent en charge aussi, dans le cadre de cette liquidation, le sort de ces mères porteuses et le devenir des enfants dont elles vont accoucher en se faisant encore l'intermédiaire entre elles et les couples stériles dont on peut penser qu'ils ont déjà engagé des frais versés à l'association. Ce serait, en effet, aller à l'encontre de la décision de votre cour qui a voulu condamner toute participation à un tel engagement considéré comme illicite. La question cependant reste posée du sort des enfants qui vont naître dans ces conditions. Il n'est pas dit que les accouchements interviendront forcément à Marseille. Mon parquet peut ignorer ces naissances et rien n'empêcherait le "père" présumé d'en être lui-même instruit (peut-être par le Docteur Sacha Geller ou ses collaborateurs) et d'aller reconnaître cet enfant comme étant le sien. Par ailleurs, à supposer que le couple stérile soit dans l'ignorance du devenir de la mère porteuse avec qui il a conclu un engagement, on peut se poser légitimement la question de savoir ce qu'il va advenir de l'enfant qui va naître dans ces conditions. La mère porteuse peut ne pas souhaiter le garder. On se trouverait dans un cas d'abandon matériel et moral d'un enfant qui justifierait l'intervention des services de la D.A.S.S., on pourrait même imaginer que cette femme, qui a déjà perçu des fonds d'un couple stérile, décide de "vendre" son enfant à un autre couple prêt à l'adopter, mais alors on se trouverait dans la situation prévue par l'article 348–5 du Code civil où le consentement à l'adoption ne peut être valablement donné que si l'enfant a effectivement été remis au service de l'aide sociale à l'enfance ou à une œuvre d'adoption autorisée. Je ne dispose en l'état d'aucun moyen sérieux de contrôle pour vérifier les modalités de la liquidation de cette association dans le cadre de cette dissolution. On peut penser que, dans le cadre de ses fonctions médicales et des règles déontologiques, le Docteur Geller prendra toutes les mesures utiles pour suivre les grossesses en cours sur le plan strictement médical. Pour ma part, je compte inviter le docteur Geller à publier la dissolution, dans un certain délai, et d'ordonner une enquête s'il n'obtempérait pas ce terme. Il vient de solliciter un rendez-vous auprès de Monsieur Salomon qui doit le recevoir le 24 juin 1988.

Je ne manquerai pas de vous renseigner sur les développements de cette procédure de liquidation. »

Avec ces décisions, la GPA est désormais interdite en France. Alors que la doctrine, les médias, le Gouvernement, le Conseil d'État s'indignent de l'abandon qu'implique ce mécanisme – abandon fictif puisque l'enfant est remis à son père –, le sort des enfants à naître n'intéresse personne.

En conclusion, on voit bien ici les idées qui ont pu inspirer l'interdiction. Ces idées procèdent d'une vision fantasmée de la famille, très loin de la réalité des familles. Tout ce mouvement, réalisé depuis les années quatre-vingt et qui a essayé de trouver dans la société, sans aide de l'État, une solution autonome à la question de l'infertilité est donc interrompue. Mais, surtout, va s'imposer alors, avec cette construction jurisprudentielle, une première vision d'État de ce que doit être la famille.

PENSER LA GESTATION POUR AUTRUI : POSER LES TERMES D'UN DÉBAT NÉCESSAIRE

MARC PICHARD

Le droit français de la gestation pour autrui est en crise - une crise dont on peut identifier deux sources principales.

La première source serait l'intervention, souvent jugée intempestive, de la Cour européenne des droits de l'homme en la matière. En réalité, cette intervention est elle-même liée au développement de pratiques extraterritoriales. Ce sont avant toute chose les actes de naissance et jugements étrangers qui ont mis et mettent encore le droit français à l'épreuve, bien plus que la Cour européenne elle-même – qui ne conteste d'ailleurs pas la légitimité de l'État français à encadrer la pratique de la gestation pour autrui sur le territoire national[1].

La seconde source de trouble dans le droit français de la gestation pour autrui réside dans la méthode choisie pour appréhender le phénomène dans la loi. Un seul article des codes français concerne la gestation pour le compte d'autrui en elle-même et pour elle-même : l'article 16-7 du Code civil. Or cet article a pour effet exclusif de

[1] V. notamment CEDH, 26 juin 2014, *Mennesson c. France*, n° 65192/11, §62 : « La Cour comprend [...] que le refus de la France de reconnaître un lien de filiation entre les enfants nés à l'étranger d'une gestation pour autrui et les parents d'intention procède de la volonté de décourager ses ressortissants de recourir hors du territoire national à une méthode de procréation qu'elle prohibe sur son territoire dans le but, selon sa perception de la problématique, de préserver les enfants et [...] la mère porteuse. Elle admet en conséquence que le Gouvernement puisse considérer que l'ingérence litigieuse visait deux des buts légitimes énumérés au second paragraphe de l'article 8 de la Convention : la "protection de la santé" et "la protection des droits et libertés d'autrui" » (*adde* § 99 : « Il est concevable que la France puisse souhaiter décourager ses ressortissants de recourir à l'étranger à une méthode de procréation qu'elle prohibe sur son territoire »).

garantir à la gestatrice la place de mère dans le schéma de parenté[2]. Car, quand bien même on admettrait que deux objectifs sont poursuivis par le texte, la protection du corps humain et celle de l'état des personnes, il est patent que la sanction prévue au texte, à savoir la nullité de la convention de gestation pour le compte d'autrui, ne permet que très indirectement, par sa portée dissuasive, de protéger les corps tandis qu'elle garantit directement et efficacement la protection de l'état des personnes[3] : malgré la volonté des parties d'effacer la gestatrice du schéma de la filiation, la nullité de la convention lui rendra la place qui, au regard des règles qui gouvernent le droit français de la filiation, devrait être la sienne. Faute de pénalisation du recours à une femme porteuse en elle-même[4], il n'est pas si évident que l'on puisse dire la convention de gestation pour le compte d'autrui « interdite[5] » : elle est nulle, et cette nullité n'est efficace que pour garantir l'indisponibilité de l'état. S'il faut y insister, c'est que la technique juridique mise en œuvre correspond parfaitement à la situation connue dans les années 1980, et qui reste la figure à partir de laquelle la gestation pour autrui est pensée dans la majorité de la littérature juridique. La figure « historique » est en effet celle de la femme qui porte un enfant pour le compte d'une autre femme, en couple avec un homme, qui elle-même entend être mère à la place de la première – en quoi il y a bien substitution. Or la sanction prévue à l'article 16-7 du Code civil est absolument inapte à saisir un autre phénomène, que l'on a proposé de qualifier - pour le distinguer et pas le stigmatiser - de « commande d'enfant par son géniteur ». Tandis

---

[2] Pour une démonstration plus approfondie, v. « La commande d'enfant par son géniteur (est-elle une hypothèse de gestation pour le compte d'autrui ?) », *Recueil Dalloz* 2017, p. 1143 et s.

[3] Rappr. Bandrac M., Delaisi de Parseval G. et Depadt-Sebag V., « Repenser la prohibition de la gestation pour autrui ? (à propos de l'arrêt rendu par la cour d'appel de Paris le 25 octobre 2007) », *Recueil Dalloz* 2008, p. 434 et s., n° 19, à propos de l'article 16-7 du Code civil : « Disposition étrange, qui traduit l'intention d'imposer un tabou, alors que l'emploi du procédé n'implique pas de manière nécessaire l'existence d'un contrat, et qu'il ne suffit certainement pas d'affirmer la nullité d'un acte juridique pour faire disparaître un fait, notamment celui de l'existence d'un enfant ».

[4] À la différence de l'entremise visée par l'article 227-12, al. 3, du Code pénal, au champ d'application plus étroit, ou de la provocation à l'abandon d'enfant et de la simulation ayant entraîné une atteinte à l'état civil de l'enfant, respectivement visées aux articles 227-12, al. 1er, et 227-13 du même code, aux champs d'application plus larges. Rappr. Binet J.-R., cité *infra* note 13.

[5] *Contra* Fulchiron H., obs. sous Cass. 1re civ. 12 septembre 2019, n° 18-20472, *Dr. famille* 2019, comm. 216, p. 28 : « Au-delà du contrat visé à l'article 16-7 du Code civil, c'est la GPA elle-même qui est prohibée en droit français ».

que la femme qui fait porter son enfant par une autre femme est directement sanctionnée par la nullité de la convention – puisqu'elle ne sera dès lors pas la mère de l'enfant -, l'homme qui fait porter son enfant par une femme ne saurait l'être, pour une raison assez évidente[6] : tout homme fait porter son enfant par une femme. Plus techniquement, l'article 16-7 du Code civil est impuissant à saisir cette situation, parce que, dès lors que cet homme a reconnu l'enfant, il en est le père et que, dès lors qu'il en est le géniteur et qu'il souhaite établir sa paternité, il ne peut pas, au regard des règles qui gouvernent le droit de la filiation du titre VII du livre Ier du Code civil[7], ne pas en être le père[8] - quand,

---

[6] Rappr. Sériaux A., « Maternités de substitution : grandeur et décadence de deux principes d'ordre public », *Dr. famille* 2019, ét. 14, n° 16.

[7] Souvent qualifiée de « charnelle » pour la distinguer de la filiation adoptive, régie par le titre VIII du même livre.

[8] Sous réserve de l'écoulement des délais de prescription applicables en la matière. *Contra* Rouen 31 mai 2018, n° 17/02084, *Dalloz actualité* 13 juillet 2018, obs. Mirkovic A. ; *JCP G* 8 octobre 2018, 1040, note Binet J.-R. ; *Dr. famille* 2018, comm. 239, obs. Fulchiron H. ; *RDC* 2019, n° 115x7, p. 125 et s., note Supiot E. ; et sur pourvoi (rejeté) Cass. 1re civ. 12 septembre 2019, n° 18-20472, *Dalloz actualité* 27 septembre 2019, obs. Gareil-Sutter L. ; *Recueil Dalloz* 2019, p. 2112 et s., note Etienney de Sainte Marie A. ; *Gaz. Pal.* 15 oct. 2019, n° 360w0, p. 22 et s., note Viganotti E. ; *AJ famille* 2019, p. 487 et s. obs. Dionisi-Peyrusse A., p. 531 et s. note Chénedé Fr. et note Salvage-Gerest P. ; *Dr. famille* 2019, comm. 216, obs. Fulchiron H. ; *RJPF* 2019-11/16, note Garrigue J. L'homme qui, contre rémunération, avait initialement « commandé » l'enfant à une femme porteuse voit son action en contestation de la paternité de celui qui l'avait reconnu sans en être le géniteur, préalable nécessaire à l'établissement de la sienne, jugée irrecevable : « aux termes de l'article 16-7 du code civil, toute convention portant sur la procréation ou la gestation pour le compte d'autrui est nulle ; [...] selon l'article 16-9 du même code, ces dispositions sont d'ordre public ; [...] ayant relevé que l'action de M. X... en contestation de la reconnaissance de paternité de M. K..., destinée à lui permettre d'établir sa propre filiation sur l'enfant, reposait sur la convention de gestation pour autrui qu'il avait conclue avec Mme G..., la cour d'appel en a exactement déduit que la demande était irrecevable comme reposant sur un contrat prohibé par la loi ». On doit reconnaître persister à ne pas comprendre (v. « Père(s) sans mère », *Les Petites affiches*, 14 janvier 2019, n° 141p8, p. 8 et s.) : l'action ne « repose » en rien sur la convention en question, dès lors que, même en faisant abstraction de la convention nulle, l'application du droit français devrait conduire à exclure la paternité de l'auteur de la reconnaissance et à admettre celle du géniteur (rappr. Fulchiron H, obs. préc., p. 28 : « À proprement parler, la demande ne "repose" pas sur la convention de GPA [...] ; elle "repose" sur le lien biologique que revendique [le géniteur] pour détruire la filiation de [l'auteur de la reconnaissance] et établir sa propre filiation »). Seule l'éviction de l'application du droit français au terme d'un contrôle de proportionnalité réalisé au regard du droit au respect

symétriquement, la convention par laquelle un homme s'engagerait à l'égard d'un autre à lui fournir du sperme pour que ce dernier devienne le père devrait être frappée de nullité en vertu de ce texte[9].

La crise du droit français de la gestation pour autrui se traduit donc en une mise en défaut du dispositif juridique d'encadrement de la pratique instauré en 1994[10] - inhabile à atteindre le but qui lui est généralement assigné : interdire la gestation pour autrui. Le développement de nouvelles pratiques tout à la fois donne à voir l'inefficacité du dispositif juridique et crispe une partie de la communauté des juristes – car les situations en cause sont perçues comme plus anormales encore que la situation à partir de laquelle le droit français a été conçu : s'il n'est pas possible à une femme de devenir mère d'un enfant porté par une autre dans des conditions maîtrisables sur le territoire national, comment admettre qu'elle puisse le devenir par une simple délocalisation de la gestation qui rend les contrôles encore plus incertains ? s'il n'est pas possible à une femme privée de facultés gestationnelles à la suite d'une pathologie de devenir mère par recours à une femme porteuse, comment donc admettre qu'un homme homosexuel puisse devenir père par le même truchement ? Or cette crispation emprunte bien souvent une voie vouée à l'échec : proclamer qu'il y a violation de la loi quand les situations ont été légalement établies à l'étranger[11] si bien qu'il a parfois fallu sur-solliciter les outils du droit international privé pour fonder une sanction[12] – et une sanction souvent fragile dès lors que les actes de

---

de la vie privée et familiale de l'enfant (auquel, du reste, la Cour procède dans un second temps) pourrait fonder la solution.

[9] Il y aurait bien, alors, « convention portant sur la procréation pour le compte d'autrui ». Rappr. Sériaux A., « Maternités de substitution : grandeur et décadence de deux principes d'ordre public », préc., n° 9.

[10] Rappr. le constat dressé à propos de l'épilogue judiciaire de l'« affaire Mennesson » : « L'interdit de la GPA en sort un peu plus fragilisé » (Fulchiron H. et Bidaud Chr., « Transcription dans l'affaire Mennesson aujourd'hui. Et demain ? », *Recueil Dalloz* 2019, p. 2228 et s.).

[11] V., not., Fulchiron H., obs. sous Rouen 31 mai 2018, n° 17/02084, *Dr. famille* 2018, comm. 239, p. 27 qui, à propos des décisions relatives à la reconnaissance des filiations établies dans le cadre de gestations pour autrui pratiquées à l'étranger, écrit : « Il s'agissait d'inscrire dans les actes de l'état civil une filiation *légalement* [nous soulignons] établie au regard du droit étranger ».

[12] V. notamment, à propos de la mobilisation de la fraude à la loi, Bollée S. et Haftel B., « L'art d'être inconstant. Regards sur les récents développements de la jurisprudence en matière de gestation pour autrui », *Rev. crit. DIP* 2020, p. 267 et s., n° 5 : « À ce nouveau fondement a correspondu l'affirmation, dénuée d'ambiguïté, que la filiation ne

naissance ou jugements étrangers eux-mêmes sont hors de portée ; de manière plus inappropriée encore, proclamer qu'il y a violation de la loi quand l'application de l'article 16-7 du Code civil à la commande d'enfant par son géniteur conduit à appliquer les règles du droit de la filiation en vertu desquelles cet homme et seul cet homme peut être dit le père de l'enfant.

Parce que le dispositif juridique actuel ne peut plus satisfaire personne, opposants ou défenseurs de la pratique de la gestation pour autrui, il faut donc changer la loi positive. Il faut changer la loi pour assurer l'effectivité de l'interdiction en adaptant les outils aux nouvelles pratiques – probablement en sollicitant le droit pénal pour les sanctionner[13]. Ou bien, il faut changer la loi pour accueillir ces pratiques – le cas échéant en les encadrant. En somme, rouvrir le débat s'impose pour identifier des objectifs clairs et y conformer les règles de droit.

Quels objectifs, dès lors, poursuivre ? Il ne saurait être question de trancher ici le débat. Il s'agit de s'arrêter sur les conditions nécessaires pour que s'ouvre un débat véritable, en somme, de dessiner un cadre propice à penser. Poser les termes de ce débat nécessaire exige d'assumer la complexité de l'objet (I) avant d'identifier le cœur du sujet (II).

---

pouvait pas même être établie à l'égard du père biologique dès lors que celui-ci avait eu recours à une mère porteuse. Cette dernière solution était pour le moins singulière, et l'on avait pu observer qu'elle ne trouvait aucun soutien dans le droit français de la filiation, qui permet de traduire en droit la paternité biologique sans autre limite que celle prévue en cas d'inceste absolu. La sollicitation de la théorie de la fraude, à cet égard, apparaissait donc injustifiée ».

[13] En ce sens, v. Binet J.-R., « Gestation pour autrui : le droit français à la croisée des chemins », *Dr. famille* 2017, ét. 13, n° 19 et s. « Dès lors que la logique conduisant à priver d'effets la GPA pour dissuader d'y avoir recours ne fonctionne plus, le législateur doit adopter une nouvelle politique, fondée sur des moyens que l'on peut suggérer tant en droit interne qu'au plan international. Au plan interne, force est de constater tout d'abord que le maintien du caractère d'ordre public de la nullité de la gestation pour autrui par l'article 16-7 ne suffit pas. Au-delà de la nullité de la convention, il serait précieux d'ajouter que le recours à la gestation pour autrui est interdit. [...] Le législateur pourrait, demain, ajouter à l'article 16-7 un alinéa 2 prévoyant qu'"est interdit tout recours à l'une des techniques envisagées à l'alinéa précédent". Ainsi, les choses seraient plus claires. Il faudrait en outre assortir l'interdiction du recours à la GPA de conséquences explicites et, bien sûr, prévoir des sanctions pénales nouvelles ».

I. Assumer la complexité de l'objet

Le débat sur la gestation pour autrui est souvent appauvri par des simplifications abusives qui empêchent de penser l'objet dans sa complexité et, partant, nuisent au débat. Elles portent notamment sur l'histoire, sur le lexique et sur les situations factuelles.

L'histoire

Un des mythes les plus tenaces est celui de l'évolution continue vers plus de libéralisme qui caractériserait la matière (et à laquelle il conviendrait, selon l'opinion majoritaire, de résister). Admettre la gestation pour autrui serait « surfer » sur une tendance des sociétés contemporaines ; lutter contre serait résister à une vague libérale qui, parce qu'elle discréditerait toute conception du bien, emporterait toutes les valeurs. Il y a là une méprise – qui procède d'une occultation de la construction historique de la matière.

Car les faits ne disent pas cette histoire. Les faits disent que, lorsque la gestation pour autrui s'est assumée comme telle au début des années 1980, elle n'a pas suscité la réprobation unanime, loin de là[14]. Les faits disent qu'une approche libérale de la question particulière de la gestation pour autrui et des procréations médicalement assistées en général a pu exister et même pu sembler majoritaire au mitan des années 1980, chez les civilistes du moins, pourtant censés être les « gardiens du temple » : en 1985, Mme Michelle Gobert juge la question de l'accès des femmes célibataires à l'insémination artificielle avec tiers donneur non problématique[15] ; en 1986, Mme Jacqueline Rubellin-

[14] Comp. Sériaux A., « Maternités de substitution : grandeur et décadence de deux principes d'ordre public », préc., n° 2 et s., qui occulte en particulier les décisions du juge du fond qui n'avaient pas marqué d'hostilité à l'égard de la pratique.

[15] Gobert M., « Les incidences juridiques des progrès des sciences biologique et médicale sur le droit des personnes », *in Génétique, procréation et droit,* Actes Sud, 1985, p. 161 et s., spéc. p. 179 et s. : « Deux hypothèses peuvent, aisément, être détachées car elles ne posent pas de réels problèmes juridiques. Si l'on a coutume de dire le contraire c'est parce que l'on a fâcheusement confondu la législation existante et la série de règles que des organismes, les CECOS [...], se sont posées à eux-mêmes dans la pratique des inséminations artificielles. Ces deux hypothèses sont celles de l'*insémination de la femme célibataire* d'une part et, d'autre part, *de la veuve* [...]. Comment s'opposer à la liberté pour la femme de pouvoir choisir le mode de procréation alors que, depuis un arrêt du Conseil d'État du 31 octobre 1980, elle jouit de la liberté exclusive d'avorter ? Au nom de quoi maintenir l'inégalité entre les

Devichi écrit, à propos de la gestation pour autrui, qu'il lui « paraît moins sûr, aujourd'hui, qu'il faille adopter une politique d'ignorance et de réprobation systématiques » et se demande s'il « ne vaut [...] pas mieux tolérer ce que de toute façon l'on ne saurait empêcher[16] » ; en 1987, M. François Terré estime que la maternité de substitution est, sous certaines conditions, admissible[17] ; en 1990 encore, M. François Boulanger soutient que « si le procédé n'est pas "de convenance", mais entend porter remède à la stérilité d'un couple, on ne peut en soi condamner un accord aboutissant à la création d'une vie humaine[18] ». Les faits disent que la Cour d'appel de Paris a, le 15 juin 1990, prononcé les adoptions plénières de deux enfants nés à la suite de gestations pour autrui, l'une réalisée sur le territoire français[19], l'autre aux États-Unis[20], et que, si le procureur près la Cour d'appel de Paris avait formulé des conclusions en sens contraires, il n'a pas formé de pourvoi à l'encontre des adoptions prononcées : selon la Cour, « la maternité de substitution, en tant que libre expression de la volonté et de la responsabilité individuelles de ceux qui y souscrivent, hors de toutes préoccupations lucratives, doit être considérée comme licite et conforme à l'ordre public[21] ». Il faut le rappeler : seul un pourvoi dans l'intérêt de la loi formé contre l'arrêt relatif à l'enfant né sur le territoire national par le Procureur général près la Cour de cassation a permis l'arrêt d'assemblée plénière du 31 mai 1991[22].

---

femmes qui refusent d'avoir un enfant par les moyens naturels, si l'on continue de permettre que les unes satisfassent leur désir de maternité par le subterfuge de l'adoption tandis que les autres lui préfèreraient celui de l'insémination artificielle qui présente l'avantage sur le précédent de leur donner la possibilité d'avoir un enfant qui soit le leur ? ».

[16] Rubellin-Devichi J., *RTD civ.* 1986, p.575.

[17] Terré Fr., *L'enfant de l'esclave, Génétique et droit*, Flammarion, 1987, spéc. p. 183 et s. : « Il est possible d'aboutir à une conclusion libérale et de ne pas condamner la maternité pour autrui. Les raisons qui inspirent celle-ci peuvent illustrer une solidarité entre les femmes répondant à une loi de la nature. Si l'on évite de raisonner sur les cas extrêmes, on doit admettre que le lien biologique, évacué en cas d'insémination avec donneur de gamètes, peut aussi reculer en cas de maternité pour autrui ».

[18] Boulanger F., note sous Paris, 15 juin 1990, *Recueil Dalloz* 1990, p. 540 et s.

[19] Paris, 15 juin 1990, *JCP G* 1991, II, 21 653, note Edelman B. et Labrusse-Riou C

[20] Paris, 15 juin 1990, *Recueil Dalloz* 1990, p. 540, note Boulanger F.

[21] Paris, 15 juin 1990, arrêt relatif à l'ordre interne.

[22] Pour une discussion de l'orthodoxie de la procédure, v. Gobert M., « Réflexions sur les sources du droit et les "principes" d'indisponibilité du corps humain et de l'état des

En somme, l'histoire n'est pas linéaire. Comme le souligne Jean-Louis Halpérin, si « les textes qui ont contribué à une libération des femmes et à une plus grande autonomie des personnes relativement à leur corps et à la procréation sont les plus connus[23] », « il faut tenir compte aussi des évolutions législatives et jurisprudentielles qui ont conduit à des intrusions de plus en plus nombreuses de la loi et des juges dans l'intimité de la procréation : développement de la preuve biologique de la filiation depuis la loi de 1972 [...] ; interdiction des maternités de substitution par la Cour de cassation en 1991, puis par la loi du 29 juillet 1994 ; limitation de la procréation médicalement assistée aux couples hétérosexuels stériles par ce même texte [...]. Au rebours du recours à la fiction par le Code Napoléon, parfois à l'encontre du développement de l'adoption, notre droit ne se montre-t-il pas de plus en plus intrusif sur la vérité et la "normalité" de la procréation [...] ? Chacun jugera de la légitimité de ces entraves à l'autonomie personnelle [...] mais il nous semble clair que le droit français actuel cherche beaucoup plus à "contrôler" les corps aujourd'hui qu'il y a trente ou quarante ans. Si l'on suit la pensée de Michel Foucault, il ne fait guère de doute que la libération des corps (des femmes, des homosexuels, des transsexuels) ne s'est nullement traduite par un droit antidisciplinaire, mais a au contraire confirmé la "colonisation" du droit par les discours scientifiques à prétentions prescriptives (notamment sur la normalité de la procréation)[24] ». Il ne s'agit pas ici de dire que l'intervention du droit est illégitime ; il s'agit uniquement de souligner que l'histoire de la construction du droit de la gestation pour autrui, loin du récit simplificateur communément admis, a connu une période libérale qui met au jour l'absence de nécessité ou d'évidence des – très imparfaites - solutions que fournit le droit positif.

Le lexique

Poser les termes d'un débat exige avant toute chose une extrême attention au lexique employé : les mots peuvent refermer immédiatement le débat qu'il s'agirait d'ouvrir. À cet égard, le plus grand soin doit être apporté à la désignation des protagonistes. Si le

---

personnes (à propos de la maternité de substitution) », *RTDciv.* 1992, p. 489 et s., n° 3 et s.

[23] Halpérin J.-L., « Le contrôle de la procréation par le droit au cours de l'histoire », *in* Marchal C. et *al.*, *La maîtrise de la vie*, ERES « Enfance & parentalité », 2012, p. 57 et s., p. 67.

[24] *Ibid.* p. 68-69.

terme d'« enfant » semble, par commodité, pouvoir être employé pour désigner la personne issue de la gestation car, si elle n'est pas toujours un enfant entendu comme une personne pourvue d'un lien de filiation, elle est en général un mineur[25], les mots pour dire les autres acteurs et actrices sont souvent inappropriés en ce qu'ils contiennent la réponse à la question qu'ils sont censés permettre de penser – indépendamment donc de l'état du droit, ici ou ailleurs.

D'une part, sont couramment désignées comme « parents d'intention » les personnes qui cherchent à obtenir le statut de parents d'un enfant qui serait porté par une femme tierce. Si elles ont bien l'intention d'être parents, on ne saurait poser *ab initio* que cette intention en fait des parents (ce qui ne veut pas dire qu'elle ne puisse pas le faire). Dès lors qu'il s'agit de s'interroger sur le statut de ces personnes à l'origine du projet de gestation, les désigner comme « parents » est à proscrire. Le caractère performatif du langage n'est plus à démontrer : les dire « parents », c'est commencer à les reconnaître tels. Il faut toutefois admettre que proposer une alternative qui n'ait pas l'effet inverse – de repoussoir – est malaisé. Même s'il peut être perçu comme péjoratif, le terme de commanditaire peut sembler le plus neutre – mais parler des « auteurs du projet parental » serait aussi parfaitement admissible dès lors qu'il y a bien *projet* de devenir parent. En outre, lorsque les conditions de la conception de l'enfant sont à évoquer, mobiliser le plus possible des termes renvoyant à des données factuelles - géniteur ou génitrice, en particulier – semble également de nature à éviter d'être enfermé dans le piège de la performativité.

D'autre part, on ne saurait penser la gestation pour autrui en parlant de « mère » porteuse. Un arrêt rendu par la Cour d'appel de Paris du 30 janvier 2018 est, à cet égard, emblématique[26] : pour refuser de prononcer l'adoption plénière par le mari du père de l'enfant né, à l'évidence, d'une gestation pour autrui, la cour relève que « rien ne permet en l'espèce d'appréhender les modalités selon lesquelles *la mère* [nous soulignons] ayant accouché aurait renoncé à l'établissement de la filiation maternelle, et ce de manière définitive, ni dans quelles

[25] Sur la polysémie du terme, v. « L'enfant : à propos d'une polysémie », *in Au-delà des codes, Mélanges en hommage à Marie-Stéphane Payet,* Dalloz, 2012, p. 469 et s.
[26] Paris, 30 janvier 2018, *JCP G* 26 mars 2018, n° 345, note Lambert-Garrel L. et Vialla Fr. ; *AJ famille* 2018, p. 139, obs. Dionisi-Peyrusse A. ; p. 171, obs. Le Gouvello A. *; Dalloz actualité* 14 février 2018, obs. Borde M. ; *Dr. famille* 2018, comm. 92, obs. Fulchiron H.

conditions et dans quelle intention l'enfant [...] a été remise à son père ; [...] il en est de même, *a fortiori*, du consentement de *la mère* [nous soulignons] ayant accouché à l'adoption de l'enfant par le mari du père dans des conditions qui viendraient, s'agissant d'une adoption plénière, rendre impossibles à l'avenir, et de manière complète et irrévocable, tout établissement légal d'un lien de filiation maternelle et toute relation ». Qualifier de « mère » la femme qui a accouché de l'enfant mais n'a établi aucun lien juridique à son égard consiste à poser la réponse dans la question : s'il y a une mère, la question de savoir qui est la mère n'a pas de sens – lorsque l'enfant a été porté pour le compte d'une femme ; s'il y a une mère, elle doit consentir à l'adoption – notamment, lorsque l'enfant a été porté pour le compte du mari du père. Mais, précisément, en l'espèce, de mère il n'y a pas. La porteuse est, en l'état des techniques médicales, une femme[27] ; elle n'est pas une mère, ou pas nécessairement, si l'on veut pouvoir penser la question de son statut[28].

Les situations factuelles

L'expression « GPA » s'est imposée dans la littérature spécialisée comme dans les *mass media.* Derrière ces trois lettres se camouflent toutefois des situations factuelles extrêmement diverses qu'il semble abusif d'assimiler.

On s'accorde en général sur la nécessité, pour penser la question, de distinguer deux configurations : la maternité pour autrui, lorsque la femme porteuse est aussi la génitrice de l'enfant, et la « simple » gestation pour autrui, lorsque la femme porteuse est génétiquement étrangère à l'enfant porté. Au regard du seul article 16-7 du Code civil, la distinction est dépourvue de portée, comme l'est celle des hypothèses dans lesquelles l'enfant est issu des gamètes de la « mère d'intention » et des hypothèses dans lesquelles il ne l'est pas[29], dès lors que le droit civil

[27] Sous réserve de l'hypothèse du changement de statut juridique d'une personne trans *F to M.*

[28] En ce sens, v. Khaïat L., « Conclusion. N'ayez pas peur ! », *in* Marchal C. et *al.*, *La maîtrise de la vie*, préc., p. 251 et s., p. 257 : « Si l'on appelait ces femmes généreuses de leur vrai nom : "femmes porteuses", on ne leur ferait plus l'injure de dire ou de laisser entendre qu'elles abandonnent leur enfant alors qu'elles consacrent neuf mois de leur vie, de leur sollicitude, de leur affection, à aider une autre femme à devenir la mère de cet enfant ».

[29] Sur cette formule, v. *infra.*

est indifférent à l'apport génétique des femmes en matière de filiation[30] – qu'il participe à invisibiliser : la mère étant la femme qui accouche ou, probablement à brève échéance, celle qui a participé au projet parental dans le cadre d'une assistance médicale avec tiers donneur de gamètes[31], le statut de génitrice n'a pas et n'est pas appelé à avoir d'incidence en la matière[32]. Il n'en demeure pas moins que, pour penser la question, la

---

[30] V. Bandrac M., « L'inégalité des père et mère face à la transparence des origines », *in* Bloch P. et Depadt-Sebag V. (dir.), *L'identité génétique de la personne : entre transparence et opacité,* Dalloz, Coll. « Thèmes et commentaires », 2007, p. 61 et s., n° 10 et 11, p. 65-66 : « Les rôles génétiques de l'homme et de la femme sont, en fait, la même réalité, mais, en droit civil, cette réalité, qui débouche nécessairement sur une filiation juridique pour l'homme, débouche sur une pure inexistence juridique de la femme génitrice. [....] La mère génétique est sans existence civile, en tant que mère ». Cette indifférence à l'apport génétique des femmes ne semble en revanche pas partagée par la Cour européenne des droits de l'homme. V. CEDH (GC), 10 avril 2019, *avis consultatif relatif à la reconnaissance en droit interne d'un lien de filiation entre un enfant né d'une gestation pour autrui pratiquée à l'étranger et la mère d'intention demandé par la Cour de cassation française*, demande n° P16-2018-001, § 27 à 29, où la Cour procède aux différentes distinctions : « Il apparaît ainsi que le litige interne porte sur la reconnaissance dans l'ordre juridique français, eu égard au droit au respect de la vie privée des enfants, d'un lien de filiation entre une mère d'intention et des enfants nés à l'étranger par gestation pour autrui et issus des gamètes du père d'intention et d'une tierce donneuse, dans un cas où l'acte de naissance étranger peut faire l'objet d'une transcription en ce qu'il désigne le père d'intention dès lors qu'il est le père biologique des enfants. Le litige interne ne concerne donc pas le cas où l'enfant né d'une gestation pour autrui pratiquée à l'étranger est issu des gamètes de la mère d'intention. Il en résulte également que l'avis ne concernera pas le cas où il y a eu procréation pour autrui, c'est-à-dire où l'enfant est issu des gamètes de la mère porteuse. Les questions de la Cour de cassation ne visent du reste pas cette situation ». *Adde* §47 : « Bien que le litige interne ne concerne pas le cas d'un enfant né d'une gestation pour autrui pratiquée à l'étranger et conçu avec les gamètes de la mère d'intention, la Cour juge important de préciser que, lorsque la situation est par ailleurs similaire à celle dont il est question dans ce litige, la nécessité d'offrir une possibilité de reconnaissance du lien entre l'enfant et la mère d'intention vaut *a fortiori* dans un tel cas ». La Cour a ultérieurement été invitée à comparer les situations des « père et mère d'intention », l'un comme l'autre géniteurs, dans un arrêt du 16 juillet 2020 (CEDH, 16 juillet 2020, *D. c. France*, n° 11288/18, §74) ; le grief de discrimination entre « père » et « mère » génétiques est toutefois jugé irrecevable, notamment pour avoir été invoqué trop tardivement (§81 et 82).

[31] V. le projet de loi relatif à la bioéthique, n° 2187, déposé le mercredi 24 juillet 2019 et adopté avec modifications par l'Assemblée nationale en deuxième lecture le 31 juillet 2020, art. 1er.

[32] La question se poserait en des termes différents si, au sein d'un couple de femmes, la réception d'ovocytes de la partenaire (ROPA) était à l'avenir admise en droit français. Sur cette technique, v. en dernier lieu, Ferrer-Lormeau P., *Le droit de la filiation au*

distinction de ces trois figures s'impose[33]. La terminologie devrait toutefois être affinée, pour faire une place à l'hypothèse de la « mère d'intention » génitrice, et reconsidérée, tant « maternité » renvoie trop évidemment au statut juridique de mère. Partant, il conviendrait de distinguer « procréation et gestation pour autrui[34] », d'une part, et « gestation pour autrui », d'autre part, et au sein de celle-ci, « gestation pour autrui endogène », lorsque la « mère d'intention » est la génitrice, et « gestation pour autrui exogène », lorsque ni la « mère d'intention » ni la femme porteuse ne sont les génitrices[35].

---

prisme du genre. Étude en faveur d'une adaptation du droit aux enjeux contemporains de la filiation, th. Paris 1 Panthéon-Sorbonne, 2019, spéc. n° 712.

[33] V. not. Malaurie Ph. et Fulchiron H., *Droit de la famille,* 6e éd., LGDJ, 2018, n° 1030, p. 488 : « À l'évidence, les problèmes ne sont pas les mêmes, selon que la mère est à la fois génitrice et gestatrice ou qu'elle n'est que gestatrice ». Les auteurs soulignent toutefois que « se posent les mêmes questions de fond : une femme peut-elle mettre son corps au service d'autrui ? Peut-elle s'engager à abandonner à la naissance l'enfant qu'elle a porté et parfois engendré ? N'est-ce pas faire du corps de la femme une chose que l'on vend ou que l'on loue ? Faire entrer l'enfant lui-même dans le commerce juridique ? »

[34] Certains auteurs préfèrent désormais l'expression « procréation pour autrui » à celle de « maternité de substitution » (en ce sens, v. not. Terré Fr., Goldie-Genicon Ch. et Fenouillet D., *Droit civil, La famille,* 9e éd., Dalloz, coll. « Précis », 2018, n° 841, p. 831 : « La gestation pour autrui n'est pas uniforme et peut revêtir plusieurs visages : l'enfant peut être conçu avec les gamètes de la mère porteuse (laquelle est à la fois gestatrice et génitrice). La convention réalise alors un abandon anticipé par la mère de son propre enfant, et on emploie plutôt le terme de procréation pour autrui. L'enfant peut aussi être conçu à partir des gamètes du couple receveur : le père et la mère commanditaires sont alors les parents biologiques de l'enfant, la mère porteuse se contentant de mettre à disposition ses facultés de gestatrice [...] » (on notera, du reste, en passant, que les auteurs semblent considérer que la mère « biologique » voire la mère, tout court, est la génitrice ...). Si l'éviction du terme « maternité » doit être louée, celle de « gestation » est en revanche problématique : elle occulte une dimension de la participation de la femme porteuse à la naissance de l'enfant ; partant, elle pourrait conduire à assimiler cette situation à celle dans laquelle une femme conviendrait de donner ses ovocytes à une autre ou un homme ses spermatozoïdes à un autre, en quoi consiste la « convention portant sur la procréation pour le compte d'autrui » visée à l'article 16-7 du Code civil.

[35] Pour une typologie identique, mais une terminologie différente, v. Bandrac M., Delaisi de Parseval G. et Depadt-Sebag V., « Repenser la prohibition de la gestation pour autrui ? (à propos de l'arrêt rendu par la cour d'appel de Paris le 25 octobre 2007) », préc., n° 18, qui distingue gestation pour autrui « simple », à partir de l'ovule de la « mère d'intention », d'une part, ou de celui d'une femme tierce, d'autre part, et gestation pour autrui « complexe », lorsque la gestatrice est également la génitrice.

Du reste, deux autres distinctions devraient probablement nourrir la réflexion.

D'une part, faut-il mettre sur le même plan - et désigner par le même nom - les conventions ou dispositifs normatifs qui ménagent à la femme porteuse la faculté de se rétracter après la naissance de l'enfant, voire qui exigeraient qu'elle réitère son consentement après la naissance de celui-ci, de sorte qu'elle pourrait, au moins un temps, habiter le statut de mère, et ceux qui excluent résolument qu'elle puisse revenir sur l'accord initial ? Toutes choses égales par ailleurs, la première forme se rapproche d'une adoption, dès lors que le consentement efficace concernerait *in fine* un enfant déjà né, quand la seconde s'éloigne considérablement de ce schéma. Or il n'est probablement pas inutile de rappeler que l'adoption ne concerne pas uniquement les enfants dépourvus de famille : les parents peuvent valablement consentir à l'adoption de leur enfant – et, le cas échéant, au profit d'une personne identifiée dès lors que l'enfant serait âgé de plus de deux ans[36].

D'autre part, la convention a-t-elle pour objet de faire « disparaître » la porteuse de la filiation de l'enfant, qu'il s'agisse de la remplacer par une autre femme ou par un homme, ou la porteuse se verra-t-elle reconnaître le statut de mère - l'autre ou, le cas échéant, les autres branches[37] étant seules occupées par les commanditaires ? La disponibilité de l'état ne serait pas mobilisée au même degré – quand elle ne serait pas simplement étrangère à la situation[38].

---

[36] V. l'article 348 du Code civil (« Lorsque la filiation d'un enfant est établie à l'égard de son père et de sa mère, ceux-ci doivent consentir l'un et l'autre à l'adoption ») et l'article 348-5 du même code (« Sauf le cas où il existe un lien de parenté ou d'alliance jusqu'au sixième degré inclus entre l'adoptant et l'adopté, le consentement à l'adoption des enfants de moins de deux ans n'est valable que si l'enfant a été effectivement remis au service de l'aide sociale à l'enfance ou à une œuvre d'adoption autorisée »), qui implique qu'au-delà de ce délai l'enfant peut être directement remis par les parents au(x) futur(s) adoptant(s). Sur cette donnée essentielle, v. Gobert M., « Réflexions sur les sources du droit et les "principes" d'indisponibilité du corps humain et de l'état des personnes (À propos de la maternité de substitution) », préc., n° 34.

[37] En vertu ou sur le modèle de l'adoption simple.

[38] En présence d'une commande d'enfant par son géniteur ou même d'une adoption simple. Rappr. Le Cotty R., « Les difficultés rencontrées par les magistrats concernés – point de vue », *in* Dionisi-Peyrusse A. et Mauger-Vielpeau L. (dir.), *Les fondements de la filiation,* Institut Universitaire Varenne, coll. « Colloques & Essais », 2017, p. 229 et s., p. 233, à propos du recours à la « gestation pour autrui » par des hommes en Inde : « À la différence des affaires jugées en 2011, il n'y avait pas de mère d'intention

II. Identifier le cœur du sujet

Penser la gestation pour autrui, c'est *avant tout* penser les droits et intérêts des femmes porteuses. *Avant tout*, c'est-à-dire avant les droits et intérêts de l'enfant déjà né : partir des droits de l'enfant déjà né pour penser la gestation pour autrui, c'est probablement, et à nouveau, fournir la question dans la réponse[39]... Il s'agit certainement d'une bonne stratégie judiciaire pour faire produire des effets en France aux conventions conclues à l'étranger[40] mais pas pour penser le phénomène en tant que tel – pas pour penser la loi. *Avant tout*, c'est-à-dire avant les droits et intérêts de l'enfant à naître : si l'on peut soutenir que « l'enfant n'a [...] aucun intérêt à être commandé, fabriqué et livré comme un

---

puisqu'il ne s'agissait pas de couples hétérosexuels et la mère porteuse indienne figurait sur les actes de naissance des enfants. C'était donc bien celle qui leur avait donné naissance, de sorte qu'il n'y avait pas d'atteinte au principe *mater semper certa est* et au principe de l'indisponibilité de l'état des personnes ».

[39] Rappr. Le Cotty R., « Les difficultés rencontrées par les magistrats concernés – point de vue », préc., p. 230 : « Quelle réponse apporter [...] aux couples français en désir d'enfant qui ont recours à des mères porteuses à l'étranger ? Ce contournement de la loi française place le juge face à un véritable dilemme : soit il entérine le fait accompli au nom de l'intérêt de l'enfant, apprécié *in concreto*, ce qui le contraint à ignorer l'interdit fixé par la loi, soit il tente de dissuader les justiciables de recourir à des pratiques que le législateur national réprouve, dans l'intérêt des enfants apprécié *in abstracto* » (*adde* p. 234). Si la première affirmation ne faire guère débat, la seconde pourrait être interrogée : l'article 16-7 du Code civil vise-t-il la préservation de l'intérêt des enfants - serait-il apprécié *in abstracto* ? ne vise-t-il pas exclusivement la préservation de l'ordre public – et en particulier l'indisponibilité de l'état ?

[40] La jurisprudence de la Cour européenne des droits de l'homme l'illustre, qui fonde les condamnations de la France sur une analyse des situations au prisme du droit au respect de la vie privée des enfants. V. not. CEDH, 26 juin 2004, *Mennesson c. France*, n° 65192/11, §96 et s. et *Labassée c. France*, n° 65941/11, §75 et s. *Adde* CEDH (GC), 10 avril 2019, avis consultatif préc., §41 et 42, dans lequel la Cour souligne que « l'intérêt supérieur de l'enfant [...] inclut d'autres éléments fondamentaux, qui ne plaident pas nécessairement en faveur de la reconnaissance d'un lien de filiation avec la mère d'intention, tels que la protection contre les risques d'abus que comporte la gestation pour autrui [...] et la possibilité de connaître ses origines [...] » avant de conclure « que l'impossibilité générale et absolue d'obtenir la reconnaissance du lien entre un enfant né d'une gestation pour autrui pratiquée à l'étranger et la mère d'intention n'est pas conciliable avec l'intérêt supérieur de l'enfant, qui exige pour le moins un examen de chaque situation au regard des circonstances particulières qui la caractérise ».

produit[41] », on peut rétorquer que son intérêt abstraitement conçu est avant tout d'être – et l'on ne voit pas en quoi « l'argument [...] apporterait certainement de l'eau au moulin des opposants à la liberté de l'avortement[42] » dès lors que l'interruption de grossesse ne vise pas la protection des intérêts de l'enfant à naître mais de ceux de la femme enceinte[43]. Précisément, comme en matière d'avortement, s'agissant de toutes les formes de « GPA », les femmes porteuses sont le cœur du sujet. Leurs corps existent, et on ne peut pas les effacer au nom d'une approche purement volontariste de la filiation. L'activité de gestation au bénéfice d'autrui, son sens, son admissibilité, doivent être interrogés. Dans cette perspective, trois questions principales constituent le cœur du sujet.

Des femmes peuvent-elles vouloir porter pour autrui ?

La question n'est pas ici celle de savoir si le droit des femmes à disposer de leur corps implique nécessairement l'admission de la gestation pour autrui. Il s'agit de savoir si l'on peut concevoir que des femmes puissent vouloir porter un enfant pour autrui. La possibilité-même de cette volonté est, parfois, mise en doute. Pourtant, disqualifier de manière générale la possibilité pour les femmes de vouloir porter pour autrui, soutenir qu'elles ne peuvent pas tout à la fois vouloir porter et ne pas vouloir être mères, est une pétition de principe essentialiste qui

---

[41] Fabre-Magnan M., « Les trois niveaux d'appréciation de l'intérêt de l'enfant. À propos de la gestation pour autrui », *Recueil Dalloz* 2015, p. 224 et s.

[42] *Ibid.*

[43] Dès la loi n° 75-17 du 17 janvier 1975 *relative à l'interruption volontaire de la grossesse*, celle-ci est pensée au regard des seuls intérêts de la femme enceinte « que son état place dans une situation de détresse » (art. L. 162-1 du Code de la santé publique ; la référence à la situation de détresse a disparu avec la loi n° 2014-873 du 4 août 2014 *pour l'égalité réelle entre les femmes et les hommes*, art. 24). On pourrait admettre que la question se pose dans des termes différents s'agissant de ce que la loi de 1975 qualifiait d'« interruption volontaire de la grossesse pratiquée pour motif thérapeutique » (depuis la loi n° 2001-588 du 4 juillet 2001 *relative à l'interruption volontaire de grossesse et à la contraception*, « interruption de grossesse pratiquée pour motif médical »), possible, notamment, lorsqu'« il existe une forte probabilité que l'enfant à naître soit atteint d'une affection d'une particulière gravité reconnue comme incurable au moment du diagnostic ». Certains pourraient voir dans cette disposition une prise en considération de l'intérêt de l'enfant à naître dans le dispositif juridique français d'encadrement de l'avortement. Simplement, quand bien même on admettrait qu'il s'agirait alors de prendre en compte l'intérêt de l'enfant, il s'agirait de son intérêt à ne pas être lourdement handicapé par une maladie incurable, question sans rapport avec celle de la gestation pour autrui.

doit, pour le moins, pouvoir être discutée, ne serait-ce que parce qu'elle ne correspond ni à notre tradition juridique ni à notre droit positif. Elle ne correspond pas à notre tradition juridique : jusqu'en 2005, la femme non mariée qui accouchait d'un enfant et ne l'élevait pas comme sien n'en était pas la mère[44]. Elle ne correspond pas au droit positif : dès lors que l'on autorise l'accouchement dans le secret, on admet que les femmes qui portent des enfants n'ont pas nécessairement vocation à en devenir mères[45] - même s'il ne s'agit pas de nier que le système juridique français actuel tend à faire des femmes qui accouchent les mères des enfants accouchés. Au demeurant, les juridictions françaises admettent que la femme porteuse puisse vouloir ne pas devenir mère. En particulier, la cour d'appel de Paris dans ses arrêts du 30 janvier[46] et du 18 septembre 2018[47] cherche – peut-être à mauvais escient au regard des termes juridiques du débat, c'est une autre question – à établir la réalité de la volonté de la porteuse et, partant, admet la possibilité-même de cette volonté.

Des femmes peuvent-elles vouloir porter pour autrui contre de l'argent ?

Une indemnisation significative et même une rémunération entachent-elles nécessairement la volonté de porter pour autrui d'un vice rédhibitoire ? L'hypothèse est régulièrement avancée qu'une gestation pour autrui « éthique » devrait impérativement être gratuite. Il ne semble toutefois pas raisonnable d'évincer du champ des possibles – du champ du pensable - la gestation pour autrui rémunérée. Car la rémunération de la femme porteuse aurait l'immense mérite de mettre au jour le travail reproductif, d'en révéler l'importance essentielle – souvent invisibilisée. On peut évidemment critiquer cette extension du domaine du marché[48] ;

---

[44] Avant l'ordonnance n° 2005-759 du 4 juillet 2005 portant réforme de la filiation, la femme ayant accouché de l'enfant devait reconnaître l'enfant pour en être la mère ; à défaut, la possession d'état devait être constituée pour que l'enfant ait une mère. L'acte de naissance établi à partir de la déclaration de naissance constatant l'accouchement ne permettait l'établissement de la maternité qu'à l'égard des femmes mariées.

[45] Même si, depuis la loi n° 2009-61 du 16 janvier 2009 ratifiant l'ordonnance n° 2005-759 du 4 juillet 2005 préc., l'accouchement dans le secret ne met plus à l'abri d'une action en recherche de maternité.

[46] Paris, 30 janvier 2018, préc.

[47] Paris, 18 septembre 2018 (deux arrêts), *AJ famille* 2018, p. 616, obs. Dionisi-Peyrusse A. ; *Dr. famille* 2018, comm. 260, obs. Fulchiron H.

[48] Et il faut admettre qu'il est au premier abord perturbant d'entendre évoquées « la valeur créée par la femme porteuse » ou la « spoliation de la richesse créée par la

mais puisque, de fait, le marché régit la plupart des activités humaines, on peut constater que celles qui n'y ont pas accès sont dévalorisées[49]. Partant, l'hypothèse d'une gestation pour autrui rémunérée ne saurait être évincée *ab initio* de la réflexion.

Dans quel cadre juridique des femmes pourraient-elles vouloir porter pour autrui ?

Le risque d'exploitation des femmes porteuses est évident, et il ne saurait être nié. L'asymétrie économique entre les commanditaires et les porteuses est une constante. L'existence du risque n'implique toutefois pas nécessairement l'interdiction de la pratique : chacun peut constater que le contrat de travail n'est pas interdit pour la raison qu'il existe une asymétrie économique entre la plupart des employeurs, d'une part, et la plupart des salariés, d'autre part. Mais pour éviter de faire des femmes porteuses les victimes libres du marché libre de la procréation, un encadrement normatif est indispensable. Le modèle du droit du travail conduit généralement à penser cette réglementation dans le cadre du contrat entre personnes privées. Il n'est pas certain qu'il faille de la sorte borner la réflexion.

On constate en effet, en particulier sous la plume des partisans de la gestation pour autrui, un glissement de la liberté des femmes à disposer de leur corps à l'aptitude à consentir à un contrat portant sur leurs capacités gestationnelles. Or l'inférence n'a rien de nécessaire. Comme le rappelle une auteure notoirement engagée contre la gestation pour autrui, « le contrat n'est [...] pas le mode normal d'exercice des libertés. [...] La liberté de faire des choix dans tous les domaines de la vie personnelle et notamment de prendre des décisions relatives à son propre corps (avortement, arrêt des soins, pratique d'activités à risque, etc.), n'est pas de l'ordre du contrat. Le droit des contrats a été forgé pour que

---

femme porteuse » (Papon Fr.-A., *Pour une GPA responsable en France. La famille pour tous,* Génération Libre, septembre 2017, p. 50 et p. 60).

[49] En ce sens, v. Andrews L. B., « Beyond Doctrinal Boundaries : A Legal Framework for Surrogate Motherhood », *Virginia Law Review*, 1995, p. 2366 (disponible en ligne : https://scholarship.kentlaw.iit.edu/cgi/viewcontent.cgi?referer=https://www.google.com/&httpsredir=1&article=1005&context=fac_schol), cité et traduit par Fabre-Magnan M., *La gestation pour autrui. Fictions et réalité,* Fayard, 2013, p. 104 : « Il est perturbant que, dans la plupart des cas où la société suggère qu'une certaine activité soit exercée par altruisme, plutôt que pour de l'argent, il s'agisse généralement d'une activité féminine. Cela perpétue la dévaluation des activités féminines dans une société qui est basée sur un système de marché ».

chacun puisse être tenu au respect de sa parole et de ses engagements alors même qu'il ne le souhaiterait plus ultérieurement. Les libertés, au contraire, sont posées et juridiquement protégées pour que chacun puisse, à tout moment, décider d'agir selon sa volonté, y compris le cas échéant en changeant d'avis[50] ». En d'autres termes, promouvoir la liberté des femmes à disposer de leur corps n'implique pas de reconnaître l'aptitude des femmes à *s'engager contractuellement* quant au devenir de leur corps[51]. La différence de logique est patente lorsque l'on se pose la question de l'articulation de l'interruption volontaire de grossesse avec un éventuel contrat de gestation pour autrui : si la liberté des femmes est le soubassement de toute la construction juridique, le périmètre du contrat doit nécessairement être restreint - qui ne saurait obliger la porteuse à mener la grossesse à son terme. En somme, soutenir que la liberté se mesure à l'aptitude à l'aliénation par le contrat peut légitimement laisser perplexe. Au demeurant, le droit de la procréation médicalement assistée avec tiers donneur n'a-t-il pas su s'émanciper du

---

[50] Fabre-Magnan M., *L'institution de la liberté*, PUF, 2018, p. 57. Le titre de l'ouvrage fait écho à la note de Bernard Edelman et Catherine Labrusse-Riou sous Paris, 15 juin 1990, préc., qui, à propos de la décision qu'ils jugent « provocatrice » (*ibid.*, n° 1), écrivent : « Ainsi, on se rapprocherait, bon gré mal gré, de la notion anglo-saxonne de "*privacy*", où l'on considère que la meilleure manière de défendre la personne ce n'est point tant d'*instituer* sa liberté, mais de lui reconnaitre de *nouvelles libertés* envers elle-même, envers autrui et envers l'Etat » (n° 4). De manière générale, il faut souligner à quel point cette note apparaît fondatrice, qui avance déjà les principaux arguments encore mobilisés par les opposants à la gestation pour autrui. Ainsi les auteurs soulignent-ils que « l'homologie faite entre les capacités gestatrices et les autres dérogations est parfaitement *sophistique* » (n° 14) et dénoncent le « remarquable sophisme [selon lequel] un contrat de gestation pour autrui n'est valable que parce qu'il ne peut être respecté » (n° 30), quand Mme Frison-Roche dénonce dans un article de 2014 la « sophistique » à l'œuvre chez les défenseurs de la gestation pour autrui (Frison-Roche M.-A., « Sophistique juridique et GPA », *Recueil Dalloz* 2016, p. 85). Aussi se demandent-ils si « la fraude ne devrait [...] pas rendre la reconnaissance paternelle inopposable au juge » (n° 26) - solution un temps adoptée par la Cour de cassation (v. Cass. 1re civ. 13 septembre 2013, pourvois n° 12-18315 et 12-30138, *Bull.* I n° 176). Encore déplorent-ils, avec le développement des techniques de procréations assistées, l'émergence d'un « droit à l'enfant » (n° 31).

[51] Rappr. Comité consultatif national d'éthique pour les sciences de la vie et de la santé, Avis 129, « Contribution du Comité consultatif national d'éthique à la révision de la loi de bioéthique 2018-2019 », p. 123 : « Le CCNE a aussi examiné l'argument selon lequel l'interdiction de la GPA serait une atteinte à la liberté des femmes d'être gestatrices. Toutefois, il considère que n'est pas une liberté celle qui permet à la femme de renoncer par contrat à certaines de ses libertés (liberté de mouvement, de vie de famille, soins indispensables à sa santé) ».

carcan du contrat de sorte tout à la fois que les assistances médicales à la procréation autorisées ne sont jamais présentées comme des exceptions au principe de nullité des conventions portant sur la procréation pour le compte d'autrui et que la liberté des différents protagonistes y est particulièrement préservée – nonobstant le choix initialement exprimé[52] ? Penser la gestation pour autrui en liberté et au nom de la liberté, c'est aussi s'autoriser à imaginer des cadres juridiques nouveaux pour cette relation particulière entre deux, trois ou quatre personnes. Que le contrat, « accord de volontés entre deux ou plusieurs personnes destiné à créer, modifier, transmettre ou éteindre des obligations » qui « tien[t] lieu de loi à ceux qui [l']ont fai[t] »[53], soit le seul vecteur pour penser la gestation pour autrui pourrait être reconsidéré[54] : la figure mobilisée ne constitue-t-elle pas un des facteurs majeurs de crispation du débat ?

---

[52] V. not. l'article L. 1244-2, al. 1, du Code de la santé publique : « Le consentement des donneurs et, s'ils font partie d'un couple, celui de l'autre membre du couple [...] peuvent être révoqués à tout moment jusqu'à l'utilisation des gamètes ».

[53] Articles 1101 et 1103 du Code civil.

[54] Rappr. Bandrac M., Delaisi de Parseval G. et Depadt-Sebag V., « Repenser la prohibition de la gestation pour autrui ? (à propos de l'arrêt rendu par la cour d'appel de Paris le 25 octobre 2007) », *Recueil Dalloz* 2008, p. 434 et s., n° 26, à propos du consentement de la femme porteuse, dans une optique prospective : « Il importe [...] de ne pas envisager ce consentement comme un consentement contractuel, et de ne pas légitimer un contrat de service dont l'objet serait la gestation ».

GESTATION POUR AUTRUI : PEUT-ON PARLER DE « DROIT À L'ENFANT » ?

RAPHAELLE THERY[1]

Possibilité, légitimité. En dépit de ce que le titre de cette intervention suggère peut-être, la question abordée ici n'est pas de savoir s'il est *possible* de parler de « droit à l'enfant » – on en a déjà beaucoup parlé, et l'on continue de le faire. Tout récemment, à l'occasion des débats entourant l'ouverture de la PMA, le Sénat proposait un amendement au projet de loi bioéthique proposant d'introduire, avant l'article 310 du Code Civil, un article préliminaire affirmant que « nul n'a de droit à l'enfant »[2].

Délimitation. La formule ne renvoie pas uniquement à l'hypothèse de la gestation pour autrui, mais est employée au sujet d'un éventail de situations incluant notamment l'adoption par les couples de même sexe ou par une personne seule et l'assistance médicale à la procréation, quel.le.s qu'en soient les destinataires. Par ailleurs, qu'on le prenne au sérieux ou qu'on le critique, le « droit à l'enfant » n'est pas le seul argument mobilisé dans le débat sur la GPA, dont l'autre centre de gravité concerne le statut des femmes en général, et de celle qui porte l'enfant en particulier[3].

---

[1] Je remercie Samuel Fulli-Lemaire pour ses suggestions et sa relecture attentive.

[2] Séance du 21 janvier 2021, (https://www.senat.fr/enseance/2019-2020/238/Amdt_128.html).

[3] Sur les différents piliers de la critique de la GPA, voir notamment D. Roman, « La gestation pour autrui, un débat féministe ? », *Travail, genre, sociétés,* 2012/2, p. 191-192, et M.-X. Catto, « La gestation pour autrui : d'un problème d'ordre public au conflit d'intérêts ? » in Séminaire « Droit des femmes face à l'essor de l'intérêt de l'enfant », *La Revue des droits de l'homme,* n° 3, juin 2013, p. 102-152, (http://revdh.files.wordpress.com/2013/06/7seminairecatto1.pdf)

Portée. Appliqué à la gestation pour autrui, ce droit vient néanmoins circonscrire le champ de l'examen aux personnes qui en revendiquent l'accès parce qu'elles sont dans l'impossibilité de procréer. Utilisé en faveur de la gestation pour autrui, il serait donc un argument de portée plus locale qu'un argument fondé sur la liberté du contrat ou de la liberté de la femme à disposer de son corps ; utilisé contre la gestation pour autrui, il disqualifierait *a fortiori* les prétentions des individus souhaitant réaliser une gestation pour autrui par simple « commodité ».

Paradoxe. Or un rapide examen révèle que le « droit à l'enfant », de manière surprenante et, semble-t-il, unique en son genre, exprime très rarement, sinon jamais, la revendication d'un droit subjectif, mais plutôt la dénonciation ou le rejet d'une telle prétention[4]. Son usage est donc avant tout polémique. Nombre d'auteur.es l'utilisent en effet pour affirmer que le droit n'a pas pour vocation d'être un remède aux difficultés procréatrices. Le terme « droit » est ici utilisé de manière équivoque, tantôt pour renvoyer à un droit subjectif dont on constate et rappelle l'inexistence en droit positif, tantôt pour renvoyer, plus largement, à une forme de « droit moral » dont on conteste la légitimité pour justifier son absence de traduction en droit positif.

Impasse. En effet, faire valoir qu'un droit n'est pas juridiquement reconnu ne constitue qu'un argument incomplet et insuffisant pour justifier l'existence d'une situation (au regard de ce qui nous intéresse en l'occurrence, la prohibition de la GPA). On ajoute alors qu'un tel droit contredit la logique juridique, et/ou qu'il s'appuie sur des prétentions infondées ou excessives. La difficulté est que d'un côté, si ceux qui souhaitent avoir accès à la gestation pour autrui ne formulent par leur revendication dans le langage des droits, ils risquent d'être accusés de défier l'ordre juridique pour satisfaire un désir égoïste ; de l'autre, la terminologie juridique du droit à l'enfant choisie par leurs adversaires a pour effet de délégitimer leur prétention.

---

[4] L'usage positif de l'expression est extrêmement rare. La philosophe A.C. Zielinska en recense de la part du Premier ministre du Québec Jean Charest, néanmoins cité dans une publication hostile au « droit à l'enfant », dans le journal *Le Devoir.* Elle affirme en effet « lorsque la notion de "droit à l'enfant" est effectivement évoquée, elle l'est avant tout pour être dénoncée, comme une éventuelle menace ». Voir A.C. Zielinska, « Le droit à l'enfant est-il une licorne ? », *Klésis, Revue philosophique,* 2011, n° 21, p. 16-31, p. 20. On en recense un autre chez E. Fassin dans son article « PaCS socialista : la gauche et le "juste milieu", *Le Banquet,* 01/06/2006, n° 12-13, p. 147-159, p. 150.

Enjeu. La rhétorique du droit à l'enfant fait donc écran à une compréhension plus objective des débats entourant la gestation pour autrui, et, plus généralement, le rôle que peut jouer le droit vis-à-vis des individus qui souhaitent avoir des enfants, mais sont dans l'impossibilité d'en concevoir « naturellement ». Cet enjeu social a pris une grande ampleur en raison de la conjonction de deux facteurs hétérogènes : d'une part la hausse drastique des cas d'infertilité[5], d'autre part l'ouverture du mariage aux couples de même sexe[6]. Quel rôle le droit doit-il jouer face à de telles revendications ? Celles-ci peuvent-elles même avoir une assise juridique ? Quand bien même on admettrait l'inanité d'un « droit à l'enfant », cela ne pourrait suffire à mettre un terme à la discussion. Il faut donc mettre au jour les présupposés du débat conçu dans les termes du « droit à l'enfant », et interroger à cette aune la cohérence du dispositif juridique existant.

Pour mieux appréhender la polémique (II), il nous faudra d'abord déconstruire la rhétorique du droit à l'enfant (I).

I. La rhétorique

Pour ses détracteurs, le « droit à l'enfant » présente deux traits caractéristiques : s'il n'a de réalité ni légale ni morale (il n'existe qu'à l'état subjectif et psychologique), la réalité de la menace qu'il fait peser sur l'ordre juridique est indéniable.

a. Le droit à l'enfant, une chimère

Spécificité. Une rapide sociologie du vocable montre que, s'il est parfois repris par des responsables politiques[7] et des psychanalystes[8], il

---

[5] Voir le dossier de l'INSERM sur la question, disponible en ligne à l'adresse https://www.inserm.fr/information-en-sante/dossiersinformation/infertilite#:~:text=D'apr%C3%A8s%20les%20donn%C3%A9es%20de,apr%C3%A8s%20deux%20ans%20de%20tentative. Cette donnée doit être combinée à l'évolution de l'âge moyen des mères, passé de 26,5 ans en 1977 à 30,6 ans en 2018.

[6] Loi n°2013-404 du 17 mai 2013 ouvrant le mariage aux couples de personnes de même sexe.

[7] V. par exemple les propos de Roselyne Bachelot, alors ministre de la Santé, dans un entretien au journal *La Croix* : « Le "droit à l'enfant" est un terme qui me choque profondément. Cela n'existe pas. Il n'existe qu'un droit de l'enfant. Le "désir d'enfant", en revanche, me paraît légitime, on peut le comprendre, quelle que soit la situation des

l'est d'abord et avant tout par la doctrine privatiste qui l'a forgé[9]. Or, on l'a souligné, la spécificité paradoxale du droit à l'enfant est d'être

personnes qui l'expriment. Maintenant, est-ce à la société d'y répondre ? Là est toute la question (...) ». Propos recueillis par M. Gomez et M. Lamoureux, *La Croix*, 5 mars 2009, https://www.la-croix.com/Actualite/France/Bachelot-Le-droit-a-l-enfant-est-un-terme-qui-me-choque-profondement-_NG_-2009-03-06-532110 ; ou, plus récemment, l'intervention de la porte-parole des Républicains, Valérie Boyer dans *Le Monde*, intitulée « Ne cédons pas face à ceux qui s'arrogent un droit à l'enfant », *Le Monde des idées,* 13 septembre 2017, https://www.lemonde.fr/idees/article/2017/09/13/valerie-boyer-ne-cedons-pas-face-a-ceux-qui-s-arrogent-un-droit-a-l-enfant_5184729_3232.html. Dans la tribune en question, celle-ci rejetait l'ouverture de la PMA aux couples de lesbiennes, pour la réserver aux couples hétérosexuels infertiles. Voir encore le rapport de C. Huriet et A. Claeys, *L'application de la loi n° 94-654 du 29 juillet 1994 relative au don et à l'utilisation des éléments et produits du corps humain, à l'assistance médicale à la procréation et au diagnostic prénatal*, Assemblée nationale, Sénat, 1999, paragraphe 2. « Prendre en compte l'intérêt de l'enfant à naître plutôt que le droit à l'enfant », p. 87.

[8] V., par exemple, les propos de Monique Bydlowski : « Parler d'un droit à l'enfant est injuste. C'est le penser comme un objet, lui ôter son humanité. On a des devoirs envers un enfant. En avoir un est une chance ou un malheur, en aucun cas un droit », « Existe-t-il un droit à l'enfant ? », *Psychologies,* 11 mai 2017, https://www.psychologies.com/Famille/Maternite/Desir-d-enfant/Articles-et-Dossiers/Existe-t-il-un-droitalenfant. P. Lévy-Soussan n'hésite pas quant à lui à voir dans le jugement de Salomon une réponse à « la violence du désir d'enfant d'une femme [qui] se transforme en "droit à l'enfant", même au prix de sa mort », v. « Travail de filiation et adoption », *Revue française de psychanalyse*, 2002/1, vol. 66, p. 41-69, p. 49.

Plus rarement, on le trouve sous la plume de sociologues, comme par exemple P. Charrier et G. Clavandier, « Du projet parental au "droit à l'enfant" », *Sociologie de la naissance,* 2013, p. 216-238 ; ou d'anthropologues, comme F. Héritier, qui affirme « On confond trop souvent le "droit de" et le "droit à". Je sais bien que notre société ne tolère pas la frustration, mais ce droit à l'enfant n'existe pas, puisqu'en l'espèce l'enfant n'advient pas automatiquement ! », propos recueillis par *L'Express,* www.lexpress.fr/actualite/societe/francoise-heritier-le-droit-a-l-enfant-n-existe-pas_850975.html#:~:text=On%20confond%20trop%20souvent%20le,limites%20est%20une%20bonne%20constante.

[9] Il apparaît à partir des années 1980, v. notamment M.-T. Meulders-Klein, « Le droit de l'enfant face au droit à l'enfant : les procréations médicalement assistées », *RTD civ.* 1988.645 ; P. Raynaud, « L'enfant peut-il être objet de droit ? », *D.*, 1988. chron. XVI, p. 109 sq. ; le chapitre « Du désir d'enfant au droit à l'enfant », *in.* J.-L. Baudoin, C. Labrusse-Riou, *Produire l'homme de quel droit ? Étude juridique et éthique des procréations artificielles,* les vies du droit, PUF, 1987. V. aussi J. Carbonnier, affirmant : « plus impalpable que le besoin, le désir : le désir d'enfant, intensément éprouvé, des couples sans enfants, aspire à être transcendé en un droit à l'enfant », *in. Droit et passion du droit sous la Vème République,* Flammarion, 1996, p. 125. ; C. Brunetti-Pons, « Réflexions autour de l'évolution du droit de la famille, *Dr. Fam.* 2003,

mobilisé par ceux et celles qui en dénient l'existence, et donc bien souvent assorti de guillemets pour en montrer le caractère fallacieux. Marc Pichard notait il y a déjà plus de dix ans cette caractéristique : « le droit à l'enfant semble avoir été moins l'étendard de certaines revendications que le repoussoir utilisé par les opposants à une ouverture large de l'accès aux filiations dites artificielles »[10]. Irène Théry qualifiait quant à elle l'expression de « mot-sémaphore », pour mieux l'étriller : « le droit à l'enfant est donc singulièrement économique : un petit à, et voilà un ennemi désigné, un repoussoir constitué, un trouble effacé, un ordre moral retrouvé »[11]. Le vocable n'a pas vocation à être descriptif, sa fonction première est donc polémique. Sa visée ? Délégitimer la prise en considération juridique d'hypothèses allant de l'adoption par une personne seule à la gestation pour autrui, en passant, notamment, par l'assistance médicale à la procréation par les couples de femmes[12]. Le débat sur ces questions est court-circuité au moyen de la pétition de principe suivante :

— les situations *x* peuvent être décrites comme des revendications d'un « droit à l'enfant » ;

— l'analyse du droit à l'enfant révèle son inanité ;

— en conséquence, les situations *x* ne peuvent prétendre à une reconnaissance juridique.

---

n° 5, p. 10-17 ; X. Lacroix, "Un droit à l'enfant ?", in. *Mariage-conjugalité, Parenté-Parentalité*, dir. H. Fulchiron, Dalloz, Thèmes et commentaires, 2009, p. 125-132 ; J. Poussin-Petit, "Chronique de droit belge : le droit de l'enfant ou le droit à l'enfant", *Dr. Fam.* 2010, étude 19 ; B. Beigner, "De l'enfant roi" au "parent roi" ? *Dr. Fam.* 2012, repère 1 ; M. Fabre-Magnan, *La gestation pour autrui. Fictions et réalité,* Paris, Fayard, 2013.

[10] M. Pichard, *Le droit à. Étude de législation française,* Paris, Economica, 2006, p. 141 ; l'auteur pose d'ailleurs la question : « la revendication existait-elle ailleurs que dans l'esprit de ses opposants ? », *ibid.*

[11] I. Théry, *Des humains comme les autres. Bioéthique, anonymat du genre et du don,* Éditions de l'EHESS, 2010, p. 144. V. encore, dans le même sens, M.-X. Catto, « La formule "droit à l'enfant" est avancée non pour dire quoi que ce soit de cohérent en droit, mais pour signifier l'illégitimité de leur revendication ». *in.* « La gestation pour autrui : d'un problème d'ordre public au conflit d'intérêts », *Revue des Droits de l'homme,* n° 3, juin 2013, p. 127.

[12] Pour une énumération des hypothèses, voir le rapport *« Le "droit à l'enfant" et la filiation en France et dans le monde »*, dir. C. Brunetti-Pons, LexiNexis, 2018, disponible en ligne à l'adresse http://www.gip-recherche-justice.fr/publication/le-droit-a-lenfant-et-la-filiation-en-france-et-dans-le-monde/ (dont j'adopterai la pagination), p. 47.

Neutralité. Un rapport volumineux intitulé « Le “droit à l'enfant” et la filiation en France et dans le monde » paru en 2018 sous la direction de Clotilde Brunetti-Pons insiste, non sans paradoxe, sur l'importance de la « neutralité » des catégories juridiques employées dans les débats en la matière. Le rapport invitait notamment à réviser la terminologie utilisée pour désigner certaines situations de « droit à l'enfant »[13]. Ainsi de « gestation pour autrui », syntagme considéré comme trop valorisant : « insidieusement, lorsque la bouche prononce “gestation pour autrui”, l'oreille entend “pour autrui” (à l'instar de la stipulation pour autrui) », nous dit l'auteure, qui en conclut que « l'appellation “gestation pour autrui” est construite pour inhaler à l'auditeur l'idée d'un acte de bienveillance et d'altruisme qui, au cas particulier pourtant, ne correspondra que très rarement à la réalité »[14]. On peut donc s'étonner que les auteur.e.s du rapport ne fassent pas montre du même empressement méthodologique à l'endroit de la notion qui en fait l'objet. Le droit à l'enfant y est défini comme « une prérogative dont l'existence n'est pas certaine, mais revendiquée par les personnes éprouvant des difficultés (ou une impossibilité) à engendrer afin de justifier la permission du droit et l'aide de la science dans la poursuite de leur désir de parenté. De fait le “droit à l'enfant” est pour l'heure davantage un argument en faveur de l'extension du champ de licéité de la GPA et de l'AMP en dehors de leur carcan médical, qu'une prérogative reconnue ou devant l'être absolument »[15].

Inanité. Le premier volet de la rhétorique du droit à l'enfant consiste à en démontrer l'inanité, l'inconsistance, et donc l'inexistence. Le droit à

---

[13] C. Brunetti-Pons (dir.), 2018, *op. cit.* « Sur la question du “droit à l'enfant”, des *mots* existent déjà. L'usage les a répandus sans se préoccuper de leur exactitude et sans avoir égard à la neutralité, indispensable en la matière. Il est donc nécessaire d'aborder, d'une part la *pertinence des mots utilisés* (...) afin de s'assurer à la fois de leur exactitude et de leur neutralité... », p. 27. L'auteur du passage ajoute qu'« afin de respecter l'exigence de neutralité (et ne pas proposer une vision partiale), “on écartera tout terme présentant une connotation ou méliorative ou péjorative”, v. note 122, *ibid.*

[14] *Ibid.*, p. 35.

[15] *Ibid.*, p. 71. Cette absence de « neutralité » est aussi manifeste dans le découpage des hypothèses de « droit à l'enfant », qui ont toutes en commun d'être considérées comme illégitimes par les auteur.e.s. Ainsi en sera exclue l'adoption « dans sa globalité car le sujet tourne avant tout autour du “tourisme procréatif” (...) Il ne sera donc question de l'adoption que dans la mesure où celle-ci permettrait aujourd'hui l'établissement d'un lien de filiation post “tourisme procréatif”. Tous les cas de GPA seront en revanche abordés dans le domaine de l'étude ainsi précisé, pour la simple raison que c'est alors le procédé considéré comme “palliatif” qui pose question en tant que tel ». *Ibid.*, p. 23.

l'enfant n'existe qu'à l'état de revendication, de projection, mais ne peut faire sens juridiquement[16], qu'on l'appréhende sous l'angle du droit subjectif du droit fondamental.

Si on tente de le saisir comme un droit subjectif classique, le droit à l'enfant devra correspondre à un des termes de l'alternative topique entre droits réel et personnel. Il ne saurait, pour des raisons évidentes, être conçu comme un droit réel, à moins de concevoir l'enfant comme une chose (*reductio at rem* pourtant centrale dans l'argumentaire de ses détracteurs[17]). Quant à en faire un droit personnel, cela supposerait qu'on soit en mesure d'identifier un débiteur – les donneurs de gamètes ? les femmes porteuses ? le personnel médical ? l'État ? – ce qui semble déraisonnable[18].

Si l'on reprend à présent la dichotomie classique en matière de droits fondamentaux, le droit à l'enfant ne peut être conçu, nous dit-on, ni comme un droit-liberté[19], ni comme un droit-créance. Si faire (ou ne pas faire) des enfants est certes une liberté[20], et si l'appellation « droit-liberté » conviendrait à la rigueur davantage aux hypothèses de gestation pour autrui qu'à celles d'assistance médicale à la procréation, cette catégorie ne peut être véritablement opératoire. En faire un droit-liberté supposerait en effet l'abstention de l'État, dont le rôle régulateur en matière familiale, s'il peut être contesté quant à son intensité, n'est jamais remis en cause au point qu'il soit réduit à n'être qu'une « chambre d'enregistrement » de la filiation, dont la nature ou les individus seraient les seuls « décideurs ». La piste du droit-créance n'est,

---

[16] V., sur ce point, l'analyse très complète de A. C. Zielinska, 2011, *op. cit.* V. encore P. Raynaud, 1988, *op. cit.* ; X. Lacroix 2009, *op. cit.,* ainsi que le Rapport Brunetti-Pons, *op. cit.*, p. 48-49.

[17] Cf. infra, I.b

[18] V. en ce sens J-L Baudoin et C. Labrusse-Riou, 1987, *op. cit.*, p. 158 : « la procréation artificielle avive l'espérance de la naissance chez les couples infertiles, et rend plus difficile le renoncement à l'enfant. Elle n'engendre pas pour autant un droit, car ni les médecins, ni les tiers-donneurs ne sont tenus et ne doivent être tenus de satisfaire positivement le désir d'enfant ».

[19] D'ailleurs si la liberté de procréer (ou de ne pas procréer) est aujourd'hui reconnue, elle n'est pas un donné de toute éternité, et l'on peut imaginer qu'elle vienne à être limitée par le législateur dans un futur plus ou moins proche, par exemple au nom de l'impact sur le climat des enfants à naître ou de l'intérêt des enfants à (ne pas) naître dans un monde privé de ressources élémentaires.

[20] Il s'agirait ici de la liberté de procréer et, corollairement, du devoir de ne pas empêcher celles et ceux qui peuvent avoir un enfant d'en avoir, la question étant celle des modalités procréatives autorisées par le droit.

elle non plus, guère prometteuse. D'abord, parce qu'ici, à l'inverse de l'hypothèse précédente, on demanderait *trop* à l'État, qui ne saurait avoir pour obligation de « fournir » un enfant à ceux qui en souhaitent un[21]. Ensuite, parce que l'objet exact de la créance est difficile à cerner : il ne saurait s'agir d'un enfant, *stricto sensu* (les individus ne souhaitent pas *un* enfant, mais un enfant qui soit le *leur*), mais plutôt d'un accès à certaines méthodes de procréation ou à certains types de filiation.

Le « droit à l'enfant » n'existe donc pas, et ce en un double sens : aucun législateur ne l'a reconnu en droit positif[22], mais plus radicalement encore, son existence est impossible du point de vue de la logique juridique. Pourquoi donc s'en préoccuper tant ? C'est là qu'intervient l'autre face de la rhétorique du droit à l'enfant : réduit à sa seule réalité de fantasme psychologique, son existence sous forme de prétention n'en constitue pas moins une menace de taille pour l'ordre juridique. On passe alors de l'analyse conceptuelle de ce droit à la mise au jour des présupposés moraux qu'il exprime.

b. Le droit à l'enfant, un épouvantail

Droit réifiant. Le droit *à* l'enfant, là n'est pas le moindre de ses défauts, nierait l'enfant en tant que personne. Sinon droit réel, du moins droit réifiant, il ferait tendanciellement de l'enfant une chose, un *objet de droit* plutôt qu'un *sujet de droit*[23]. C'est ainsi que le droit à l'enfant est présenté comme « un droit de se procurer des enfants ». L'argument trouve en matière de gestation pour autrui une résonance particulière[24],

---

[21] Voir en ce sens, Raynaud, 1988, *op. cit.*, p. 109, Brunetti-Pons 2018, *op. cit.,* p.50.

[22] Certains vont même jusqu'à reprocher à la notion de ne répondre à aucune définition juridique, ce qui ne saurait étonner étant donnée son origine. V. notamment C. Brunetti-Pons, « L'intérêt supérieur de l'enfant : une définition possible ? » *RLDC*, nov. 2011, p. 27 sq.

[23] V., notamment, Brunettti-Pons (dir.), 2018, *op. cit.*, p. 56 sq. ; Beigner, 2012, *op. cit.*, Poussin-Petit, 2010, *op. cit.* Sur l'idée plus générale que l'on peut distinguer les « droits à », potentiels et définis par leur objet, et les « droits de », actuels et définis par leur structure, v. D. Cohen, *L'avenir du droit, Mélanges en hommage à François Terré,* Dalloz, Puf, éditions du Jurisclasseur, 1999, p. 393-400.

[24] V. le colloque *La maternité face au marché,* 3 décembre 2014, sous la dir. de M.-A. Frison-Roche et M.-J. Bonnet, et notamment l'intervention de S. Agacinski, accessible en ligne à l'adresse https://www.youtube.com/watch?v=yyOVDzGvQOY ; v. aussi, par exemple A. Sériaux, « Droit naturel et procréation artificielle : quelle jurisprudence ? », *D.* 1985, chron. 59 ; P. Kayser, « Les limites morales et juridiques de la procréation artificielle », *D.* 1987, chron. 193.

dans la mesure où cette pratique est souvent décrite dans le vocabulaire du droit des biens[25].

Même si l'on conserve le syntagme délibérément déplaisant[26] du « droit à l'enfant », l'argument est faible. En effet, il serait surprenant que par la seule vertu d'une préposition, le droit fasse d'une personne une chose. Dirait-on que le droit au procès équitable fait du procès la « chose » des parties ? Que le droit au juge ravale ce dernier au rang de chose dépourvue de droits ? Enfin, l'expression « droit au mariage » ne veut pas dire que chacun a droit à l'obtention d'un époux ou d'une épouse.

On peut bien sûr critiquer le vocable même de droit à l'enfant, dont le dessein est de suggérer une telle analyse. Parler de « droit à l'enfant » plutôt que de « droit à la parenté », « droit à la filiation », ou de « droit de fonder une famille », voire de « droit d'avoir un enfant » (il n'est pas dit que ces droits aient davantage de consistance, mais ils n'ont en tous cas pas cette connotation péjorative) pour renvoyer aux revendications de celles et ceux qui souhaitent l'intervention du droit pour l'établissement de filiations non « naturelles », est délibérément péjoratif.

En jurisprudence, v., par exemple, en Belgique, l'affirmation de la cour d'appel de Gand selon laquelle la GPA est contraire à la dignité humaine car elle fait de l'enfant une chose du commerce (CA Gand, 30 avril 2012, *RGDC* 2012/8, p. 372). La distinction entre choses et personnes a pu s'articuler, sur le plan jurisprudentiel, avec la distinction entre « choses hors du commerce » et « choses indisponibles ». V., par exemple TGI Marseille, 16 décembre 1987, GP, 30 janvier 1988, et TGI Paris, 11 octobre 1988, D., 1988. Sur le caractère problématique de la référence à l'ancien article 1128 du Code civil en la matière, v. encore Catto, 2013, *ibid.*, p.116.

[25] Notamment de la part du CCNE dans l'avis 23/10/84, disponible en ligne à l'adresse https://www.ccne-ethique.fr/fr/publications/avis-sur-les-problemes-ethiques-nes-des-techniques-de-reproduction-artificielle, ainsi que du Conseil d'État, dans son arrêt *Les cigognes* (CE, ss., 22 janvier 1988, n° 80936, Rec., p. 36-37). Sur le rapprochement entre GPA et trafic d'enfants, v. M.-A. Frison-Roche, « L'impossibilité de réguler l'illicite : la convention de maternité de substitution », *D.* 2014, p. 2184 ; M. Fabre-Magnan, « Les nouvelles formes d'esclavage et de traite, ou le syndrome de la ligne Maginot », *D.* 2014, p. 491 ; J. Hauser, « Maternité pour autrui : un enfant "à façon" ou l'heure de vérité ? » *RTD. civ.* 2012, p. 304.
Pour une critique éclairante du vocabulaire de la « cession » ou de la « vente » appliqué à la GPA, v. Catto, *op. cit.*, p. 109-113.

[26] Caractéristique soulignée par P. Jestaz, dans « L'égalité et l'avenir du droit de la famille », *in. L'avenir du droit, op. cit.*, p. 417-430.

Intérêt de l'enfant. De cette première attaque en découle une deuxième : le « droit à l'enfant » ne peut être compatible ni avec les droits de l'enfant, ni avec son corollaire sanctifié par les textes juridiques : l'intérêt supérieur de l'enfant[27]. C'est par exemple ce que note l'un des auteurs du rapport précité de 2018, dans une section intitulée « Le conflit entre droits de l'enfant et droit à l'enfant » : « à le supposer reconnu, le droit à l'enfant ne serait pas un droit de l'enfant... ce serait un droit... de l'homme qui veut devenir parent... un droit, donc, susceptible de heurter les droits de l'enfant »[28]. Catherine Labrusse-Riou affirme, dans le même sens, que « l'intérêt de l'enfant devrait primer l'intérêt des parents potentiels dont le désir n'est pas à lui seul une assurance de son bien-être »[29]. Et c'est bien au nom de l'intérêt supérieur de l'enfant que la reconnaissance du « droit à l'enfant » a été

---

[27] Le principe de la nécessaire prise en considération de l'intérêt supérieur de l'enfant en tant que « considération primordiale » est posé aux articles 3 et 3-1 de la Convention Internationale sur les Droits de l'Enfant de 1989, qui le définit comme « un instrument juridique qui vise à assurer le bien-être de l'enfant sur les plans physique, psychique et social ». Le Conseil d'État affirme dès 1997 que cette disposition est d'application directe en droit interne (v. CE, Torres, 29 janvier 1977, n° 174470, rejoint sur ce point par la Cour de cassation en 2005 [Cass. 1re civ. 18 mai 2005, Bull. 2005, I, n° 212, pourvoi n° 02-20.613 ; Cass. 1re Civ., 18 mai 2005, Bull. 2005, I, n° 211, pourvoi n° 02-16.336]. En droit interne, ce n'est pas l'intérieur supérieur de l'enfant, mais le simple intérêt de l'enfant qui est consacré par le législateur, à l'article L112-4 du Code de l'action sociale et des familles.

Pour une critique générale de la notion comme « formule magique », v. J. Carbonnier, *Droit civ*il, 21ème éd., Tome 2, La famille, l'enfant, le couple, PUF, 2002, p. 85 ; et note sous CA Paris, 30 avr. 1959, *D.* 1960, p. 673, quant aux abus auxquels elle peut conduire en matière judiciaire. Si Carbonnier vise en propre la latitude donnée au juge, l'usage de la notion par le législateur peut aussi être caractérisé par un certain arbitraire. Pour une critique du paternalisme attaché à la notion d'intérêt de l'enfant, dans le domaine de l'assistance éducative et de l'aide sociale à l'enfance, mais qui peut s'exporter dans bien d'autres domaines, v. P. Verdier, « Pour en finir avec l'intérêt de l'enfant », *Journal du droit des jeunes*, 2008/10, n° 280, p. 34-40.

[28] Rapport Brunetti-Pons, *op. cit.*, p. 49

[29] C. Labrusse-Riou, « L'anonymat du donneur : étude critique du droit positif français », *in.* M. Fabre-Magnan (dir.), *Écrits de bioéthique,* PUF, 2007, p.196-234, p. 207. V. encore, en ce sens B. Mathieu, selon lequel les femmes célibataires et les couples homosexuels font de l'enfant un « pur produit du désir » menaçant les droits de l'enfant, *in La Bioéthique,* Paris, Dalloz, 2009, p. 31 et p. 79.

En matière de gestation pour autrui, une circulaire du ministère de la Justice de 1995 affirmait que « plus que le principe de l'indisponibilité du corps humain, c'est l'intérêt de l'enfant qui est avant tout pris en compte pour justifier la condamnation de la maternité de substitution », Circulaire CRIM 95-2 F3 du 19 janvier 1995, BO Justice, n° 57 du 31 mars 1995, p. 96, cité par Catto, 2013, *op. cit.*, p. 122.

rejetée lors de la Conférence conjointe du Conseil de l'Europe et de la Commission européenne de 2009[30]. Entre les droits des parents et de l'enfant, il faudrait choisir.

L'argument de l'intérêt supérieur de l'enfant, brandi en image inversée du droit à l'enfant, peine toutefois à convaincre. Mobilisé en amont de la conception, l'intérêt de l'enfant ne peut être conçu qu'*in abstracto*. Indépendamment des considérations avancées[31], cette argumentation n'est pas sans paradoxe, comme l'avait déjà remarqué Robert Badinter, puisqu'elle fait appel à « l'intérêt de l'enfant pour lui interdire de naître »[32]. Mobilisée en aval, c'est-à-dire au moment où la question de la filiation se pose, il est, comme le souligne un auteur, « trop tard »[33], car en matière de gestation pour autrui, l'intérêt de l'enfant est que sa filiation soit sécurisée[34], ce qui joue contre le dispositif juridique prohibitif établi dans l'ordre interne.

On peut ensuite s'étonner de ce que les intérêts de l'enfant et des parents soient présentés de manière antagoniste, comme si la parenté était un jeu à somme nulle, dans lequel le « gain » des parents serait une « perte » pour l'enfant. La décision de procréer, hormis quelques très rares hypothèses, comme l'inceste, n'est jamais traitée avec suspicion par le droit, et les couples fertiles ne sont jamais soupçonnés de viser leur intérêt avant celui de l'enfant[35]. Pourquoi penser alors que ceux qui

---

30 Conférence sur « Les Enjeux dans les procédures d'adoption en Europe », Strasbourg, 30 novembre – 1er décembre 2009, https://www.coe.int/t/dg3/children/Events/Adoption_fr.asp

31 Pour un détail de ces dernières, v. Catto, 2013, *op. cit.*

32 R. Badinter, « Les droits de l'homme face au progrès de la médecine, de la biologie et de la biochimie », *Le Débat,* n° 36, septembre 1985, p. 4-14, p. 13.

33 Rapport Brunetti-Pons, 2018, *op. cit.*, p. 51.

34 Catto, *op. cit.*, p. 122

35 Cette approche fait s'entrecroiser une hiérarchisation des modes de filiation (sur ce point, v. encore Catto, 2013, *op. cit.,* p. 121) ainsi qu'une hiérarchisation des types de couples en matière de parenté, au bas de laquelle se trouvent... les couples homosexuels. C'est à leur endroit que l'argument de « l'intérêt de l'enfant » est le plus souvent opposé. Ce point était très clair déjà à l'époque des débats sur l'ouverture de l'adoption aux couples homosexuels, une des premières mises en œuvre de la doctrine du « droit à l'enfant ». Décrite comme un moyen de donner une famille à un enfant dans le cas des couples mariés, elle devenait le moyen de donner un enfant au couple dans le cas des homosexuels...V. par exemple, L. Leveneur : « sans doute les couples homosexuels auront-ils la satisfaction d'obtenir la réalisation de l'un de leurs désirs, mais à l'évidence au prix de l'intérêt qui doit pourtant être la considération primordiale en la matière », in. « Les dangers du contrat d'union civile ou sociale », *JCP G*, n° 50,

ne le sont pas se préoccupent exclusivement de leur intérêt, sans considération de l'enfant à naître ? Rappelons enfin que la décision de fonder une famille est toujours unilatérale au sens où l'enfant n'a jamais son mot à dire, quel que soit son mode de fabrication.

Droit égoïste. C'est donc tout naturellement qu'on s'achemine vers une troisième critique du « droit à l'enfant ». Ce dernier ne serait qu'une des manifestations, quoique l'une des plus préoccupantes, de l'individualisme (l'égocentrisme, devrait-on dire) délétère de la période contemporaine. On rejoint ici une critique plus large des « droits à », manifestation d'un individualisme qui « s'avère impuissant à ordonner une construction familiale cohérente »[36].

L'avènement d'un sujet de droit tout-puissant aurait pour effet de convertir tout désir en *droit à*, conçu comme « l'inverse du devoir[37] ». Des justiciables incapables de gérer leur frustration, à laquelle le droit serait totalement étranger *ab initio,* seraient prêts à remettre en cause un ordre social cohérent pour la satisfaction de leurs intérêts égoïstes. On leur rappelle doctement que « le droit n'est pas un outil de gestion des désirs privés »[38]. Une autre version de l'argument consiste à déplorer que la passion de l'égalité les porte à chercher l'appui du droit pour nier

---

1997, p. 4069. Pour un panorama édifiant de la doctrine civiliste de la fin des années 1990 sur les couples homosexuels, voir D. Borillo « Fantasmes des juristes vs *Ratio juris* : la *doxa* des privatistes sur l'union entre personnes de même sexe » in. *Au-delà du PaCS,* 2001, *op. cit.*, p. 161-190.

Le désir d'enfant est parfaitement légitime pour les couples hétérosexuels fertiles, tolérable de la part des couples infertiles, qui suscitent la compassion, réprouvé quand il s'agit de couples homosexuels. V. sur ce point M. Iacub, affirmant avec justesse que le contrôle des moyens d'obtention « artificiels » d'un enfant traduit l'idée que « les compétences parentales sont liées à la capacité de procréer, comme si elles étaient "sécrétées par les corps" ». M. Iacub, « Homoparentalité et ordre procréatif », in. D. Borillo, E. Fassin (dir.), *Au-delà du PaCS, L'expertise familiale à l'épreuve de l'homosexualité*, p. 191-208 ; p. 194. Les résistances à l'ouverture de la PMA pour les couples de lesbiennes témoignent de sa persistance.

[36] F. Dekeuwer, « Réflexion sur les mythes fondateurs du droit contemporain de la famille », *RTD Civ,* 1995, p. 349 sq.

[37] Rapport Brunetti-Pons, 1998, *op. cit.* La citation intégrale est la suivante : « D'autant que le sujet actif brandit son "*droit à...*" comme l'inverse d'un *devoir*... tel l'enfant qui veut un chat (je souligne), l'initiataire se présente comme quelqu'un à qui l'on doit en omettant de prendre en compte la responsabilité qui en découlera (dette envers l'enfant, devoirs parentaux) », p. 50. Dans la même, veine, *ibid.*, p. 49 « l'accès à l'enfant est un désir. La reconnaissance d'un "droit à" imposerait à l'ordre juridique de le satisfaire. Or, ce n'est pas parce qu'un désir existe qu'il doit être satisfait ».

[38] Lacroix, 2009, *op. cit.,* p. 47.

la différence entre des situations irréductibles, voire pour conforter leur soif de reconnaissance[39].

En somme, les tenants du « droit à l'enfant » se comporteraient eux-mêmes en enfants, préférant ajuster l'ordre du monde à leurs désirs plutôt que l'inverse[40]. Comme le résume bien Irène Théry, « le “droit à l'enfant” a ce singulier mérite de rappeler qu'il y a toujours, dans la vie, deux façons de se comporter : l'altruiste et l'égoïste. Deux voies pour légiférer : la responsable et l'irresponsable. Et aussi, pour faire bonne mesure, deux formes de démocraties : la nôtre, et celle de la marchandisation généralisée »[41]. Cette approche ouvertement moralisatrice et paternaliste a de quoi laisser songeur : pourquoi penser que celles et ceux qui ne peuvent pas avoir d'enfants mais souhaitent en avoir ont des motivations plus égoïstes ou individualistes que les couples qui parviennent à procréer naturellement ? Ces derniers, notons-le, ne font jamais l'objet d'une présomption négative de ce type en amont. Par ailleurs, l'opposition rigide entre « droit » et « désir » est largement idéal-typique, voire incohérente. Le juriste préfère le terme d'intérêt à celui de désir, plus objectif, mais cela n'implique pas qu'à l'intérêt ne corresponde aucun désir. Du désir à l'intérêt, de l'intérêt au droit, on suit une même ligne d'objectivation nécessaire à la légitimation, à la reconnaissance, et à la protection.

---

[39] Sur la proximité des arguments voir par exemple R. Libchaber, « L'ouverture de l'assistance médicale à la procréation à toutes les femmes », *D.* 2018, p. 1875 sq. : « de l'attitude individualiste, on pourrait rapprocher l'attitude *égalitariste* sur laquelle on a levé le voile... », §12 (je souligne).

[40] La séparation extrême, voire l'antithèse posée entre droit et désir peut confiner à l'absurde. On pourrait reprendre ici par analogie l'analyse de Y. Thomas à propos du changement de sexe des transsexuel.le.s à l'état civil : « il serait aussi absurde de parler de validation du désir à propos d'une demande d'identité fondée sur le droit au respect de la vie privée qu'il serait absurde de parler de validation du désir des possédants à propos d'une demande fondée sur le droit de propriété », psychologisation sélective au demeurant puisque, poursuit-il, « on ne parle pas de fantasme de toute puissance du droit lorsque l'on reconnaît le droit d'étendre ses possessions et ses héritages à l'infini, sans limite de valeur ni de durée ». Y. Thomas « Le sujet de droit, la personne et la nature – sur la critique contemporaine du sujet de droit », *Le Débat,* 1998/3, n° 100, p. 85)107, p.92.

[41] *Des Humains comme les autres*, *op. cit.,* p. 144.

II. La polémique

Celles et ceux qui bénéficient d'une capacité ou d'une prérogative sont toujours enclins à s'étonner qu'elle puisse être réclamée par ceux qui n'en disposent pas. Cela ne peut suffire à écarter d'un revers de main leurs prétentions en faisant référence à une construction juridique tenue pour intangible. Après l'avoir expurgé des fantasmes qui l'accompagnent, il faut discerner ce qui exerce une telle force d'attraction dans le mal nommé droit à l'enfant, et qui peut constituer le noyau d'une défense *pro tanto* de la gestation pour autrui.

a. Prendre le « droit à l'enfant » au sérieux ?

Fait et droit. Absent du droit positif[42], le droit à l'enfant est paradoxal : c'est un droit de ceux qui n'en ont pas. Celles et ceux qui ont (ou peuvent) avoir des enfants, n'en ont en revanche nul besoin. On serait, en fin de compte, face à un droit introuvable, tantôt impossible, tantôt superflu. La question de l'articulation du fait et du droit joue ici un rôle crucial. On utilise généralement l'axiome « doit implique peut » pour signifier que le vocabulaire normatif (du permis, de l'interdit, de l'obligatoire) ne peut avoir de sens que s'il concerne une chose *possible*. Cela suggèrerait qu'il ne saurait y avoir un *droit* à *x* lorsque *x* est impossible, et donc qu'il ne saurait y avoir de droit à l'enfant pour qui ne peut en avoir.

Il faut pourtant prendre le soin de distinguer trois éléments afin d'éviter toute pétition de principe : (a) l'incapacité des couples ou des

[42] Le droit de fonder une famille reconnu par l'article 12 de la CEDH, que l'on pourrait être tenté de voir comme sa traduction juridique en droit positif, ne peut être interprété ainsi : d'une part, parce qu'il est rattaché au droit de se marier dont il constitue un prolongement, d'autre part parce qu'il soumet tant le mariage que la famille « aux lois nationales en vigueur ». L'article 16 de la Déclaration universelle des droits de l'homme semble plus explicite : il cherche à garantir l'absence de certaines discriminations au sein de l'institution familiale, sans toutefois renvoyer à la particularité des législations nationales, « A partir de l'âge nubile, l'homme et la femme, sans aucune restriction quant à la race, la nationalité ou la religion, ont le droit de se marier et de fonder une famille. Ils ont des droits égaux au regard du mariage, durant le mariage et lors de sa dissolution ». Pour prévenir toute interprétation en ce sens, voir d'ailleurs ce que dit la Cour de cassation : « Le droit de se marier et de fonder une famille, reconnu par l'article 12 de la convention du 4 novembre 1950 et par l'article 23 du pacte international du 19 décembre 1966 à l'homme et à la femme en âge nubile, n'implique pas le droit de conclure avec un tiers des conventions portant sur le sort d'un enfant à naître », Cass. civ. 1, 13 décembre 1989, JCP, 1990, II, 21526.

individus à avoir des enfants naturellement, (b) l'absence d'options autres que naturelles pour en avoir, et (c) l'absence d'empêchement juridique de recourir à certaines options. Dès lors que certaines options sont *possibles*, se pose la question de leur *permissibilité* juridique : rien d'impossible n'est demandé au droit, mais seulement l'autorisation (c) d'une possibilité (lorsque b est surmonté) liée à une impossibilité (a). S'agissant non plus de la procréation mais de la filiation, le domaine du possible et de l'impossible ressortit au droit seul.

Nous sommes face à une demande qui ne peut être saisie de manière satisfaisante à partir du prisme unique du droit-liberté ou du droit-créance, qu'elle combine. S'agissant de la gestation pour autrui, est réclamée en amont la liberté, c'est-à-dire l'autorisation, de recourir à une méthode de procréation pénalement sanctionnée en l'état actuel du droit (d'où la tonalité libérale, voire libertarienne de certains arguments pro-GPA[43]), mais aussi, en aval, la reconnaissance d'une situation et sa sécurisation juridique par l'établissement d'une filiation. On revendique alors un « droit à la parenté » ou un « droit à la filiation »[44], parce que l'impossibilité de procréer naturellement a trouvé un premier remède.

Deux craintes. Procréation médicalement assistée et gestation pour autrui soulèvent des problèmes distincts mais ont en commun d'être des formes de procréation *assistées*, c'est-à-dire non naturelles ou *spontanées*. L'artificialité y revêt essentiellement deux formes (combinables entre elles), tenant soit à la technique mise en œuvre, soit à l'intervention de la volonté et du droit dans le processus procréatif. Si les arguments associés à la rhétorique du droit à l'enfant examinés plus haut sont douteux, il n'empêche que cette dernière exprime des préoccupations qui, comme le souligne Mary Warnock dans son livre *Making Babies – Is there a right to have children*[45] *?*, n'ont rien

[43] Voir notamment D. Borillo, « Penser (autrement) la gestation pour autrui : aspects philosophiques et juridiques des nouvelles formes de procréation », 2017. ffhal-01471015f, disponible en ligne à l'adresse https://hal.archives-ouvertes.fr/hal-01471015/document

[44] C'est pourquoi Eric Fassin parle plutôt de « droit à la filiation », dans « PACS socialista » *op. cit.* V. aussi Rapport Brunetti-Pons, évoquant assez justement un « droit à la parenté » entendu comme « droit de se créer une filiation », *op. cit.*, p 49.

[45] M. Warnock, *Making Babies – Is there a right to have children?*, Oxford University Press, 2002. L'auteure de l'ouvrage (qui, fait intéressant, était elle-même un enfant posthume, comme elle l'indique p. 4 de son ouvrage) dirigea l'important comité éponyme en Grande-Bretagne, missionné en 1982 pour examiner les questions éthiques, juridiques et philosophiques soulevées par la procréation médicalement

d'absurde ni de ridicule, et qui ne peuvent être écartées du revers de la main. Elle en identifie deux :

1° La première est la crainte d'une perte des repères fournis par la nature[46] sous l'effet des innovations scientifiques, repoussant les limites du possible et de l'envisageable. La science n'a plus seulement vocation à décrire le monde, mais à le transformer, et crée ce faisant un univers imprévisible. La « loi de Gabor » ne dit-elle pas que tout ce qui peut être fait techniquement le sera nécessairement »[47] ? Dès lors, l'enjeu est de savoir si le droit ne peut que réguler les avancées technologiques, ou doit se donner pour tâche de les contrôler.

2° La seconde, plus générale, est la crainte d'une corruption de la nature par la main de l'homme et, ce faisant, d'une aliénation de l'homme à sa nature même[48]. Elle prend sa source dans le mouvement romantique – son précurseur, Rousseau, l'exprime de la plus belle des manières dans les premiers mots de l'*Émile* : « Tout est bien sortant des mains de l'Auteur des choses, tout dégénère entre les mains de l'homme. Il force une terre à nourrir les productions d'une autre, un arbre à porter les fruits d'un autre ; il mêle et confond les climats, les éléments, les saisons ; il mutile son chien, son cheval, son esclave ; il bouleverse tout, il défigure tout, il aime la difformité, les monstres ; il ne veut rien tel que l'a fait la nature, pas même l'homme ; il le faut dresser pour lui, comme un cheval de manège ; il le faut contourner à sa mode, comme un arbre de son jardin »[49].

Nature et politique. C'est donc bien la crainte d'une construction juridique de la famille, institution naturelle, sans ou au rebours de la nature, qui est au cœur du débat. L'attachement à la nature, ainsi que l'affirmation de sa préséance sur la volonté humaine, peuvent mener à une forme de jusnaturalisme discret[50] – si l'on se garde d'évoquer des

---

assistée. Le rapport fut publié en 1985, sous le titre *A Question of life – The Warnock Report on Human Fertilisation and Embryology*, Blackwell Publications.

[46] *Ibid.*, p.75-79

[47] G.-R. Urban et M. Glenny (dir.), *Can we survive our future,* Bodley Head, 1971, p. 202.

[48] Warnock, 200, *op. cit.,* p. 83.

[49] J.-J. Rousseau, *Émile ou de l'éducation,* GF Flammarion, [1762] 1966, p. 35.

[50] Jusnaturalisme au sens du droit naturel « classique » selon M. Villey : loin de consacrer des droits subjectifs universels et intemporels que le droit positif aurait pour vocation de reconnaître, son fond est aristotélicien : il consiste à dire que la raison peut et doit découvrir l'orientation du droit à même la nature. V. M. Villey, « Abrégé du

« lois de la nature », discréditées de longue date par leur caractère hybride de fait normatif[51], la référence à la nature a vocation à servir de guide et de borne au droit de la famille chez certains auteur.e.s, qui affirment ainsi (précisément à propos du « droit à l'enfant ») que « le droit n'est pas là pour surmonter les faits de nature ; s'il arrive qu'il le fasse, il n'a pas de raison d'être conçu sur une opposition à la nature »[52].

A contrario, celles ou ceux qui s'affranchiraient de ces bornes sont vu.e.s comme frappé.e.s d'*hubris*. La volonté des hommes est ici appréhendée d'une manière quasi antagoniste : d'un côté, elle est une force violente qui, s'extériorisant, peut concurrencer et même supplanter les lignes directrices de la nature ; de l'autre, elle est une force fragile et versatile, qui risque de se dissoudre dans la multitude des désirs qui la composent. La psychologisation à l'extrême des revendications juridiques comme désirs sert ainsi à mieux les disqualifier en leur opposant l'ordre inébranlable et objectif de la nature. La défense naturaliste des cadres juridiques a en outre pour effet de délégitimer le débat démocratique sur la question : en effet, savoir à quel degré la filiation en tant que mécanisme juridique[53] doit refléter les liens biologiques entre les individus constitue un choix politique. Or ce n'est pas parce qu'un tel choix n'est pas arbitraire qu'il est incontestable. C'est d'ailleurs ce qu'affirmait le Conseil d'État en 2018 : « le droit ne

---

droit naturel classique », in. *Leçons d'histoire de la philosophie du droit*, Dalloz, 1962. Jusnaturalisme discret, ensuite, parce qu'il ne semble pas toujours conscient, ou du moins rarement élaboré théoriquement.

[51] V. notamment H. Kelsen dans *Théorie pure du droit* (1934), trad. C. Eisenmann, Dalloz, 1962, p. 298-299.

[52] Libchaber, *op. cit.*, p. 1877. L'auteur ajoute plus loin, concernant l'ouverture de l'AMP à toutes les femmes, quelle que soit leur situation : « du traitement d'une infertilité, on passerait à l'admission d'une conception artificielle de l'enfant qui relève de l'ingénierie procréative – ce qui déroute des perceptions attachées à un certain naturalisme ». Pour une position naturaliste clairement moins nuancée, voir Rapport Brunetti-Pons, *op. cit.*, p. 350 : « Il y a rupture anthropologique en ce que les questions analysées ne relèvent pas de l'autorité politique ou de la société, mais de la nature (engendrement). Le politique ne devrait donc pas avoir de prise sur ce qui relève exclusivement du donné, le sujet ayant été toutefois compliqué sur le terrain factuel par les prouesses techniques accomplies dans le domaine de la biomédecine », note 1659 p. 350.

[53] L'expression « filiation naturelle » est à cet égard trompeuse : elle renvoie pour certains à la réalité biologique sur laquelle est assise la filiation, mais n'est pas une filiation au sens strict, c'est-à-dire juridique, du terme (à moins que l'on ne veuille renvoyer par là à son opposition aujourd'hui caduque à la filiation légitime)

commande donc *a priori* aucune réponse à la question de la modification des critères d'accès à l'AMP ; les choix en la matière relèvent de l'appréciation souveraine du législateur »[54]. Derrière le fantasmatique droit à l'enfant, c'est la question des types de familles juridiquement reconnues qui se pose.

b. Prendre la gestation pour autrui au sérieux

Politique juridique. Une fois dépouillé de la rhétorique péjorative qu'il charrie, on peut chercher à appréhender le « droit à l'enfant » à nouveaux frais. Une première manière, déductive, de l'approcher, consiste à partir d'un intérêt qui perçu comme légitime aurait vocation à être protégé par le droit, ou qui le deviendrait, comme par exemple le droit au logement. Ici, la consécration juridique n'est pas garantie d'effectivité ni d'opposabilité[55] : il s'agit d'un instrument de politique juridique, d'une indication donnée au législateur sur le sens à adopter dans son action[56].

Une seconde approche, inductive, s'attache moins à la consécration par le droit positif qu'à la question de savoir si quelque chose comme un « droit à l'enfant » ne serait pas déjà implicitement reconnu par le droit positif, qui lui conférerait d'emblée une certaine effectivité. Comme le souligne très justement A. Zielinska : « la politique de santé donne l'impression qu'avoir un enfant biologique, ou du moins faire tout pour pouvoir en avoir, est un droit. L'État français semble en effet reconnaître d'une certaine manière le "droit à l'enfant" (..) au sens du droit d'accès aux pratiques procréatives »[57]. Dans cette perspective, il convient alors de s'interroger sur la cohérence du dispositif mis en place.

Pour reprendre la catégorisation de M. Pichard, on emploierait alors le « droit à l'enfant » comme un « droit à masque de l'égalité »[58], dont la

---

[54] CE, *Révision de la loi de bioéthique : quelles options pour demain ?*, 28 juin 2018, p. 56.

[55] Sur la question de l'effectivité variable des droits subjectifs, v. J. Rochfeld, *Les grandes notions du droit privé*, Puf, 2011, p. 176 sq.

[56] C'est ainsi que M. Pichard dit à propos du *droit à* que « son registre naturel semble être celui de l'adaptation, et de l'adaptation du droit en faveur de l'obtention d'un bienfait dont la jouissance est jugée normale, c'est-à-dire nécessaire pour être comme les autres », Pichard, 2006, *op. cit.*.

[57] Zielinska, 2011, *op. cit.*, p. 20.

[58] Pichard, 2006, p. 134 sq. À son propos il affirme que « pour celui qui invoque le *droit à*, la différence n'est pas anormale, c'est la prendre en considération qui l'est », *ibid.*

fonction rhétorique serait de « contester une distinction, estimée comme discriminatoire »[59]. Suivre ce raisonnement en matière de gestation pour autrui suppose de surmonter deux obstacles : le premier serait d'éviter la production d'une analyse sur le terrain des droits fondamentaux s'avérant excessivement abstraite, à la fois « hors sol », car conçue en termes de pure égalité, et court-circuitant potentiellement tout débat démocratique[60]. Le second serait de justifier le passage du dispositif actuellement autorisé (c'est-à-dire la procréation médicalement assistée) à la gestation pour autrui, qui constitue notamment une raison essentielle du refus actuel d'ouvrir la PMA aux couples de même sexe, pour éviter un « effet domino » : les couples d'hommes, ainsi que les hommes seuls, apparaîtraient alors en effet comme les derniers auxquels les modes de filiation autres qu'adoptifs sont refusés.

Infertilité. Personne ne peut affirmer que le droit de la filiation est un décalque de la nature. Le droit a toujours pris la liberté de refuser d'entériner des liens biologiques (incestueux[61], par exemple, ou en matière d'accouchement sous X[62]), et de créer des liens artificiels, via l'adoption. Mais ce seul argument ne permet pas de fonder un droit à la procréation assistée, ni surtout d'affirmer que dans la configuration actuelle, la référence à la nature n'est plus pertinente. Dans les faits, la nature reste en règle générale la norme de la filiation[63].

---

[59] *Ibid.*, p.135.

[60] Sur ce danger, voir Libchaber, 2018, *op. cit.*, pointant les excès de l'appel aux droit fondamentaux en ce que « ces principes interdisent toute délibération libre, pourtant inhérente au mode de décision démocratique », §8.

[61] Art. 310-2 C. civ.

[62] Art. 326 C. civ.

[63] En témoigne d'ailleurs le vocable employé par le Code civil : le titre VII sur la filiation (naturelle ou calquée sur la nature) précède le titre VIII sur la filiation adoptive, secondaire car qualifiée. Sur la PMA, voir les analyses de M. Iacub, qui la décrit comme un « crime parfait », c'est-à-dire comme la création ou plutôt la recréation d'une nature par le droit qui efface les traces de son intervention : le droit n'est plus une fiction qui s'exhibe comme telle mais une dissimulation de la réalité des faits. « Un crime parfait : l'assistance médicale à la procréation », *in.* Iacub, 2002,op.cit, p.202-224.

Elle affirme ainsi que « l'AMP institue dans une certaine mesure une nouvelle nature de la reproduction parce qu'elle féconde selon ses propres procédés et ses propres règles, lesquelles deviennent aussi contraignantes que celles de la nature », *ibid.*, p. 215. La conclusion qu'en tire l'auteure, d'après laquelle « l'assistance médicale à la procréation "constitue une tentative théâtrale, caricaturale, dérisoire, pour faire croire que la réalité naturelle est encore ferme et épaisse, que la loi fait autre chose que des

Est ainsi axiale, pour justifier le dispositif actuel en matière de PMA, la distinction entre deux types d'infertilité : l'infertilité *pathologique* ou médicale des couples hétérosexuels, et l'infertilité « sociale » des couples homosexuels[64]. Aristote, dans sa *Métaphysique*[65], distingue la privation de la négation : si l'aveugle est privé de la vue, la pierre ne *voit* tout simplement pas, il n'y a donc pas de sens à dire qu'elle est privée de la vue, puisqu'elle ne peut pas en être dotée. Le couple homosexuel représenterait cette incapacité essentielle (et non accidentelle) d'avoir des enfants, ce qui légitimerait le discours d'après lesquels ces couples devraient se contenter de la filiation adoptive (déjà conquise de haute lutte). On voit mal pourtant comment cette distinction métaphysique rendrait les revendications du couple infertile « par accident » plus légitimes, à moins que ne se glisse subrepticement l'argument selon lequel le couple essentiellement infertile a choisi son sort. En matière de filiation non adoptive, l'artifice n'est donc toléré que dans deux hypothèses : effacer les errements de la nature, ou pallier un défaut de la nature.

La prise au sérieux de la seule infertilité médicale révèle l'attachement à la différence des sexes entendue comme une complémentarité allant au-delà de la reproduction. Cette complémentarité des sexes justifie encore aujourd'hui le refus de considérer la distinction entre couples hétérosexuels et homosexuels comme une discrimination[66]. La croyance à une telle complémentarité sexuelle, au-delà de la simple biologie, est pourtant un préjugé que le droit s'attache à perpétuer, au point de s'accommoder en matière

---

choix arbitraires et artificieux dans le vide", semble toutefois excessive : il ne paraît pas absurde que la famille légale ait pour modèle la famille naturelle. (cela n'implique pas que ce soit le seul modèle légitime, mais pas que ce modèle est arbitraire). *Ibid.*, p. 226.

[64] Encore que ces deux types d'infertilité puissent se combiner.

[65] Aristote, *Catégories,* 10. 11b-13b. L'usage d'une telle distinction semble voué à rappeler que les homosexuel.le.s sont généralement par ailleurs fertiles, et que leur infertilité serait choisie ou assumée (on les somme donc implicitement de faire un choix entre famille et couple, choix qui ne s'impose jamais aux autres membres de la collectivité).

[66] L'adoption surprise par le Sénat le 2 février dernier d'un amendement sur la PMA post-mortem, assortie de la suppression de l'ouverture de la PMA aux couples de femmes et aux femmes seules, en fournit une illustration fracassante. On ne saurait mieux exprimer l'attachement à ce qu'un homme participe au « projet parental » : un homme, même mort, est préférable à une femme vivante ! https://www.publicsenat.fr/article/parlementaire/bioethique-le-senat-vote-par-surprise-pour-la-pma-post-mortem-187355

parentale d'une distinction entre les orientations sexuelles qu'il condamne partout ailleurs, même en matière de mariage...

Défense *pro tanto*. La caractérisation d'une discrimination en matière de PMA suppose donc, au-delà de la simple « distinction » entre les situations des couples hétérosexuels et homosexuels, d'établir que la croyance en la complémentarité des sexes est erronée, et qu'elle dérive moins de la nature que d'une construction sociale perpétuée par le droit. Certains seraient prêts à reconnaître l'existence d'une telle discrimination, mais s'inquiètent de ce que l'adoption de la rhétorique égalitariste conduise ensuite, en toute bonne logique, à la revendication de la gestation pour autrui. C'est pourtant sur ce terrain que la défense de la gestation pour autrui (pour les homosexuel.le.s[67], mais aussi pour les couples infertiles, dans la mesure où l'on peut arguer qu'il y aurait discrimination entre différents types d'infertilité) me semble la plus prometteuse.

Une telle défense est limitée en deux sens : d'une part, parce qu'elle restreint les titulaires de la gestation pour autrui aux couples infertiles (voire aux hommes seuls) ; d'autre part, parce que les considérations de justice n'offrent qu'un argument *pro tanto* en faveur de la gestation pour autrui, qui pourrait être contrebalancé notamment par des arguments concernant la condition de la femme porteuse, que le présent propos ne me permet pas d'explorer. Précisons qu'elle n'implique en rien

---

[67] On arguera peut-être que ces derniers peuvent recourir à l'adoption, mais en pratique cette option est quasi fermée, car le nombre d'enfants en matière d'adoption interne est extrêmement faible, tandis que les possibilités d'adoption internationale demeurent limitées pour les couples homosexuels malgré les conventions en la matière. V., sur ce point, s'agissant de l'adoption nationale, https://www.adoptionefa.org/ladoption/adopter-en-france/adopter-en-france/#:~:text=Contrairement%20%C3%A0%20l'id%C3%A9e%20re%C3%A7ue,un%20tiers%20sont%20effectivement%20adopt%C3%A9s. ; et, sur l'adoption internationale, https://www.agence-adoption.fr/faqs/vers-quels-pays-peut-on-orienter-pour-adopter-un-couple-homosexuel-deux-hommes-titulaires-chacun-d/

Comme le rappelle Marie-Xavière Catto : « les possibilités pour un homme d'avoir un enfant sans être avec une femme sont presque totalement fermées. Un homme célibataire ne peut avoir un enfant qu'en obtenant un agrément pour l'adoption. Or ils doivent se cacher pour obtenir l'agrément, ce qui les conduit, dans certains cas, à renoncer. En outre, si les projets de coparentalité sont possibles, et parfois pratiques (deux lesbiennes font un enfant avec deux gays), les hommes renoncent régulièrement à un tel projet, pour diverses raisons à la fis liées aux difficultés d'éduquer un enfant à deux couples et en raison des stéréotypes qui compromettent la possibilité de vivre pleinement sa paternité ». Catto, 2013, *op. cit.*, p. 136,

l'absence de tout cadre légal contraignant en la matière : l'affranchissement des modes de procréation traditionnels n'a pas à être synonyme de dérégulation généralisée[68].

La défense de l'accès à la gestation pour autrui à celles et ceux qui sont dans l'incapacité d'avoir des enfants ne peut être réduite à la satisfaction de revendications particulières à un groupe, car elle se fonde aussi sur le rejet d'une conception différentialiste de la parenté[69] qui pénalise hommes et femmes. La gestation pour autrui remet en effet en cause l'approche gestationnaliste[70] de la parenté pour les femmes, en désacralisant le lien supposé essentiel et unique entre la mère et l'enfant à travers la grossesse, et en dénaturalisant une fonction biologique dont elle révèle qu'il s'agit aussi d'un véritable travail. Enfin, comme le dit bien Marie-Xavière Catto, son autorisation « permettrait de rendre visible le désir d'enfant d'hommes qui s'en occuperont parfaitement, ou pas, comme dans tous les couples, occuperont tous les rôles et contribuera certainement à rééquilibrer à terme l'attribution de la garde des enfants à la suite des divorces. Plus juste socialement pour eux, elle permettrait aussi de délier la petite enfance de la mère ».[71]

---

[68] L'argument selon lequel les tenants d'un « droit à l'enfant » font de toutes façons fi de la prohibition interne de la gestation pour autrui, ce qui est avéré au moins pour certains d'entre eux, est parfois vu comme une manière de « forcer la main » au droit en lui imposant d'accepter l'existant. Il serait néanmoins erroné d'en déduire que celles et ceux qui ont recours à la GPA sont rétifs à toute forme de régulation en la matière. On pourrait au contraire faire valoir qu'une autorisation strictement encadrée en droit interne éviterait le recours aux formes les plus sauvages de GPA à l'étranger.

[69] Au sens où les rôle *parentaux*, et non seulement procréatifs, de la mère et du père sont conçus comme différents. Sur le différentialisme dans l'établissement de la filiation, v. Catto, 2013, *op. cit.*, p. 108.

[70] Ainsi lorsque l'on dit que l'on s'attache à la nature (biologie), il faut distinguer l'approche généticiste, aujourd'hui dominante en France s'agissant des pères, de l'approche gestationnaliste. L'analyse gestationnaliste part du rôle essentiel de la femme dans le processus de procréation, et affirme que la gestation est une condition suffisante, voire nécessaire, de l'attribution de la parenté. Elle souligne qu'une telle approche permet une identification certaine à la naissance, que la grossesse crée un lien absolument central entre la mère et l'enfant, lequel, conçu comme une partie d'elle, est nécessairement « sien », mais aussi que le travail fourni par la gestation lui fait « mériter » l'enfant. Pour une analyse très éclairante des fondements de la parenté, v. T. Bayne et A. Kolers, « Towards a pluralistic account of parenthood », *Bioethics*, juin 2003, 17/3, p. 221-242. Pour une critique, v. notamment M. Iacub, « La loi du ventre », in Iacub, 2002, *op. cit.,* p. 319-346.

[71] Catto, 2013, *op. cit.*, p.136.

Le « droit à l'enfant », et ce n'est pas là le moindre de ses paradoxes, pourrait donc s'avérer, une fois dépouillé de la rhétorique péjorative qui l'accompagne, le terrain le plus prometteur d'une défense, certes limitée, de la gestation pour autrui.

Structures éditoriales du groupe L'Harmattan

L'Harmattan Italie
Via degli Artisti, 15
10124 Torino
harmattan.italia@gmail.com

L'Harmattan Hongrie
Kossuth l. u. 14-16.
1053 Budapest
harmattan@harmattan.hu

L'Harmattan Sénégal
10 VDN en face Mermoz
BP 45034 Dakar-Fann
senharmattan@gmail.com

L'Harmattan Cameroun
TSINGA/FECAFOOT
BP 11486 Yaoundé
inkoukam@gmail.com

L'Harmattan Burkina Faso
Achille Somé – tengnule@hotmail.fr

L'Harmattan Guinée
Almamya, rue KA 028 OKB Agency
BP 3470 Conakry
harmattanguinee@yahoo.fr

L'Harmattan RDC
185, avenue Nyangwe
Commune de Lingwala – Kinshasa
matangilamusadila@yahoo.fr

L'Harmattan Congo
67, boulevard Denis-Sassou-N'Guesso
BP 2874 Brazzaville
harmattan.congo@yahoo.fr

L'Harmattan Mali
ACI 2000 - Immeuble Mgr Jean Marie Cisse
Bureau 10
BP 145 Bamako-Mali
mali@harmattan.fr

L'Harmattan Togo
Djidjole – Lomé
Maison Amela
face EPP BATOME
ddamela@aol.com

L'Harmattan Côte d'Ivoire
Résidence Karl – Cité des Arts
Abidjan-Cocody
03 BP 1588 Abidjan
espace_harmattan.ci@hotmail.fr

Nos librairies en France

Librairie internationale
16, rue des Écoles
75005 Paris
librairie.internationale@harmattan.fr
01 40 46 79 11
www.librairieharmattan.com

Librairie des savoirs
21, rue des Écoles
75005 Paris
librairie.sh@harmattan.fr
01 46 34 13 71
www.librairieharmattansh.com

Librairie Le Lucernaire
53, rue Notre-Dame-des-Champs
75006 Paris
librairie@lucernaire.fr
01 42 22 67 13

www.ingramcontent.com/pod-product-compliance
Lightning Source LLC
LaVergne TN
LVHW011012061026
849535LV00006B/1849